一本关于**建筑业各涉税环节税收管理的案头工具书**

建筑业税收管理手册

Construction Industry Tax Administration Manual

主　编　李兆坤　陈志坚　金宏锋
副主编　龙骥华　代映华　朱云波　高锦丽　王彩刚

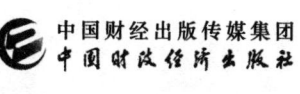

中国财经出版传媒集团
中国财政经济出版社

图书在版编目(CIP)数据

建筑业税收管理手册/李兆坤,陈志坚,金宏锋主编. -- 北京:中国财政经济出版社,2021.6

ISBN 978-7-5223-0586-8

Ⅰ.①建… Ⅱ.①李… ②陈… ③金… Ⅲ.①建筑业—税收管理—中国—手册 Ⅳ.①F812.423-62

中国版本图书馆CIP数据核字(2021)第108633号

责任编辑:陈志伟 　　　　责任印制:史大鹏
封面设计:卜建辰 　　　　责任校对:张　凡

建筑业税收管理手册

JIANZHUYE SHUISHOU GUANLI SHOUCE

中国财政经济出版社 出版

URL：http://www.cfeph.cn

E-mail：cfeph@cfemg.cn

(版权所有　翻印必究)

社址:北京市海淀区阜成路甲28号　邮政编码:100142

营销中心电话:010-88191522

天猫网店:中国财政经济出版社旗舰店

网址：https://zgczjjcbs.tmall.com

北京时捷印刷有限公司印刷　各地新华书店经销

成品尺寸:170mm×240mm　16开　24印张　331 000字

2021年7月第1版　2021年9月北京第2次印刷

定价:75.00元

ISBN 978-7-5223-0586-8

(图书出现印装问题,本社负责调换,电话:010-88190548)

本社质量投诉电话:010-88190744

打击盗版举报热线:010-88191661　QQ：2242791300

近年来，建筑企业税收管理借助信息技术取得一定成效，但是由于建筑企业点多面广，税收管理亟待优化。为了强化建筑业各个涉税环节的税收管理，帮助建筑业财务管理人员、预算管理人员、材料采购人员及其他人员正确理解并依法依规开展税收管理工作，我们编写了《建筑业税收管理手册》。

本书由云南省建设投资控股集团有限公司与小陈税务咨询（北京）有限责任公司充分梳理建筑业涉税全流程，编写了项目投标、采购环节、合同签订环节、分包环节、工程结算等建筑业各环节常见事项处理，并结合建筑业涉及的增值税、企业所得税、个人所得税、印花税、房产税、土地增值税、契税、城镇土地使用税等税种进行了涉税实务汇编。其中，代映华编写了第二章和第三章，朱云波编写了第七章、第八章和第十一章，高锦丽编写了第十二章和第十三章，王彩刚编写了第四章和第九章。感谢中央财经大学会计学院柳思萌同学协助整理资料。

本书中，如有与现行税法、政策法规论述不一致、不周详之处和未提及事项，请以现行税法、政策法规的有关规定为准；如国家对一些具体事项进行更新，请注意关注，并以国家最新规定为准。

在编写本书中，难免存在不足和疏忽之处，希望读者提出宝贵意见和建议。

目录 CONTENTS

第1章 项目投标涉税注意事项 ………… 1
- 1.1 增值税计税方式选择 ………… 1
- 1.2 城建税及教育费附加注意事项 ………… 5
- 1.3 跨省异地施工项目个人所得税 ………… 7
- 1.4 分支机构企业所得税预缴注意事项 ………… 8
- 1.5 印花税缴纳 ………… 9
- 1.6 环境保护税 ………… 10
- 1.7 项目投标税负测算表 ………… 11
- 1.8 取得与收入无关的费用企业所得税风险 ………… 12

第2章 合同签订涉税审核要点 ………… 13
- 2.1 明确价格是否含增值税 ………… 13
- 2.2 明确税率或征收率变化条款 ………… 14
- 2.3 农民工工资个人所得税要点 ………… 19
- 2.4 印花税计税依据 ………… 19
- 2.5 税费纳税地点确定 ………… 20
- 2.6 发票条款审核要点 ………… 22
- 2.7 价款条款审核要点 ………… 24
- 2.8 词语定义和解释部分明确税务名词定义 ………… 26
- 2.9 合同签订后管理要点 ………… 27
- 2.10 风险提示 ………… 27
- 2.11 合同财务及税务审核明细表 ………… 28

第3章 公司所属分支机构涉税操作要点 ………………………… 33

3.1 项目公司形式 ……………………………………………… 33

3.2 公司所属分支机构开具发票操作要点 …………………… 34

3.3 BT、BOT、PPP项目增值税涉税处理 …………………… 36

第4章 采购环节涉税关键点 …………………………………… 38

4.1 对供应商选择的要求 ……………………………………… 38

4.2 采购价格控制管理 ………………………………………… 39

4.3 采购运费环节管理 ………………………………………… 40

4.4 采购验收环节管理 ………………………………………… 41

4.5 采购环节供应商管理 ……………………………………… 44

4.6 供应商注销后涉税处理 …………………………………… 45

第5章 分包环节涉税关键点 …………………………………… 48

5.1 分包税收政策规定 ………………………………………… 48

5.2 总分包业务税务管理 ……………………………………… 49

5.3 甲指分包（甲控材）业务税务管理 ……………………… 50

第6章 甲供材涉税关键点 ……………………………………… 52

6.1 甲供材测算选择 …………………………………………… 52

6.2 甲供材税收政策规定 ……………………………………… 53

第7章 跨区域涉税事项报告表的管理 ………………………… 55

7.1 基本规定 …………………………………………………… 55

7.2 办税流程 …………………………………………………… 55

7.3 办理时限 …………………………………………………… 56

7.4 跨区域涉税事项报告开具方式 …………………………… 56

7.5 跨区域涉税事项报告表台账 ……………………………… 57

第8章　增值税预缴涉税关键点 ········· 58

8.1　基本规定 ········· 58
8.2　预缴税款时间要求 ········· 60
8.3　预缴税款计算 ········· 60
8.4　预收账款开具发票注意事项 ········· 61
8.5　预收账款预缴税款会计处理 ········· 62
8.6　预缴税款管理 ········· 64
8.7　小规模预缴税款特殊规定 ········· 65
8.8　法律责任 ········· 67

第9章　增值税进项税额管理 ········· 68

9.1　增值税抵扣和抵扣凭证 ········· 68
9.2　取消增值税扣税凭证认证确认期限 ········· 69
9.3　不得从销项税额中抵扣的进项税额 ········· 70
9.4　特殊的进项税额抵扣政策 ········· 71
9.5　一般计税项目和简易计税项目进项分配 ········· 73
9.6　进项税额抵扣示意图 ········· 74
9.7　进项税额加计抵减 ········· 74
9.8　异常抵扣凭证处理 ········· 77
9.9　进项税额抵扣风险 ········· 83

第10章　农民工工资涉税管理 ········· 85

10.1　政策规定 ········· 85
10.2　流程图 ········· 86
10.3　涉税处理 ········· 86
10.4　实务关键点 ········· 87

第11章 增值税留抵退税 ……………………………………………… 89

11.1 政策规定 ………………………………………………………… 89
11.2 申报期限 ………………………………………………………… 91
11.3 注意事项 ………………………………………………………… 92
11.4 申报风险提示 …………………………………………………… 92
11.5 办理材料 ………………………………………………………… 92
11.6 准备工作 ………………………………………………………… 93

第12章 企业所得税收入确定 …………………………………………… 94

12.1 企业所得税收入确认 …………………………………………… 94
12.2 收入的口径区别 ………………………………………………… 100

第13章 企业所得税税前扣除 …………………………………………… 102

13.1 企业所得税税前扣除明细表 …………………………………… 102
13.2 常见企业所得税税前扣除项目操作要点 ……………………… 122
13.3 企业所得税税前扣除凭证要点明细表 ………………………… 141
13.4 企业所得税税前扣除凭证的要求 ……………………………… 143
13.5 不合规税前扣除凭证处理方法 ………………………………… 146
13.6 分割单作为税前扣除凭证处理办法 …………………………… 147

第14章 施工过程常见事项处理 ………………………………………… 148

14.1 工程奖励、罚款及违约金 ……………………………………… 148
14.2 销售自己使用过的固定资产 …………………………………… 149
14.3 零星采购 ………………………………………………………… 151
14.4 支付村委会相关费用 …………………………………………… 152
14.5 工地上水电费处理 ……………………………………………… 152
14.6 劳保用品 ………………………………………………………… 154
14.7 食堂费用 ………………………………………………………… 154

14.8	沙石原材料处理	155
14.9	建筑施工设备租赁	155
14.10	延迟付款"资金占用费"处理	156

第15章 跨地区企业所得税税前处理 … 157

15.1	基本原则	157
15.2	直管项目部	157
15.3	非法人分支机构项目部	158
15.4	西部大开发企业所得税政策	160

第16章 研发费用加计扣除 … 164

16.1	研发费加计扣除概述	164
16.2	可加计扣除的研发费用	169
16.3	研发形式选择	180
16.4	特殊事项安排	188
16.5	会计核算	193
16.6	备查资料	195

第17章 工程结算涉税处理 … 197

17.1	基本规定	197
17.2	税率调整的影响	197
17.3	保证金的结算	198
17.4	以房抵债的涉税管理	199
17.5	工程政府奖励	200
17.6	相关风险点	201

第18章 资金管理涉税关键点 … 205

18.1	基本规定	205
18.2	资金管理方式及要求	208

18.3 资金管理涉税安排方案 208

第19章 个人所得税实务关键点 210

19.1 全年一次性奖金 210
19.2 全年一次性奖金之外的其他各种奖金 211
19.3 员工取得超标准的养老、失业、医疗保险及住房公积金 211
19.4 商业保险 211
19.5 非货币形式发放应税收入 212
19.6 车改、通信补贴 212
19.7 生活补助费 213
19.8 生育津贴和生育医疗费 213
19.9 误餐补助 214
19.10 以报销发票形式向职工支付各种个人收入 214
19.11 离退休人员取得的补贴、奖金、实物 215
19.12 提前退休一次性补贴收入 215
19.13 因解除劳动关系支付给个人的一次性补偿费 215
19.14 单位低价向职工售房 216

第20章 房产税实务关键点 217

20.1 自用房产 217
20.2 出租房产 218
20.3 承受抵债房产 219
20.4 无租使用其他单位房产 220
20.5 房屋大修停用 220
20.6 地下建筑用地 220
20.7 建筑工地临时性房屋 222
20.8 房产税纳税义务发生时间 222

第21章 城镇土地使用税实务关键点 · 223

- 21.1 承租集体土地城镇土地使用税 · 223
- 21.2 未按纳税义务时间纳税 · 223
- 21.3 无偿使用免税单位土地 · 224
- 21.4 地下建筑用地城镇土地使用税 · 224
- 21.5 土地面积确定 · 225

第22章 契税实务关键点 · 226

- 22.1 计税依据 · 226
- 22.2 计征价格 · 226
- 22.3 法院、仲裁取得土地 · 227
- 22.4 以土地、房屋权属作价投资、入股方式转移土地、房屋权属 · 227
- 22.5 未办理土地使用权证契税 · 227
- 22.6 划拨方式取得土地契税 · 228
- 22.7 房屋附属设施契税 · 228

第23章 环境保护税 · 229

- 23.1 纳税人 · 230
- 23.2 征税对象 · 231
- 23.3 计算应纳税额 · 231
- 23.4 环境保护税的纳税义务发生时间 · 239
- 23.5 环境保护税的纳税地点 · 239
- 23.6 环境保护税的申报 · 240

第24章 印花税实务关键点 · 241

- 24.1 适用税率 · 241
- 24.2 印花税纳税地点 · 241
- 24.3 企业应缴未缴印花税 · 242

24.4	企业多缴印花税	243
24.5	合同金额变动	244
24.6	实际结算金额与合同所载金额不一致	244
24.7	资金账簿多缴税款	245
24.8	以货换货/以房抵债	245
24.9	借贷业务	246
24.10	企业重组改制	246
24.11	企业设立印花税	247
24.12	印花税税目表	248
24.13	印花税台账	250

第25章 发票管理指南 … 251

25.1	电子发票	251
25.2	发票的开具	259
25.3	发票报销	264
25.4	发票丢失处理	266
25.5	建筑行业发票特殊规定	267
25.6	善意取得虚开增值税专用发票处理	269
25.7	取得异常凭证处理	271

第26章 跨境行为增值税管理 … 277

26.1	适用退（免）税政策的出口货物、劳务和服务	277
26.2	跨境应税行为适用增值税免税政策	284

第27章 土地增值税 … 287

27.1	房地产各个环节涉税业务	287
27.2	不动产项目信息登记	291
27.3	土地增值税预征	292

27.4	土地增值税清算	297
27.5	清算后尾盘销售	326
27.6	核定征收	327
27.7	旧房转让	329

第28章 新收入准则 … 334

28.1	新收入准则主要修订内容	334
28.2	应设置的相关会计科目和主要账务处理	335
28.3	施工业务涉及主要调整	343
28.4	房地产业务涉及主要调整	349
28.5	勘察设计业务涉及主要调整	352
28.6	投资业务涉及主要调整	352
28.7	其他业务涉及调整	353

第29章 常见涉税处罚和风险 … 355

29.1	发票违法事项	355
29.2	纳税信用级别	359

第1章　项目投标涉税注意事项

1.1　增值税计税方式选择

1.1.1　增值税计税方式。

1.1.1.1　一般纳税人发生应税行为。

一般纳税人发生应税行为适用一般计税方法计税。一般纳税人发生财政部和国家税务总局规定的特定应税行为，可以选择适用简易计税方法计税，但一经选择，36个月内不得变更。

（1）一般纳税人以清包工方式提供的建筑服务，可以选择适用简易计税方法计税。

以清包工方式提供建筑服务，是指施工方不采购建筑工程所需的材料或只采购辅助材料，并收取人工费、管理费或者其他费用的建筑服务。（财税〔2016〕36号）

（2）一般纳税人为甲供工程提供的建筑服务，可以选择适用简易计税方法计税。

甲供工程，是指全部或部分设备、材料、动力由工程发包方自行采购的建筑工程。（财税〔2016〕36号）

（3）一般纳税人为建筑工程老项目提供的建筑服务，可以选择适用简易计税方法计税。

建筑工程老项目，是指：

①《建筑工程施工许可证》注明的合同开工日期在2016年4月30日前的建筑工程项目。

②未取得《建筑工程施工许可证》的，建筑工程承包合同注明的开工日期在2016年4月30日前的建筑工程项目。（财税〔2016〕36号）

《建筑工程施工许可证》未注明合同开工日期，但建筑工程承包合同注明的开工日期在2016年4月30日前的建筑工程项目，属于财税〔2016〕36号文件规定的可以选择简易计税方法计税的建筑工程老项目。（国家税务总局公告2016年第17号）

③自2017年7月1日起，建筑工程总承包单位为房屋建筑的地基与基础、主体结构提供工程服务，建设单位自行采购全部或部分钢材、混凝土、砌体材料、预制构件的，适用简易计税方法计税。

地基与基础、主体结构的范围，按照《建筑工程施工质量验收统一标准》（GB50300-2013）附录B《建筑工程的分部工程、分项工程划分》中的"地基与基础""主体结构"分部工程的范围执行。（财税〔2017〕58号）

④纳税人销售活动板房、机器设备、钢结构件等自产货物的同时提供建筑、安装服务，不属于《营业税改征增值税试点实施办法》（财税〔2016〕36号文件）第四十条规定的混合销售，应分别核算货物和建筑服务的销售额，分别适用不同的税率或者征收率。（国家税务总局公告2017年第11号）

⑤一般纳税人销售自产机器设备的同时提供安装服务，应分别核算机器设备和安装服务的销售额，安装服务可以按照甲供工程选择适用简易计税方法计税。

一般纳税人销售外购机器设备的同时提供安装服务，如果已经按照兼营的有关规定，分别核算机器设备和安装服务的销售额，安装服务可以按照甲供工程选择适用简易计税方法计税。（国家税务总局公告2018年第42号）

1.1.1.2 小规模纳税人发生应税行为适用简易计税方法计税。

1.1.1.3 取消一般纳税人提供建筑服务简易计税项目备案。

自2019年10月1日起施行，此前已发生未处理的事项，按照本公告执行，已处理的事项不再调整。

提供建筑服务的一般纳税人按规定适用或选择适用简易计税方法计税的，不再实行备案制。以下证明材料无须向税务机关报送，改为自行留存备查：

（1）为建筑工程老项目提供的建筑服务，留存《建筑工程施工许可证》或建筑工程承包合同；

（2）为甲供工程提供的建筑服务、以清包工方式提供的建筑服务，留存建筑工程承包合同。（国家税务总局公告2019年第31号）

1.1.2 增值税计税方式选择考虑因素。

1.1.2.1 业主性质。

从实务的角度，业主分为可抵扣进项税额业主和不可抵扣进项税额业主，其中：

（1）可抵扣进项业主，即取得建筑服务的增值税专用发票（含增值税电子专用发票，下同）可按规定抵扣进项税额或者申请进项税额留抵退税，如房地产企业、工业生产企业或投资公司等增值税一般纳税人；

（2）不可抵扣进项业主，即取得建筑服务的增值税专用发票不可按规定抵扣进项税额或者申请进项税额留抵退税，如政府部门、医院及其他增值税小规模纳税人。

1.1.2.2 项目的成本结构。

从增值税实务的角度，需要考虑项目成本结构，如市政等一些施工项目，其材料占比较大，从而产生的进项税额较大，由于材料进项税适用增值税税率（13%）和建筑服务适用税率（9%）的差额，进而降低项目应纳增值税税额，甚至产生进项税额留抵。

1.1.2.3 增值税的链条性质。

增值税采取"环环征收、道道抵扣"的链条机制，上环节征多少税，下环节就扣多少税，征扣税保持一致。这种链条征扣税机制，在解决重复征税问题的同时，最大限度保持了增值税中性作用的发挥，这也是增值税制度能够在世界160多个国家普遍推行的根本原因所在。

从本质上讲，简易计税办法并不属于增值税优惠政策，在简易计税方法下，纳税人本环节不能抵扣进项税额，同时，下环节购买方若为一般纳税人，其购入相关货物、服务后，进项税额将明显减少，反而不利于纳税人开拓市场；下环节购买方若为小规模纳税人，则会导致重复征税问题。

增值税的链条性质表现为，不考虑农产品进项税额抵扣等特殊情况，销售方的销项税额是购买方的进项税额：

（1）由于简易计税项目不能抵扣进项税额，不考虑特殊情况，销售方的应纳增值税税额，为购买方可抵扣的进项税额；

（2）由于一般计税项目可按规定抵扣进项税额，销售方的应纳增值税税额加上项目抵扣进项税额，为购买方可抵扣的进项税额。

1.1.2.4　工程造价计算公式。

工程造价可按以下公式计算：工程造价=税前工程造价×（1+税率）。其中，税率为建筑业拟征增值税税率，税前工程造价为人工费、材料费、施工机具使用费、企业管理费、利润和规费之和，各费用项目均以不包含增值税可抵扣进项税额的价格计算。

符合《关于全面推开营业税改征增值税试点的通知》（财税〔2016〕36号）中"建筑工程老项目"要求，且选择简易计税方法计税的建筑工程项目，可参照执行原计价依据（营业税）[《住房城乡建设部办公厅关于做好建筑业营改增建设工程计价依据调整准备工作的通知》（建办标〔2016〕4号）]。

1.1.3　实务选择建议。

1.1.3.1　业主属于可抵扣进项业主，原则上选择一般计税方法。

一般计税方法虽然适用增值税税率比征收率高，但是因增值税的链条性质，可以增加业主的抵扣进项税额。

简易计税不能抵扣进项税额，所以建筑项目的直接成本和建筑企业部分间接进项税额不能抵扣，增值税的抵扣链条阻断，进而增加整体税负。

1.1.3.2　业主属于不可抵扣进项业主，根据项目测算选择适用的计税方法。

（1）业主属于不可抵扣进项业主，按照项目成本结构测算选择适用一般计税方法还是简易计税方法，争取项目最低税负；

（2）业主属于刚成立企业，可能属于小规模纳税人，如新成立的房地产项目公司，建议采用一般计税方法；

（3）对于新项目（2016年4月30日后的建筑工程项目）来说，以清包工方式和甲供工程提供的建筑服务，可以选择适用简易计税方法计税。

在实务中，在合同中必须明确是以什么方式提供建筑服务。同时在合同"词语定义和解释"部分明确清包工和甲供工程的定义（详见：本书2.8 词语定义和解释部分明确税务名词定义）。

【例】工程施工合同签署示例

一、工程概况

6.工程承包范围：【   】

详见施工图所示范围、工程量清单编制范围和招标、投标文件内容，其中【   】材料由发包人自行购买。

（4）项目投标测算和合同签署过程中，要做好与业主沟通工作，争取"双赢"，施工企业保证采用一般计税方法和简易计税方法税负持平或降低，同时业主在价格调整的基础上，抵扣进项税额在扣除价格调整后还有增加。

1.2　城建税及教育费附加注意事项

《财政部　国家税务总局关于纳税人异地预缴增值税有关城市维护建设税和教育费附加政策问题的通知》（财税〔2016〕74号）文件规定，自2016年5月1日起，纳税人跨地区提供建筑服务、销售和出租不动产的，应在建筑服务发生地、不动产所在地预缴增值税时，以预缴增值税税额为计税依据，并按预缴增值税所在地的城市维护建设税适用税率和教育费附加征收率就地计算缴纳城市维护建设税和教育费附加。

另规定，预缴增值税的纳税人在其机构所在地申报缴纳增值税时，以其实际缴纳的增值税税额为计税依据，并按机构所在地的城市维护建设税适用税率和教育费附加征收率就地计算缴纳城市维护建设税和教育费附加。

特别提醒：

（1）申报缴纳增值税税额是计算应纳税额抵减预缴增值税税额后的税额。

（2）如果异地的城建税适用税率和教育费附加征收率与机构所在地的城

建税适用税率和教育费附加征收率存在差异，不需要补缴，也不能申请退城建税及教育费附加。

（3）不存在预缴的城建税及教育费附加在机构所在地抵税费的问题。

【例】北京市丰台区建筑企业A为一般纳税人，2020年8月发生了如下业务：在陕西榆林地区米脂县提供建筑物服务，合同注明的开工日期为2020年7月20日，合同总金额1090000元（含税），给对方开具了增值税专用发票。

该建筑企业A将部分业务分包给建筑企业B，支付分包款436000元，取得的增值税专用发票，注明税额36000元。除了分包款以外，8月A取得2张13%税率的增值税专用发票，注明税额13000元。除上述外A当月无其他业务，选择一般计税方法，不考虑其他情况：

①跨区提供建筑服务的，应在建筑服务发生地主管税务机关预缴增值税，向机构所在地主管国税机关申报缴纳增值税。

②纳税人跨区提供建筑服务，应在建筑服务发生地陕西榆林地区米脂县机关预缴增值税、城建税及教育费附加。

③该项目纳税人选择了一般计税方法，应以取得的全部价款和价外费用扣除支付的分包款后的余额654000元（1090000-436000），按照2%的预征率计算应预缴税款。则：

在米脂县应预缴税款=（1090000-436000）÷（1+9%）×2%=12000（元）。

在米脂县缴纳城建税=12000×5%=600（元）。

在米脂县缴纳教育费附加=12000×3%=360（元）。

在米脂县缴纳地方教育费附加=12000×2%=240（元）。

④在丰台不扣除分包款，分包款按进项税额抵扣，以不含税销售额1000000元全额按9%税率申报纳税。

在丰台区申报销项税额=1090000÷（1+9%）×9%=90000（元）。

应纳税额=销项税额-进项税额=90000-36000-13000=41000（元），由于已预缴12000元，本期在丰台区还应缴纳的税额=41000-12000=29000（元）。

在丰台区缴纳城建税=29000×7%=2030（元）。

在丰台区缴纳教育费附加=29000×3%=870（元）。

在丰台区缴纳地方教育费附加=29000×2%=580（元）。

特别提醒：

①在丰台区缴纳城建税及教育费附加不是"41000元"，而是抵减预缴增值税税款后的"29000元"。

②在丰台地区不需要补缴因在米脂县与丰台区城建税征收率差的城建税，即不需要补缴12000×（7%-5%）城建税。

1.3 跨省异地施工项目个人所得税

1.3.1　跨省异地施工项目。

跨省异地施工，工程作业所在地税务机关按照收入一定的比例核定征收个人所得税。[《国家税务总局关于印发〈建筑安装业个人所得税征收管理暂行办法〉的通知》（国税发〔1996〕127号）]

对于跨省异地施工项目测算时需要按照当地规定的核定征收比例计算个人所得税。

1.3.2　特殊情况。

总承包企业、分承包企业派驻跨省异地工程项目的管理人员、技术人员和其他工作人员在异地工作期间的工资、薪金所得个人所得税，由总承包企业、分承包企业依法代扣代缴并向工程作业所在地税务机关申报缴纳。

总承包企业和分承包企业通过劳务派遣公司聘用劳务人员跨省异地工作期间的工资、薪金所得个人所得税，由劳务派遣公司依法代扣代缴并向工程作业所在地税务机关申报缴纳。

跨省异地施工单位应就其所支付的工程作业人员工资、薪金所得，向工程作业所在地税务机关办理全员全额扣缴明细申报。凡实行全员全额扣缴明细申报的，工程作业所在地税务机关不得核定征收个人所得税。[《国家税务总局关于建筑安装业跨省异地工程作业人员个人所得税征收管理问题的公告》（国家税务总局公告2015年第52号）]

1.3.3 实务建议。

由于跨省异地施工，工程作业所在地税务机关按照收入的一定比例核定征收个人所得税，且不能抵减工程项目的管理人员、技术人员和其他工作人员在异地工作期间的工资、薪金所得个人所得税，属于额外的税负。

建议在实务中，安排工程项目的管理人员、技术人员和其他工作人员在异地工作期间的工资、薪金所得，向工程作业所在地税务机关办理全员全额扣缴明细申报，同时与当地税务机关沟通，不按照收入的一定比例核定征收个人所得税。

【提醒】《中华人民共和国个人所得税法实施条例》第二十八条规定，"……纳税人同时从两处以上取得工资、薪金所得，并由扣缴义务人减除专项附加扣除的……"，根据上述规定，个人可以同时从两处以上取得工资、薪金所得。

实务中，异地工程项目的管理人员、技术人员和其他工作人员可以同时向工程作业所在地税务机关和企业所在地税务机关申报缴纳工资、薪金所得个人所得税，很多省市税务局提醒，如果您有两处（含）以上任职受雇单位并取得工资薪金收入，同一月份有两个（含）以上任职受雇单位同时为您扣除了每月5000元的减除费用，这可能导致您需要在今年汇算清缴时办理补税或退税。为减轻您在年度汇算期间的办税负担，现提示您选择在一处任职受雇单位扣除每月5000元的减除费用，并告知其他单位不再扣除。同时按规定需要进行个人所得税综合所得汇算清缴，需要汇总综合所得按规定进行个人所得税综合所得汇算清缴。

1.4 分支机构企业所得税预缴注意事项

1.4.1 项目部预缴所得税。

建筑企业总机构直接管理的跨地区设立的项目部，应按项目实际经营收入的0.2%按月或按季由总机构向项目所在地预分企业所得税，并由项目部向其所在地主管税务机关预缴。

【补充】实行查账征收企业所得税的建筑企业总机构在企业所得税年度汇算清缴填写申报表，上述向项目所在地主管税务机关预缴的所得税额，可以填《A100000中华人民共和国企业所得税年度纳税申报表（A类）》第32行

"本年累计实际已缴纳的所得税额"。其填报说明：填报纳税人按照税收规定本纳税年度已在月（季）度累计预缴的所得税额，包括按照税收规定的特定业务已预缴（征）的所得税额，建筑企业总机构直接管理的跨地区设立的项目部按规定向项目所在地主管税务机关预缴的所得税额。

1.4.2 设立二级分支机构。

汇总纳税企业实行"统一计算、分级管理、就地预缴、汇总清算、财政调库"的企业所得税征收管理办法。

统一计算，是指总机构统一计算包括汇总纳税企业所属各个不具有法人资格的分支机构在内的全部应纳税所得额、应纳税额。

分级管理，是指总机构、分支机构所在地的主管税务机关都有对当地机构进行企业所得税管理的责任，总机构和分支机构应分别接受机构所在地主管税务机关的管理。

就地预缴，是指总机构、分支机构应按本办法的规定，分月或分季分别向所在地主管税务机关申报预缴企业所得税。

汇总清算，是指在年度终了后，总机构统一计算汇总纳税企业的年度应纳税所得额、应纳所得税额，抵减总机构、分支机构当年已就地分期预缴的企业所得税款后，多退少补。

财政调库，是指财政部定期将缴入中央国库的汇总纳税企业所得税待分配收入，按照核定的系数调整至地方国库。

实行本办法缴纳企业所得税的企业暂定为总机构和具有主体生产经营职能的二级分支机构。三级及三级以下分支机构，其经营收入、职工人数和资产总额等统一计入二级机构计算。企业总机构所在州市同时设有分支机构的，同样按三个因素确定缴税比例。

1.5 印花税缴纳

1.5.1 一般情况印花税缴纳。

（1）企业签订的建设工程施工合同、勘察合同和工程设计合同（包括总包合同、分包合同和转包合同），除另有规定外，都应计税贴花。

（2）合同中所载金额和增值税分开注明的，按不含增值税的合同金额确定计税依据，未分开注明的，以合同所载金额为计税依据。

建议项目人员在签订合同时采用价税分离模式（即要求单独列明增值税税额）签订合同。

1.5.2 特殊情况印花税缴纳。

（1）在2018年1月1日至2020年12月31日期间，对安置住房建设和分配过程中应由项目实施主体、项目单位缴纳的印花税，予以免征。[《财政部 国家税务总局关于易地扶贫搬迁税收优惠政策的通知》（财税〔2018〕135号）]

（2）对公租房经营管理单位免征建设、管理公租房涉及的印花税。在其他住房项目中配套建设公租房，按公租房建筑面积占总建筑面积的比例免征建设、管理公租房涉及的印花税。[《财政部 税务总局关于公共租赁住房税收优惠政策的公告》（财政部 税务总局公告2019年第61号）]

（3）自2013年7月4日起，在商品住房等开发项目中配套建造安置住房的，依据政府部门出具的相关材料和拆迁安置补偿协议，按改造安置住房建筑面积占总建筑面积的比例免征印花税。[《财政部 国家税务总局关于棚户区改造有关税收政策的通知》（财税〔2013〕101号）]

1.6 环境保护税

按照《环境保护税法》的规定，应税大气污染物的应纳税额为污染当量数乘以具体适用税额，其中按照污染物排放量折合的污染当量数确定计税依据，计算公式：

应税大气污染物的应纳税额＝污染当量数（前三项）×适用税额

应税大气污染物的污染当量数＝该污染物的排放量÷该污染物的污染当量值

应税污染物排放量按照工程项目所在地的相关政策文件规定确定。

建筑行业的污染为建筑施工扬尘，适用一般性粉尘税目，污染当量值为4。

大气污染物的适用税额幅度为每污染当量1.2元至12元,按照工程项目所在地的相关政策文件规定确定。

1.7 项目投标税负测算表(见表1-1)

表1-1　　　　　　　　　项目投标税负测算表

序号	费用名称		计算公式	金额	备注
1-1	含税合同收入				
1-2	适用税率/征收率				
1-3	销项税额				
1-4	不含税合同收入				
2	人工费				
2-1	其中:分包人工费				
2-2	进项税额				
3	材料费	主要材料			
		零星材料			
		周转材料			
3-1	进项税额				
4	机械费				
5	专业分包				
6	临时设施及总平布置				
7	安全、文明、环境保护				
8	其他通用措施费				
9	管理费				
10	资金成本				
11-1	应纳增值税				

续表

序号	费用名称	计算公式	金额	备注
11-2	城建税及附加			
11-3	个人所得税（核定）			
11-4	印花税			
11-5	环境保护税			
11-6	工会经费			
11-7	价格调节基金			
12	税前利润			
13	企业所得税			
14	税后利润			

1.8　取得与收入无关的费用企业所得税风险

建筑企业在争取项目的过程中，普遍存在交际应酬、请客送礼现象，这部分费用企业往往变通为施工成本或费用，属于与收入无关的费用，按规定应做企业所得税纳税调增处理。

第2章　合同签订涉税审核要点

在合同签订过程中，要关注预收款是否开具发票、工程结算时点纳税义务、发票开具主体及开具时间等涉税事宜。

2.1　明确价格是否含增值税

增值税为价外税，应税交易的计税价格不包括增值税额。

实务交易中，关于交易价格是否含增值税及交易相关计算基数是否含增值税，如果合同中未约定就会存在争议。

【参考条款】合同含增值税金额大写人民币＿＿＿元，小写￥＿＿＿元，其中不含增值税价款为人民币＿＿＿元，增值税税额人民币＿＿＿元。

【案例】×××管理局经过招标，于2013年4月3日与××集团公司签订了《××××周边附属配套工程投融资－建设－移交（BT）合同（协议书）》，约定该工程由××集团公司投融资建设，工程竣工验收后再进行回购。2013年4月26日，××集团公司分公司与李某某签订《××××周边附属配套工程投融资－建设－移交（BT）工程联合合作协议书》（以下简称《合作协议书》），将该工程发包给李某某施工，工程承包价为14390800元。

……

李某某提出其向××集团公司支付的2.5%企业所得税的计算方法应为总工程款除以1.03再乘以2.5%，而××集团公司则认为2.5%的企业所得税就是工程款的2.5%，不必先除以1.03的系数再乘以2.5%。对此，本院认为，涉案《合作协议书》第四条第2项约定，"……其中企业所得税由乙方（李某某）按工程款的2.5%支付给甲方（××集团公司分公司）……"，上述约定内容明确清晰，并不存在理解歧异的情况，按双方的约定，李某某向××集团公司应支付的企业所得税应为23577151.91×2.5%=589428.8元。李某某提出的上述2.5%企业所得税的计算方法，依据不足，本院不予采纳。

——摘自《李某某、××集团公司建设工程施工合同纠纷二审民事判决书》（广东省清远市中级人民法院民事判决书（2018）粤18民终×××号）（来自中国裁判文书网）

2.2 明确税率或征收率变化条款

（1）合同中需要明确税率或征收率，具体详见合同价款条款参考。

（2）合同中增加税率或征收率变化条款。

【参考条款】合同执行过程中，如国家税收政策或者销售方增值税纳税人类别发生变化，增值税税率/征收率调整，双方将维持原不含增值税净价不变，并以原不含增值税净价为计税基础，按照调整后的税率/征收率相应调整本合同相关的价格，并按照规定就调整后的价格开具增值税专用/普通发票。

【案例】建筑A企业与材料供应商B企业签订建筑材料购买合同，签订合同时材料供应商B为增值税一般纳税人，合同约定材料增值税税率为13%，2020年12月按照合同约定送建筑材料且开具增值税专用发票，由于材料供应商B转为小规模纳税人：

（1）根据《财政部 税务总局关于支持个体工商户复工复业增值税政策的公告》（财政部 税务总局公告2020年第13号）和《财政部 税务总局关于延长小规模纳税人减免增值税政策执行期限的公告》（财政部 税务总局公告2020年第24号）文件，其销售建筑材料选择适用征收率为1%，开具增值税专用发票"税率栏"为1%。

（2）价格调整计算公式：

①不考虑城市维护建设税和教育费附加：

调整前含增值税价格÷（1+13%）=调整后含增值税价格÷（1+1%）

②考虑城市维护建设税和教育费附加：

调整前含增值税价格−调整前含增值税价格÷（1+13%）×（1+城市维护建设税税率和教育费附加费率）=调整后含增值税价格−调整后含增值税价格÷（1+1%）×（1+城市维护建设税税率和教育费附加费率）

【注】如果涉及其他的税率/征收率，将上述公式中的13%换成调整前的税率/征收率，11%换成调整后的税率/征收率。

【补充资料】建筑行业涉及的常见增值税税目参考

建筑服务，是指各类建筑物、构筑物及其附属设施的建造、修缮、装饰，线路、管道、设备、设施等的安装以及其他工程作业的业务活动。包括工程服务、安装服务、修缮服务、装饰服务和其他建筑服务。（财税〔2016〕36号）

（1）工程服务。

工程服务，是指新建、改建各种建筑物、构筑物的工程作业，包括与建筑物相连的各种设备或者支柱、操作平台的安装或者装设工程作业，以及各种窑炉和金属结构工程作业。

（2）安装服务。

安装服务，是指生产设备、动力设备、起重设备、运输设备、传动设备、医疗实验设备以及其他各种设备、设施的装配、安置工程作业，包括与被安装设备相连的工作台、梯子、栏杆的装设工程作业，以及被安装设备的绝缘、防腐、保温、油漆等工程作业。

固定电话、有线电视、宽带、水、电、燃气、暖气等经营者向用户收取的安装费、初装费、开户费、扩容费以及类似收费，按照安装服务缴纳增值税。

（3）修缮服务。

修缮服务，是指对建筑物、构筑物进行修补、加固、养护、改善，使之恢复原来的使用价值或者延长其使用期限的工程作业。

（4）装饰服务。

装饰服务，是指对建筑物、构筑物进行修饰装修，使之变得美观或者具有特定用途的工程作业。

（5）其他建筑服务。

其他建筑服务，是指上列工程作业之外的各种工程作业服务，如钻井（打井）、拆除建筑物或者构筑物、平整土地、园林绿化、疏浚（不包括航道疏浚）、建筑物平移、搭脚手架、爆破、矿山穿孔、表面附着物（包括岩层、土层、沙层等）剥离和清理等工程作业。

（6）物业服务企业为业主提供的装修服务，按照"建筑服务"缴纳增值税。（财税〔2016〕140号）

（7）纳税人将建筑施工设备出租给他人使用并配备操作人员的，按照"建筑服务"缴纳增值税。（财税〔2016〕140号）

（8）设计服务属于现代服务。

设计服务，是指把计划、规划、设想通过文字、语言、图画、声音、视觉等形式传递出来的业务活动。包括工业设计、内部管理设计、业务运作设计、供应链设计、造型设计、服装设计、环境设计、平面设计、包装设计、动漫设计、网游设计、展示设计、网站设计、机械设计、工程设计、广告设计、创意策划、文印晒图等。（财税〔2016〕36号）

（9）工程勘察勘探服务属于现代服务。

工程勘察勘探服务，是指在采矿、工程施工前后，对地形、地质构造、地下资源蕴藏情况进行实地调查的业务活动。（财税〔2016〕36号）

（10）测绘服务属于现代服务。

专业技术服务，是指气象服务、地震服务、海洋服务、测绘服务、城市规划、环境与生态监测服务等专项技术服务。（财税〔2016〕36号）

（11）设备租赁服务属于现代服务。

按照标的物的不同，经营租赁服务可分为有形动产经营租赁服务和不动产经营租赁服务。（财税〔2016〕36号）

（12）工程造价鉴证、工程监理、建筑图纸审核、环境评估属于现代服务。

鉴证服务，是指具有专业资质的单位受托对相关事项进行鉴证，发表具有证明力的意见的业务活动。包括会计鉴证、税务鉴证、法律鉴证、职业技能鉴定、工程造价鉴证、工程监理、资产评估、环境评估、房地产土地评估、建筑图纸审核、医疗事故鉴定等。(财税〔2016〕36号)

（13）劳务派遣、劳动力外包属于现代服务。

人力资源服务，是指提供公共就业、劳务派遣、人才委托招聘、劳动力外包等服务的业务活动。(财税〔2016〕36号)

（14）绿化养护属于生活服务中的其他生活服务。

绿化养护是指绿地、植被等植物的管理与养护，包括浇水、施肥、修剪、除草、清洁、病虫害防治、防涝防旱和补苗等。

（15）建筑垃圾处理。

①纳税人受托对废弃物进行专业化处理，采取填埋、焚烧等方式处理后未产生货物的，实质是提供了一种"服务"，属于营改增"现代服务"税目中的"专业技术服务"，其收取的处理费用应适用6%的增值税税率。

②纳税人受托对废弃物进行专业化处理，处理后产生货物，且货物归属委托方的，根据《增值税暂行条例实施细则》对"加工"的定义，受托方应属于提供"加工劳务"，其收取的处理费用适用13%的增值税税率。(国家税务总局公告2020年第9号)

（16）境外单位或者个人向境内单位或者个人提供的工程施工地点在境外的建筑服务、工程监理服务，境外单位或者个人发生的下列行为不属于在境内销售服务。(国家税务总局公告2016年第53号)

（17）混合销售。

一项销售行为如果既涉及服务又涉及货物，为混合销售。从事货物的生产、批发或者零售的单位和个体工商户的混合销售行为，按照销售货物缴纳增值税；其他单位和个体工商户的混合销售行为，按照销售服务缴纳增值税。(财税〔2016〕36号)

（18）兼营行为。

纳税人兼营销售货物、劳务、服务、无形资产或者不动产，适用不同税率或者征收率的，应当分别核算适用不同税率或者征收率的销售额；未分别核算的，从高适用税率。(财税〔2016〕36号)

（19）同时提供设计和装修服务。

属于设计服务和建筑服务的兼营行为，须分开核算。

（20）修理修配、修缮、维护保养业务区分。

①修理修配，是指受托对损伤和丧失功能的货物进行修复，使其恢复原状和功能的业务。《中华人民共和国增值税暂行条例实施细则》（财政部、国家税务总局令2008年第50号）对此进行了说明，即对不属于建筑物或构筑物（包括建筑物或构筑物的附属设备和配套设施）的固定资产（如柜式空调、交通信号灯等），如因已经损伤或丧失功能而进行修复并使其恢复原状和功能，应按"修理修配劳务"缴纳增值税，适用13%税率。

②修缮服务，是指对建筑物、构筑物（不动产）进行修补、加固、养护、改善，使之恢复原来的使用价值或者延长其使用期限的工程作业，应当按"建筑服务"适用9%税率。

③对未损害或丧失功能的设备（有形动产），仅提供日常检测、保养等服务，按"其他现代服务业"缴纳增值税，适用6%税率。

（21）园林绿化工程与绿化养护业务区分。

①园林绿化工程是指在一定的地域，运用工程技术和艺术手段，利用并改造天然山水地貌，或者人为地开辟山水地貌，结合植物的栽植和建筑的布置，从而构成一个供人们观赏、游憩、居住的环境，园林绿化工程属于其他建筑服务，适用9%税率；甲方自行采购部分或者全部花卉苗木，绿化工程符合清包工，或甲供工程条件，施工企业可选择简易计税。

②绿化养护是指绿地、植被等植物的管理与养护，包括浇水、施肥、修剪、除草、清洁、病虫害防治、防涝防旱和补苗等。绿化养护属于其他生活服务业，适用6%税率。

（22）一般纳税人销售自产机器设备的同时提供安装服务。

应分别核算机器设备和安装服务的销售额，安装服务可以按照甲供工程选择适用简易计税方法计税。一般纳税人销售外购机器设备的同时提供安装服务，如果已经按照兼营的有关规定，分别核算机器设备和安装服务的销售额，安装服务可以按照甲供工程选择适用简易计税方法计税。

纳税人对安装运行后的机器设备提供的维护保养服务，按照"其他现代服务"缴纳增值税。

2.3 农民工工资个人所得税要点

《保障农民工工资支付条例》（中华人民共和国国务院令第724号）规定，工程建设领域推行分包单位农民工工资委托施工总承包单位代发制度。

根据《国家税务总局关于个人所得税偷税案件查处中有关问题的补充通知》（国税函发〔1996〕602号）文件规定，分包单位农民工工资个人所得税由分包单位预扣预缴。

【参考条款】

（1）分包单位应当按月考核农民工工作量并编制工资支付表，经农民工本人签字确认后，与当月工程进度等情况一并交施工总承包单位。

（2）总承包单位按《保障农民工工资支付条例》（中华人民共和国国务院令第724号）规定履行代发工资义务，个人所得税的预扣预缴义务由分包单位完成。

2.4 印花税计税依据

价款单独列明不含增值税税额价款、税率/征收率、增值税税额和含增值税税额总价款，印花税以不含增值税价款为计税依据。

【政策依据】国家税务总局在2016年4月25日视频会议上说明有关营改增的政策口径："第四，关于印花税计税依据问题，这次两部委下发的《通知》中没有提到印花税计税依据问题。主要是营改增之前，这一问题就已明确，没有变化。各地执行口径仍按照印花税条例规定，依据合同所载金额确定计税依据。合同中所载金额和增值税分开注明的，按不含增值税的合同金额确定计税依据，未分开注明的，以合同所载金额为计税依据。"

【例】设备租赁合同中合同价款条款格式：租赁期内设备租赁含增值税税款总价款人民币（11300）元，大写人民币壹万壹仟叁佰元整，其中不含增值税税款价款（10000）元，增值税率13%，增值税额1300元，该合同按不含增值税的合同金额10000元确定印花税的计税依据。

2.5 税费纳税地点确定

结合甲方等要求和政策规定的增值税、企业所得税的纳税地点，进行项目整体测算，设立项目二级分支机构（一般情况下，增值税在当地缴纳和企业所得税在当地预缴汇算清缴分配）和设立项目部（一般情况下，预缴增值税和按实际经营收入的0.2%按月或按季预缴企业所得税）的税额大小，从税务操作的角度，尽量选择设立项目部方式缴纳税费。

【附】异地项目（未在当地注册和办理税务登记项目公司）需要缴纳税费参考：

（1）增值税。

纳税人应按照工程项目分别计算应预缴税款，分别预缴。

纳税人跨县（市、区）提供建筑服务，向建筑服务发生地主管税务机关预缴的增值税税款，可以在当期增值税应纳税额中抵减，抵减不完的，结转下期继续抵减。

纳税人以预缴税款抵减应纳税额，应以完税凭证作为合法有效凭证。

政策依据：《国家税务总局关于发布〈纳税人跨县（市、区）提供建筑服务增值税征收管理暂行办法〉的公告》（国家税务总局公告2016年第17号）。

（2）城市维护建设税和教育费附加。

预缴增值税的纳税人在其机构所在地申报缴纳增值税时，以其实际缴纳的增值税税额为计税依据，并按机构所在地的城市维护建设税适用税率和教育费附加征收率就地计算缴纳城市维护建设税和教育费附加。

政策依据：《财政部 国家税务总局关于纳税人异地预缴增值税有关城市维护建设税和教育费附加政策问题的通知》（财税〔2016〕74号）。

（3）环境保护税。

排放的扬尘、工业粉尘等颗粒物，除可以确定为烟尘、石棉尘、玻璃棉尘、炭黑尘的外，按照一般性粉尘征收环境保护税。

对建筑施工、货物装卸和堆存行为纳税人进行纳税人识别，纳入环保税管理。

纳税人应当向应税污染物排放地的税务机关申报缴纳环境保护税。

政策依据：《环境保护税法》《财政部 税务总局 生态环境部关于明确环境保护税应税污染物适用等有关问题的通知》（财税〔2018〕117号）。

（4）企业所得税。

建筑企业总机构直接管理的跨地区设立的项目部，应按项目实际经营收入的0.2%按月或按季由总机构向项目所在地预分企业所得税，并由项目部向所在地主管税务机关预缴。

《中华人民共和国企业所得税年度纳税申报表（A类）》（A100000）第32行"本年累计实际已缴纳的所得税额"按下列方法填报：

填报纳税人按照税收规定本纳税年度已在月（季）度累计预缴的所得税额，包括按照税收规定的特定业务已预缴（征）的所得税额，建筑企业总机构直接管理的跨地区设立的项目部按规定向项目所在地主管税务机关预缴的所得税额。

"本年累计实际已预缴的所得税额"填报数额＝本纳税年度月（季）度累计预缴的所得税额（含总、分机构）＋建筑企业向项目所在地主管税务机关预缴的所得税额。

政策依据：《国家税务总局关于跨地区经营建筑企业所得税征收管理问题的通知》（国税函〔2010〕156号）、《国家税务总局关于发布〈中华人民共和国企业所得税年度纳税申报表（A类，2017年版）〉的公告》（国家税务总局公告2017年第54号）。

（5）个人所得税。

总承包企业、分承包企业派驻跨省异地工程项目的管理人员、技术人员和其他工作人员在异地工作期间的工资、薪金所得个人所得税，由总承包企业、分承包企业依法代扣代缴并向工程作业所在地税务机关申报缴纳。

总承包企业和分承包企业通过劳务派遣公司聘用劳务人员跨省异地工作

期间的工资、薪金所得个人所得税,由劳务派遣公司依法代扣代缴并向工程作业所在地税务机关申报缴纳。

跨省异地施工单位应就其所支付的工程作业人员工资、薪金所得,向工程作业所在地税务机关办理全员全额扣缴明细申报。凡实行全员全额扣缴明细申报的,工程作业所在地税务机关不得核定征收个人所得税。

政策依据:《国家税务总局关于建筑安装业跨省异地工程作业人员个人所得税征收管理问题的公告》(国家税务总局公告2015年第52号)。

(6)其他税费。

如工费经费等,参考项目所在地政策。

2.6 发票条款审核要点

(1)按规定开具或取得增值税发票或其他合规凭证列为合同签署必要事项。

(2)开具或取得发票的种类:增值税专用发票、增值税普通发票和增值税发票。

【提醒】无法确认是否需要增值税专用发票抵扣增值税进项税额,从实务的角度约定发票类型为增值税发票。

(3)明确开具发票或接受发票主体,不得由合同相对人以外的第三方开具或接受发票。

【参考条款】

①明确开具发票人合同条款参考如下:

本合同不得由销售方以外的第三方向购买方开具增值税发票。

②明确接受发票方合同条款参考如下:

本合同不得要求销售方向购买方以外的第三方开具增值税发票。

(4)明确按照税法相关规定开具或接受发票,如:发票备注栏要求等。

【参考条款】本合同开具的增值税发票其备注栏中应填写:(　　)(如相关法律无要求,填写"无",如建筑服务发票必须填写工程名称、建筑服务发生地县（市、区）名称）、本合同名称及本合同编号。

（5）明确约定开具或接受发票的违约责任。

【参考条款】因销售方原因无法开具增值税发票或者开具增值税发票无效，销售方应向购买方支付无法抵扣增值税进项税额而多缴的增值税税额和无法进行企业所得税税前扣除而多缴的企业所得税税额等其他税款损失作为违约金，违约金不足以弥补买方损失的，销售方还应予以赔偿。

（6）明确约定开具或接受发票相互配合。

【参考条款】

①税务检查配合条款

因销售方提供的发票出现税务问题致使购买方遭受税务机关检查时，销售方有配合购买方做好调查、解释、说明工作的义务。

②发票丢失等配合条款

出现丢失增值税发票、增值税发票作废处理或开具红字发票等发票须处理情况，销售方和购买方在符合相关税收法律法规的条件下，相互有义务配合对方完成相关发票的处理事宜。

（7）预收款是否开具发票及开具发票的要求（如不征税发票）。

【参考条款】收到预付款（　）工作日内开具（　）（不征税/9%/3%/1%/免税）增值税发票。

（8）其他发票事项要求。

【参考条款】

合同执行过程违约金或赔偿金开具增值税发票规定：

①由于销售方违约产生的违约金，按照相关税法规定，购买方不需要给销售方开具增值税发票，但购买方需要向销售方提供收款方开具的收款凭证等其他证明资料。

②由于购买方在合同执行过程中违约产生的违约金，属于增值税相关税法规定价外费用，销售方应按照本合同中相关条款开具增值税发票。

③由于合同相关增值税销售行为还未发生，购买方违约产生的违约金，按照相关税法规定，销售方不需要给购买方开具增值税发票，但销售方需要

向购买方提供收款方开具的收款凭证等其他证明资料。

2.7 价款条款审核要点

2.7.1 合同价款四要素：含增值税价、税率/征收率、不含增值税价、增值税税额。

【参考条款】(参考《住房和城乡建设部 市场监管总局关于印发建设项目工程总承包合同(示范文本)的通知》。[(建市〔2020〕96号)，2021年01月01日生效)]

四、签约合同价与合同价格形式

1.签约合同价(含增值税税款)为：

人民币(大写)_____(¥_____元)。

具体构成详见价格清单。其中：

(1)设计费(含增值税税款)：

人民币(大写)_____(¥_____元)；适用税率/征收率：__%，增值税税金为人民币(大写)_____(¥_____元)；

(2)设备购置费(含增值税税款)：

人民币(大写)_____(¥_____元)；适用税率/征收率：__%，增值税税金为人民币(大写)_____(¥_____元)；

(3)建筑安装工程费(含增值税税款)：

人民币(大写)_____(¥_____元)；适用税率/征收率：__%，增值税税金为人民币(大写)_____(¥_____元)；

(4)暂估价(含增值税税款)：

人民币(大写)_____(¥_____元)。

(5)暂列金额(含增值税税款)：

人民币(大写)_____(¥_____元)。

(6)双方约定的其他费用(含增值税税款)：

人民币(大写)_____(¥_____元)；税率/征收率：____%，增值税税金为人民币（大写）_____（¥_____元）。

2.7.2 合同价款是否包括代扣代缴/预扣预缴税款，如支付个人劳务报酬预扣预缴个人所得税。

2.7.3 明确收款方式及账号信息。

【案例】案涉《建设工程施工合同》明确约定，工程承包人不接受承兑汇票，发包人支付所有工程款，必须直接汇入承包人账户，不得支付给项目经理人及其他人员，除汇入指定银行账户外均视为未支付工程款处理，并承担违约责任及经济损失。×××公司（备注：发包方）主张其向案外人卢某某、韦某某、马某某（备注：挂靠人）支付的款项，应计入已付的工程价款。但其主张的付款事实不符合合同关于付款方式的约定，提供的承兑汇票等证据也不足以证明支付款项与案涉施工合同存在关联。二审判决不支持×××公司的前述抗辩，未将其主张向案外人卢某某、韦某某、马某某支付的款项计入已向×××公司（备注：承包方）支付的工程价款，并无不当。

——《湖南×××商贸股份有限公司、××××有限公司建设工程施工合同纠纷再审审查与审判监督民事裁定书》（中华人民共和国最高人民法院民事裁定书（2020）最高法民申××××号）。

【参考条款1】《建设工程施工合同》

承包人收款账户

账户名称：_____

账　　号：_____

承包人不接受承兑汇票，发包人支付的所有工程款，必须直接汇入承包人账户，不得支付给项目经理人及其他人员，除汇入指定银行账户外均视为未支付工程款处理，并承担违约责任及经济损失。

【参考条款2】《货物等购销合同》

销售方收款账户

账户名称：_____

账　　号：_____

销售方不接受承兑汇票，购货方支付所有货款，必须直接汇入销售方账户，不得支付给业务经理人及其他人员，除汇入指定银行账户外均视为未支付货款处理，并承担违约责任及经济损失。

2.7.4 明确"纳税人购进货物或应税劳务，支付运输费用，所支付款项的单位，必须与开具抵扣凭证的销货单位、提供劳务的单位一致，才能够申报抵扣进项税额，否则不予抵扣"的要求，即"三流合一"付款要求。

2.7.5 明确付款和开具发票的顺序关系，比如合同约定先开具发票，后付款。

2.7.6 明确收付款与增值税和企业所得税等纳税义务发生时间的关系。

2.7.7 明确预付款、进度款及质保金的定义、开具发票等事项。

2.7.8 关于尾款的约定是否能包含由于发票不合规产生的税费损失。

2.7.9 运输费支付方式是否符合进项税额抵扣规定。

2.7.10 约定支付款项为扣减代扣代缴/预扣预缴税款的款项。

2.8 词语定义和解释部分明确税务名词定义

（1）甲供工程，是指全部或部分设备、材料、动力由工程发包方自行采购的建筑工程。

（2）以清包工方式提供建筑服务，是指施工方不采购建筑工程所需的材料或只采购辅助材料，并收取人工费、管理费或者其他费用的建筑服务。

（3）一般计税方法是指增值税应纳税额的计税方法之一，一般计税方法的应纳税额，是指当期销项税额抵扣当期进项税额后的余额。

（4）简易计税方法是指增值税应纳税额的计税方法之一，简易计税方法的应纳税额，是指按照销售额和增值税征收率计算的增值税额，不得抵扣进项税额。

（5）建筑企业跨地区预缴企业所得税是指建筑企业总机构直接管理的跨地区设立的项目部，应按项目实际经营收入的0.2%按月或按季由总机构向项目所在地预分企业所得税，并由项目部向所在地主管税务机关预缴。

2.9 合同签订后管理要点

（1）项目合同签订、补充时，税务管理人员必须依据前期提出的税务管理意见，审核合同条款中相关风险点是否已化解。

（2）项目合同实施过程中，应监测合同条款是否有序进行，并根据具体情况对项目税务规划进行及时调整，落实税务规划方案。

（3）项目合同实施过程中，应监测供应商是否有成为失信被执行人、税务机关的非正常户等影响合同的执行情形。

（4）项目合同完成后，要及时进行税务清算，分析项目整体纳税情况，做好总结分析。

（5）采购合同完成后，要纳入供应商管理系统。

（6）完善重大税务事项预警，遇有重大税务事项、重大税务风险及时向公司管理层、董事会报告。

2.10 风险提示

2.10.1 未按规定缴纳建设工程勘察和设计合同印花税的风险。

企业签订的建设工程勘察和设计合同错按"建筑安装工程承包合同"税目少贴花。

签订的建设工程勘察合同（包括总包合同、分包合同和转包合同）和建设工程设计合同（包括总包合同、分包合同和转包合同），除另有规定外，在签订时应按收取费用依"建设工程勘察设计合同"税目计税贴花，税率万分之五。

2.10.2 未足额申报建筑工程承包合同印花税的风险。

建筑工程承包合同（包括总包合同和分转包合同）未足额申报印花税，实务中往往建筑工程承包合同按规定贴花，而总包合同和分转包合同未贴花。

2.11 合同财务及税务审核明细表（见表2-1）

表2-1　　　　　　　　合同财务及税务审核明细表

序号	事项	审核内容	审核结果	审核人
1	合同相对人	1.是否属于非正常户（企业所在地省市税务局官方网站、企查查及天眼查等网站查询）		
		2.是否存在失信事项（信用中国网站查询）		
		3.是否涉及重大经济纠纷或重大经济犯罪案件、无因违约被裁决承担责任、存在类似合同内容法律诉讼（中国裁判文书网查询）		
		4.纳税人类型（一般纳税人/小规模纳税人/自然人等）		
		5.企业性质（国企、民企、事业单位、个体工商户及自然人等）		
		6.合同相对人是否是具有独立法人资格的公司；若必须与分公司签署合同的，是否收到该分公司的上级公司的确认函		
		7.是否具备合同内容相应的生产和经营相关的许可、等级、资质、合格、认证、专营许可等证书		
		8.是否与招投标要求资格一致		
		9.是否同行业资格要求一致		
		10.合同相对人信息栏是否填写合同相对人全称		
		11.合同相对人信息栏是否填写社会统一信用代码		
		12.如由代理人代签合同的，是否有真实、有效的法定代表人身份证明书、授权委托书、代理人身份证明		
		13.合同相对人履约能力或资信有重大瑕疵，是否有连带责任担保，其担保人必须是具有代偿能力的独立法人，并对担保人按前款合同相对人规定进行审查		
		14.上述证明材料是否加注"与原件核对无误"		
2	价款条款	1.是否满足会计规范要求：是否有大写、是否顶格、手写是否工整和涂改等		
		2.是否明确合同币种（　　）（填人民币或其他币种）		

续表

序号	事项	审核内容	审核结果	审核人
2	价款条款	3.合同币种为人民币以外的币种是否有汇率规定条款		
		4.合同单位是否统一为（　）（填万元/元）（单价除外）		
		5.合同关于价款数据计算及逻辑关系（比如税率与税款是否准确、分期付款之和是否等于总价）是否准确		
		6.合同价款条款是否存在空格条款		
		7.合同价款是否明确是（　）（填含/不含）增值税价款		
		8.合同价款是否单独列示增值税税额（如需要缴印花税，按不含税价款计算缴纳）		
		9.合同价款是否单独列示（　）（填税率/征收率）是（　）		
		10.合同价款标的物的数量、计量方法及单价是否明确及准确		
		11.合同标的物适用不同税率是否分开列示价款		
		12.是否有无偿赠送等内容，是否分析涉税安排		
		13.是否列示商业折扣、销售折让、现金折让条款，并规定对应开具发票等涉税条款		
		14.是否有合同执行过程中增值税税率变化应对条款		
		15.合同价款条款是否与招标书、内部价格制度相符		
4	税款承担及代扣代缴条款	1.合同中税款承担条款是否与税款纳税人规定一致：比如出租房屋，房产税以出租方缴纳，即使合同中规定由承租方承担也不能免出租方作为纳税人的义务		
		2.合同中是否税款承担条款：按照相关税收法律法规的规定，合同各方按照纳税义务承担与本合同相关的税费		
		3.合同涉及代扣代缴税款与合同价款关系（　）（填包含/不包含）		
		4.合同是否涉及预扣预缴/代扣代缴事项，是否明确预扣预缴/代扣代缴事项		
		5.购买个人股权合同，是否明确股权转让涉及个人所得税代扣代缴条款，如没有明确是否代扣代缴条款，是否明确最后一笔转让款需对方（个人）提供个人所得税完税证明为前置条件		

续表

序号	事项	审核内容	审核结果	审核人
4	税款承担及代扣代缴条款	6.与个人签署合同,涉及个人所得税,是否有代扣代缴的条款(支付单位对工资、薪金所得;劳务报酬所得;稿酬所得;特许权使用费所得;利息、股息、红利所得;财产租赁所得;财产转让所得和偶然所得有全员全额扣缴义务。不包括个人所得税中的经营所得)		
		7.涉及劳务派遣等代发工资合同,是否满足《国家税务总局关于个人所得税偷税案件查处中有关问题的补充通知》(国税函发〔1996〕602号)第三条个人所得税扣缴义务条款		
		8.与境外单位或个人签署合同,是否明确代扣代缴增值税和企业所得税条款		
5	发票条款	1.是否明确开具发票的条款(不允许出现违法的不开发票条款)		
		2.明确提供发票类型( )(填增值税专用发票/普票)		
		3.是否明确开具发票信息(抬头、纳税人识别号、银行账户信息、地址及电话信息)		
		4.发票类型是否与企业经营活动相一致(如:可抵扣进项税额须提供增值税专用发票)		
		附:购买固定资产、不动产及无形资产发票类型是专用发票		
		5.发票类型是否与合同内容一致(如:是否属于不能开具增值税专用发票情形,不属于都可以按规定开具增值税专用发票)		
		6.合同发票接受方/开具方与合同相对人是否一致		
		7.是否有不得第三方开具发票的条款(请参考合同涉税条款模板)		
		8.是否有发票内容与合同内容一致条款,不得变更品名、数量和金额等内容(请参考合同涉税条款模板)		
		9.是否明确是( )(填代开/自开)发票,与自开代开发票规定一致,如一般纳税人一律自开发票,不允许代开		
		10.是否明确发票备注栏事项与法律法规规定一致		
		11.是否明确开具发票方发票送达时限:开具发票后( )工作日送达		

续表

序号	事项	审核内容	审核结果	审核人
5	发票条款	12.是否明确发票送达的方式：自取/( )快递公司		
		13.是否明确发票交付与付款的关系，是收到票后( )工作日付款/还是付款后( )工作日开具发票		
		14.是否明确丢失发票相互按税收规定配合的事项		
		15.是否明确发票开具错误(含开具红字发票)配合条款及违约的事项		
		16.是否明确不开具/虚开发票违约条款，违约金是包含增值税、企业所得税等其他税费		
		17.是否明确税务机关检查发票事项(如非正常户)的配合义务事项		
		18.是否明确违约金、工程款质押金等其他款项开具发票事项		
6	合同内容涉税处理	1.合同标的内容与实际交易内容是否一致		
		2.合同标的内容条款相关描述是否与税收法律法规冲突		
		3.标的内容是否清晰明确，能准确判断属于增值税应税具体征税范围，属于增值税( )征税范围		
		4.属于( )(填混合销售/兼营行为)		
		5.合同内容是否属于适用特殊税收政策(如：统借统还、捐赠支出)，是否分析涉税政策		
		6.是否存在税收书面语的口语/通俗化		
7	支付款条款	1.合同约定的收付款账户是否是合同相对人账户		
		2.是否有不得第三方收付款的条款(请参考合同涉税条款模板)		
		3.是否明确收付款方式，比如：现金、银行转账、汇款、支票、本票等方式		
		4.合同相对人不在供应商名录内，是否有收到发票下个月付款/付尾款的约定		
		5.是否明确收款方账户信息发生变化通知义务参考条款		
		6.收付款的条款是否考虑合同涉税种类的纳税义务		

续表

序号	事项	审核内容	审核结果	审核人
7	支付款条款	7.采用支票、银行承兑汇票等票据付款方式,是否约定授权委托书事项		
		8.施工总承包合同是否约定工程款计量周期、工程款进度结算办法以及人工费用拨付周期(不得超过1个月)及农民工工资专用账户设立		
		9.工程分包合同是否应当约定工程款计量周期、工程款进度结算办法、农民工工资专用账户设立及分包单位农民工工资委托施工总承包单位代发条款		
		10.涉及建筑合同,劳务所在地预缴税款完税证明是否作为付款条件		

第3章 公司所属分支机构涉税操作要点

3.1 项目公司形式

3.1.1 公司直接管理的项目部。

其特点/判断标准：

（1）未办理工商注册登记和税务登记，或者办理工商注册登记但未办理税务登记；

（2）办理跨区域涉税事项报验（一般情况下）（须跨区域预缴增值税），以总机构身份办理跨区域事项报告；

（3）按照项目独立核算。

3.1.2 设立非法人分支机构分公司。

其特点/判断标准：

（1）办理工商注册登记和税务登记，属于非法人分支机构，且营业执照上没有注册资本。

（2）是否需办理跨区域涉税事项报验

①如果分支机构项目所在地和机构所在地不同的，以分支机构身份办理跨区域事项报告（须跨区域预缴增值税），财务核算将建筑项目经营收入和成本计入本分支机构收入和成本中。

②如果分支机构项目所在地和机构所在地相同的（无须跨区域预缴增值税，但是预收账款需要预缴增值税），财务核算将建筑项目经营收入和成本计入本分支机构收入和成本中。

（3）按照项目独立核算。

3.2 公司所属分支机构开具发票操作要点

3.2.1 非法人分支机构分公司直接开具发票。

对于符合《国家税务总局关于进一步明确营改增有关征管问题的公告》（国家税务总局公告2017年第11号）文件规定的情形，或建筑企业以公司名义中标及签订建筑合同，由其下属分公司作为建筑服务实施方，建筑企业与发包方签订建筑合同时，可注明授权为发包方提供建筑服务的公司内其他纳税人名称，主动避免可能存在的"四流"（货物服务、发票、资金、合同）不一致等风险。

（1）经与发包方（业主）沟通后，如发包方认可授权书的形式，授权书参考模板如下：

【授权书参考条款】

授 权 书

×××有限公司（社会统一信用代表：　　　　）

我司【×××建设有限公司】中标××××项目，为了方便项目更好地执行、缴纳税款以及开具增值税发票，我司在项目所在地×××成立×××有限公司××分公司（社会统一信用代表：　　　　）。现授权【×××有限公司××分公司】全权负责履行该项目（包括但不限于工程施工、现场管理、开具增值税发票、工程款结算等）。

【×××有限公司××分公司】向贵司所做的任何承诺、保证、函件、签字、确认等均视为我司的行为，我司均予以认可，如产生责任和纠纷由我司自行承担。

特此授权

授权公司：

授权公司社会统一信用代表：

法定代表人：

年　月　日

（2）经与业主沟通后，如业主不认可通过授权书的形式，则需要与业主签订补充协议，补充协议参考模板如下：

【补充合同参考条款】

××××项目建筑工程施工合同

合同编号：

发包人（全称）：

社会统一信用代表：

承包人（全称）：

社会统一信用代表：

依照《中华人民共和国民法典》《中华人民共和国建筑法》及其他有关法律、行政法规，遵循平等、自愿、公平和诚实信用的原则，双方就××××项目签署《   》（合同编号   ，以下简称原合同），甲乙双方就其中未尽事宜经充分协商，达成一致，形成本补充协议。

1.为了方便项目更好地执行、缴纳税款以及开具增值税发票，我司在项目所在地×××成立×××有限公司××分公司（社会统一信用代表：   ）。现授权【×××有限公司××分公司】全权负责履行该项目（包括但不限于工程施工、现场管理、开具增值税发票、工程款结算等）。

2.【×××有限公司××分公司】向贵司所做的任何承诺、保证、函件、签字、确认等均视为我司的行为，我司均予以认可，如产生责任和纠纷由我司自行承担。

3.本协议作为原合同的补充，本协议未尽事宜按原合同执行，本协议及原合同未尽事宜，由双方友好协商解决，双方可以签订补充协议，补充协议是原合同的组成部分，具有与原合同同等的法律效力。

……

3.2.2　分公司开具发票示意图（见图3-1）。

3.2.3　总公司直接对外开具发票。

以总公司名义签订建筑合同，由有独立税号的分公司提供建筑服务，可由实际提供服务的分公司开具增值税发票给总公司，再由总公司开具增值税发票给业主。

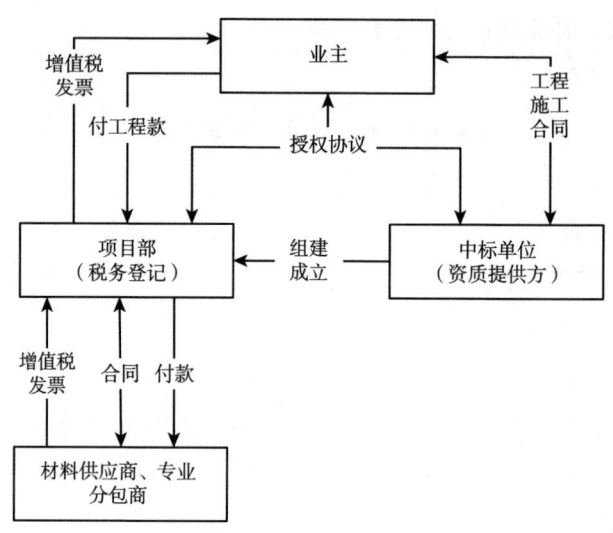

图3-1 分公司开具发票示意图

3.2.4 总公司开具发票示意图（见图3-2）。

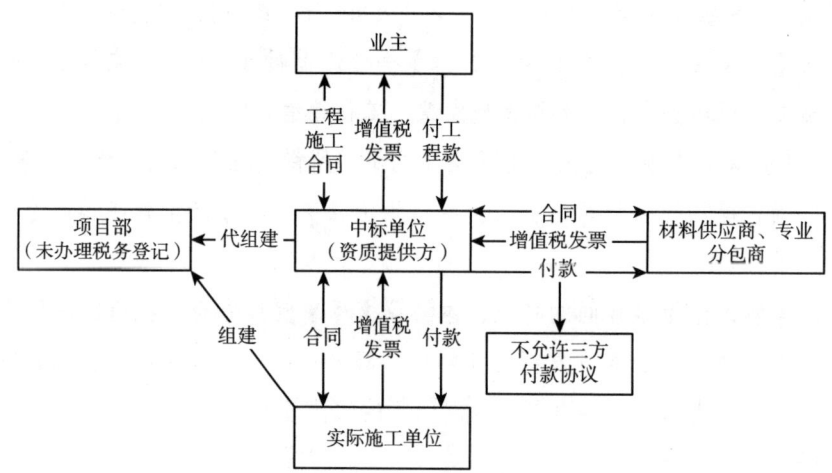

图3-2 总公司开具发票示意图

3.3 BT、BOT、PPP 项目增值税涉税处理

3.3.1 对于BT 项目，如果合同中对工程投资金额和投资回报分别进行

明确约定的，投资方和业主方共同确认的工程投资金额由投资方按照"建筑服务"计算缴纳增值税，取得的回报收入按照"利息收入"缴纳增值税。如果合同中对工程投资金额和投资回报没有分别进行明确约定的，投资方取得的全部收入按照"建筑行业"缴纳增值税。

3.3.2　投资BOT、PPP项目，以项目建成后实际运营中取得的全部价款和价外费用，根据实际提供的服务项目所对应的征收率或者税率计算缴纳增值税。

3.3.3　BT、BOT、PPP项目建成以后，纳税人为项目资产提供管理和维护等服务取得的全部价款和价外费用，分别核算各服务项目收入的，按照各服务项目所对应的征收率或者税率计算缴纳增值税。纳税人未分别核算各服务项目收入的，一律从高适用征收率或者税率。

第4章　采购环节涉税关键点

4.1　对供应商选择的要求

4.1.1　供应商纳税人类别：一般纳税人、小规模纳税人。

4.1.2　供应商销售货物、提供劳务或服务是否超出其经营范围。

由于税务部门"简政放权、加强监管、优化服务"（以下简称"放管服"），虽超出经营范围可以按规定开具增值税发票，但是施工过程中的采购，由于施工安全和经济责任审计等其他方面要求，不得超出供应商的经营范围。

【补充】可以通过下列查询途径，判断采购是否超出供应商的经营范围：

（1）供应商营业执照复印件。

（2）相关资质证书复印件及备案资料。

（3）天眼查、企查查等企业信息查询网站。

（4）供应商以前类似业务合同或开具发票复印件。

【提醒】实务中超出经营范围可以按规定开具发票。

九、一般纳税人发生超出税务登记范围业务，是自开发票还是由税务机关代开发票？

答：一般纳税人一律自开增值税发票。[摘自《国家税务总局政策解答之政策组发言材料（2016年4月20日至5月12日）》]

超范围经营开具发票分以下两种情况：

（1）临时性业务，建议向主管税务机关说明情况后，增加相应征收品目，自行开具发票。需要专用发票的建议携带代开增值税专用发票所需资料至主管税务机关办税服务大厅，向主管税务机关说明情况，由主管税务机关办理代开专票事宜。

（2）经常性业务：建议先联系工商部门变更经营范围，再由主管税务机关增加相应的征收品目及征收率，自行开具发票。需要专票的建议先联系工商部门变更经营范围，再携带代开增值税专用发票所需资料至主管税务机关办税服务大厅办理代开专票事宜。

4.2 采购价格控制管理

企业在采购环节，不同方案的采购比价即按以下公式计算，从财税角度看，实际采购成本最低的方案最优。

4.2.1 采购对象可以按规定抵扣进项税额。

在取得合法合规的企业所得税税前扣除凭证的前提下，企业在采购环节的实际采购成本为抵扣进项税额、抵减城建税和教育费附加后的成本，具体计算公式：

实际采购成本=含增值税价款−含增值税价款÷（1+适用税率/征收率）×适用税率/征收率×（1+附加税率）。

【例】某建筑公司（一般纳税人）拟采购建筑材料，该材料用于一般计税项目，招投标有甲、乙、丙三家竞标。三家分别给出不同的采购方案，甲、乙、丙含增值税售价都为100万元，其中：甲能提供税率为13%的增值税专用发票；乙能提供税率为3%的增值税专用发票；丙为个人，提供增值税普通发票。其他条件无差别，均不收取运费，假定附加税率（城建税和教育费附加）之和为12%，不考虑其他条件：

甲实际采购成本=100−100÷（1+13%）×13%×（1+12%）=87.12（万元）

乙实际采购成本=100−100÷（1+3%）×3%×（1+12%）=97.74（万元）

丙实际采购成本=100（万元）

4.2.2 采购对象不能按规定抵扣进项税额。

在取得合法合规企业所得税税前扣除凭证的前提下，按照开具的增值税发票等其他税前扣除凭证上的总价款比较企业成本的大小。

4.3 采购运费环节管理

4.3.1 一票制。

购买方将运费直接支付给销售方，按照价外费用规定，运费属于价外费用，提供运输服务和销售货物应开具销售货物增值税专用发票，即"一票制"。

4.3.2 两票制。

（1）购买方将运费直接支付给销售方，按照兼营行为，开具发票时，按货物的销售额开具货物增值税专用发票，按运输应税服务开具货运业增值税专用发票，即"两票制"其中一种形式。

（2）购买方将运费支付给运输方，货款支付给销售方，属于两次增值税应税行为，提供运输服务方和销售方分别开具增值税发票，即"两票制"其中一种形式。

采购过程中，合同等其他约定，运费支付给运输方，须从运输方取得运输费增值税专用发票；需要提醒的是，从运输方取得运输费增值税专用发票，款项需要按照规定支付给运输方。

【案例】经工商部门核准，2013年7月10日山东×××销售有限公司变更名称为山东×××有限公司。2009年1月15日，东×公司与×××公司（此时××××公司使用变更前名称山东××××销售有限公司，下同）签订了煤炭供应合同，约定由××××公司每月供1/3焦煤10000吨，单价随行就市；第三条约定：运输由××××公司组织，运费由××××公司承担；第五条约定：结算方式为承兑结算，款到发货，两票结算，运输票60元/吨，其余开具增值税发票。该增值税发票税率为17%。合同签订后，××××公司按约组织运输给东×公司发送煤炭，东×公司向××××公司支付货款，××××公司开具了货款收款收据。同时××××公司按约定给东×公司提供了公路、内河货物运输业统一发票和增值税发票。运输发票上载明承运人为微山县德隆运输有限公司、鱼台县永利运输有限公司等运输公司。对××××公司提供的运输发票，东×公司作为进项税额抵扣增值税销项税额使用，抵扣税率为7%。2011年7月27日，山东省临沂市国家税务局作出临国税罚（2011）78号税务行政处罚决定书，认定：东×公司2009年度和2010年度支付运费，收款方与承运人不一致，申报抵扣进项税额808195.79元和822223.57元，违反了1995年10月18日《国家税务总局关于加强增值税征收管理若干问题的通知》（国税发〔1995〕192号）第一条第三款"购进货物或应税劳务支付货款、劳务费用的对象。纳税人购进货物或应税劳务，支付运输费用，所支付款项的单位，必须与开具抵扣凭证的销货单位、提供劳务的单位一致，才能够申报抵扣进项数额，否则不予抵扣"的规定，造成多抵扣进项税额808195.79元和822223.57元，另有其他事项造成多抵扣进项税额及少计提增值税销项税额，共计少缴增值税1705752.94元。根据《中华人民共和国税收征收管理法》第六十三条第一款的规定，定性少缴增值税1705752.94元为偷税，除追缴税款外，给予少缴税款50%的罚款，罚款852876.47元，限该决定书送达之日起15日内缴纳，逾期每日按罚款数额的3%加处罚款。其中涉及××××公司提供的运输发票的抵扣税款为1109834.61元。2011年8月19日，东×公司向山东省临沂市国家税务局缴纳了增值税款1705752.94元、罚款852876.47元及相应的滞纳金和地方附加税费，其中涉及××××公司提供的运输发票的抵扣税款为1109834.61元、地方附加税费144278.5元、罚款554917.31元、滞纳金330989元。其中地方附加税费144278.50元系东×公司缴纳增值税1109834.61元时依法按13%的税率向地税部门缴纳的；该地方附加税费是缴纳增值税时必须向地税部门缴纳的。[摘自《临沂××××有限公司与山东××××有限公司买卖合同纠纷再审民事判决书》（山东省高级人民法院民事判决书（2016）鲁民再×××号）]

4.4 采购验收环节管理

4.4.1 四单一致审核要点。

采购验收环节，需要做的"物资需求单""采购申请单""合同约定清单""验收单"和发票内容中供应商、生产厂家、规格型号、数量、单价一致,避免产生虚开增值税发票风险。

【政策链接】《最高人民法院关于适用〈全国人民代表大会常务委员会关于惩治虚开、伪造和非法出售增值税专用发票犯罪的决定〉的若干问题的解释》(法发〔1996〕30号)规定,有货物购销或者提供或接受了应税劳务但为他人、为自己、让他人为自己、介绍他人开具数量或者金额不实的增值税专用发票,属于"虚开增值税专用发票"。

《最高人民法院关于审理骗取出口退税刑事案件具体应用法律若干问题的解释》(法释〔2002〕30号)第三条规定,虚开的税款数额在五万元以上的,以虚开增值税专用发票罪处三年以下有期徒刑或者拘役,并处二万元以上二十万元以下罚金;虚开的税款数额在五十万元以上的,认定为《刑法》第二百零五条规定的"数额较大";虚开的税款数额在二百五十万元以上的,认定为《刑法》第二百零五条规定的"数额巨大"。

【案例】供应商与开具发票单位不一致的虚开发票刑事案例

经查,原判认定宇××公司明知供货商不能开具增值税专用发票,而由供应商通过第三方企业为其以代开方式虚开增值税专用发票,抵扣税款1078597.12元的事实清楚。宇××公司在明知供货商不能开具增值税专用发票的情况下,与供货商共同让与其没有真实交易的第三方为自己代开增值税专用发票,其与供货商的行为是共同犯罪。最高人民法院《关于适用〈全国人民代表大会常务委员会关于惩治虚开、伪造和非法出售增值税专用发票犯罪的决定〉的若干问题的解释》第一条规定"虚开增值税专用发票"的行为包括"进行了实际经营活动,但让他人为自己代开增值税专用发票"。据此,原判认定宇××公司的上述行为构成虚开增值税专用发票罪符合法律规定。[摘自《×××××五金制品有限公司、张××开增值税专用发票、用于骗取出口退税、抵扣税款发票刑事驳回申诉通知书》(广东省高级人民法院驳回申诉通知书(2018)粤刑申××号)]

【案例】开具发票与实际采购不相符虚开发票刑事案例

关于原判认定虚开增值税专用发票的事实,上诉人(原审被告人)李某销售给×××××矿业有限公司铁矿石21873.18吨,而开具了38324.42吨铁矿石的增值税专用发票。根据国家税务总局专发《最高人民法院关于适用〈全国人民代表大会常务委员会关于惩治虚开、伪造和非法出售增值税专用发票犯罪的决定〉的若干问题的解释》的通知(国税发〔1996〕210号)第一条第二款第(二)项规定:有货物购销或者提供或接受了应税劳务但为他人、为自己、让他人为自己、介绍他人开具数量或者金额不实的增值税专用发票,属于"虚开增值税专用发票",故其行为已构成虚开增值税专用发票罪。[摘自《李某偷税罪、虚开增值税专用发票罪二审刑事裁定书》(吉林省通化市中级人民法院(2018)吉05刑终×××号)]

【案例】为他人、介绍他人开具数量或者金额不实的增值税专用发票

《李某某虚开增值税专用发票案二审刑事判决书》[湖南省高级人民法院(2016)湘刑终183号2016-××-××]显示:经查,陈某控制的公司虽然与销售其手机的客户之间存在真实货物交易,但陈某在销售货物客户不需要发票的情况下,将累计的增值税专用发票开给其他企业或经其联系直接由进货的企业开给其他企业,使得开具发票单位与受票单位之间并没有真实货物交易。这种为他人、介绍他人开具数量或者金额不实的增值税专用发票的行为会导致受票单位虚增成本或进项,造成国家税款的流失的危险,具有严重的社会危害性,应当以虚开增值税专用发票罪惩处。

陈某犯虚开增值税专用发票罪,判处有期徒刑三年,并处罚金人民币三十万元。

【案例】介绍他人虚开发票

原审被告人林某介绍他人虚开货物运输业增值税专用发票,虚开税款人民币666984.69元,属数额巨大,其行为已构成虚开增值税专用发票罪。林某在赣州市××A、××B、××C物流有限公司没有为他人提供货物运输服务的情况下,介绍他人虚开货物运输为增值税专用发票90份,价税共计6730481.81元,税额共计666984.69元,并且从中获取手续费。原审法院根据林某犯罪的事实、系自首、归案后认罪态度较好等情节,对林某犯虚开增值税专用发票罪,判处有期徒刑七年,并处罚金人民币五万元。[摘

自《中华人民共和国最高人民法院驳回申诉通知书》((2019)最高法刑申××号)]

4.4.2　四单不一致处理方式。

采购验收环节，如"物资需求单""采购申请单""合同约定清单""验收单"和发票内容中供应商、生产厂家、规格型号、数量、单价不一致，处理原则：以"验收单"为准。

【例】购买水泥（盾石牌）42.5R的4吨，合同约定的是水泥（盾石牌）42.5的4吨，开具增值税专用发票应该按照"水泥（盾石牌）42.5R的4吨"相关信息开具，签订补充协议，修改"物资需求单"和"采购申请单"。

4.5　采购环节供应商管理

4.5.1　供应商基本信息管理。

(1)统一社会信用代码；

(2)纳税信用等级；

(3)是否属于正常户/非正常户；

(4)纳税人类别（一般纳税人/小规模纳税人）。

4.5.2　供应商准入条件。

供应商有下列涉税事项之一的，不得准入供应商目录：

(1)失信单位不得准入；

(2)属于失信被执行人不得准入；

(3)属于税务非正常户不得准入；

(4)纳税信用等级为D级及以下不得准入；

(5)近三年与本单位有发票等税务纠纷不得准入。

4.5.3　供应商后续管理要求。

供应商有下列涉税情形之一的，财务和税务主管部门上报×××部门，将供应商移除供应商名录，并一年之内不得准入供应商目录：

（1）提供虚假涉税材料谋取中标、成交的；

（2）纳税信用等级为D级及以下；

（3）被税务机关列为非正常户，6个月内未解除；

（4）开具增值税发票属于非正常发票，本单位被协查且造成本单位税款经济利益损失；

（5）未按照采购文件确定的涉税事项签订采购合同；

（6）属于失信被执行人；

（7）与本单位有发票等税务纠纷不按相关税收法律规定解决。

4.6 供应商注销后涉税处理

4.6.1 税收政策规定。

4.6.1.1 企业所得税税前扣除。

税务总局公告2018年第28号公告第十四条规定，企业在补开、换开发票或其他外部凭证过程中，因对方注销、撤销、依法被吊销营业执照，被税务机关认定为非正常户等特殊原因无法补开、换开发票或其他外部凭证的，可凭以下资料证实支出真实性后，其支出允许税前扣除：

（1）无法补开、换开发票或其他外部凭证原因的证明资料（包括工商注销、机构撤销、列入非正常经营户、破产公告等证明资料）；

（2）相关业务活动的合同或者协议；

（3）采用非现金方式支付的付款凭证；

（4）货物运输的证明资料；

（5）货物入库、出库内部凭证；

（6）企业会计核算记录以及其他资料。

前款第一项至第三项为必备资料。

4.6.1.2 增值税进项税额抵扣或者分包差额规定。

财税〔2016〕36号附件1规定：

（1）从销售方取得的增值税专用发票（含税控机动车销售统一发票，下同）上注明的增值税额，准予从销项税额中抵扣。

（2）试点纳税人提供建筑服务适用简易计税方法的，以取得的全部价款和价外费用扣除支付的分包款后的余额为销售额，其中支付给境内单位或者个人的款项，以发票为合法有效凭证。

根据上述文件规定，适用一般计税方法的建筑服务项目增值税进项税额抵扣或者适用简易计税方法项目增值税差额计税，都需要发票作为抵扣凭证或者差额凭证。

4.6.2 实务处理规定。

4.6.2.1 供应商注销清算前，签订债权、债务转移协议，坚持"先收票后签转让协议"，注意债权、债务转移协议会产生影响取得增值税进项税额不能抵扣风险；

4.6.2.2 不得签署第三方开具增值税发票协议。经营活动完成后，由第三方开具增值税发票，属于虚开增值税发票，将追究相关责任人的刑事责任；

4.6.2.3 供应商注销后，不得付款给注销供应商的股东以外的单位或个人。

《中华人民共和国公司法》第一百八十六条第二款规定，清偿公司债务后的剩余财产，有限责任公司按照股东的出资比例分配，股份有限公司按照股东持有的股份比例分配。

4.6.2.4 在单位法务部门确定可以付款后，财务部给注销供应商的股东付款凭证包括：

（1）属于债务人破产清算的，应有人民法院的破产、清算公告；

（2）属于诉讼案件的，应出具人民法院的判决书或裁决书或仲裁机构的仲裁书，或者被法院裁定终（中）止执行的法律文书；

（3）属于债务人停止营业的，应有工商部门注销、吊销营业执照证明和清算报告；

（4）属于债务重组的，应有债务重组协议及其债务人重组收益纳税情况说明。

4.6.2.5　付款额的确定（见图4-1）。

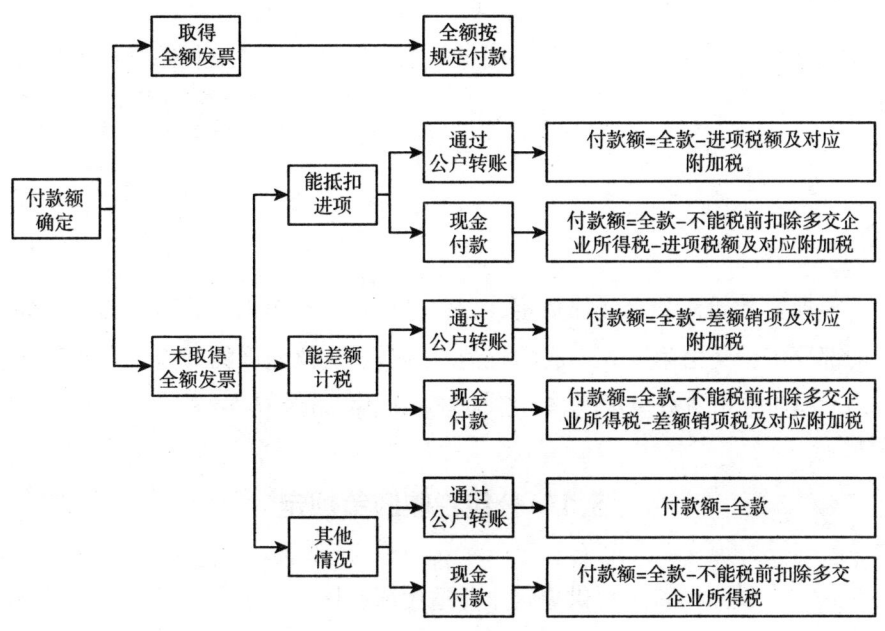

图4-1　付款额的确定示意图

4.6.2.6　付款补充协议条款。

【参考条款】乙方（供应商）有义务配合甲方（购买方）按照《国家税务总局关于发布〈企业所得税税前扣除凭证管理办法〉的公告》（国家税务总局公告2018年第28号）规定提供需要的资料，作为甲方企业所得税税前扣除凭证。

第5章 分包环节涉税关键点

根据《建筑法》等法律规定，分包是承包人承包工程后，将其承包范围内的部分工程交由第三人完成的行为。分包是法律允许的行为，合法的分包不为法律所禁止。分包从内容上分为专业工程分包和劳务分包。

5.1 分包税收政策规定

5.1.1 试点纳税人提供建筑服务适用简易计税方法的，以取得的全部价款和价外费用扣除支付的分包款后的余额为销售额。（财税〔2017〕58号）

5.1.2 纳税人提供建筑服务取得预收款，应在收到预收款时，以取得的预收款扣除支付的分包款后的余额，按照规定的预征率计算并预缴增值税。（财税〔2017〕58号）

5.1.3 纳税人跨县（市、区）提供建筑服务，以取得的全部价款和价外费用扣除支付的分包款后的余额，按照2%（适用一般计税方法）或者3%（适用简易计税方法）的预征率计算应预缴税款。（国家税务总局公告2016年第17号）

5.1.4 纳税人提供建筑服务，按照规定允许从其取得的全部价款和价外费用中扣除的分包款，是指支付给分包方的全部价款和价外费用。总包方支付的分包款是打包支出的概念，即其中既包括货物价款，也包括建筑服务价款。（国家税务总局公告2019年第31号）

【提醒1】扣除的分包款情形，包括"提供建筑服务适用简易计税方法的，以取得的全部价款和价外费用扣除支付的分包款后的余额为销售额"和

"按照规定的预征率预缴增值税时扣除支付的分包款后的余额"两种情形。

【提醒2】货物发票可以差额扣除的条件：

（1）须在分包合同中，明确约定有关分包方向总包方提供货物的相关条款，注明货物名称、数量及预算金额等基本信息。

（2）货物发票备注栏注明建筑服务发生地所在县（市、区）、项目名称。

【例1】某建筑公司的一项建筑工程适用简易计税，其中将电梯工程分包给电梯生产企业（有电梯安装资质），即电梯的采购和安装统一分包给了电梯生产企业。

根据《国家税务总局关于明确中外合作办学等若干增值税征管问题的公告》（国家税务总局公告2018年第42号）规定，电梯生产企业可以分别核算机器设备和安装服务的销售额，安装服务可以按照甲供工程选择适用简易计税方法计税。

上述案例中，建筑企业取得电梯生产企业开具的电梯货物（适用税率13%）和建筑服务（适用征收率3%）的增值税普通发票，支付电梯货物款和建筑服务款，都属于"允许从其取得的全部价款和价外费用中扣除的分包款"。

【例2】总包方对某项目按规定选择适用简易计税方法计税，由于晚付款，则按照合同约定支付给分包方违约金，属于"支付给分包方的全部价款和价外费用"范围，取得分包方按规定开具的增值税发票，总包方计算该项目增值税应纳税额，扣除的分包款中应包括上述违约金。

5.2　总分包业务税务管理

5.2.1　建立合格分包商名录；

5.2.2　总分包业务合同备案；

5.2.3　分包业务增值税发票开具、税款抵扣、台账登记管理（详见附件）；

5.2.4　分包单位农民工工资委托施工总承包单位代发制度的约定；

5.2.5　分包单位在工程所在地预缴增值税的约定。

【参考条款】

（1）乙方（分包方，下同）权利和义务条款：

乙方须按规定向建筑服务发生地主管税务机关预缴增值税税款，由于乙方未按规定向建筑服务发生地主管税务机关预缴增值税税款，造成甲方（总承包方，下同）预缴增值税环节不能按规定扣除支付的分包款的损失由乙方承担，按照不能按规定扣除支付的分包款的多预缴增值税税额月息（　）%标准支付违约金。

（2）甲方付款条款：

甲方在乙方提供增值税发票和乙方向建筑服务发生地主管税务机关预缴的增值税税款复印件（　）工作日后支付进度款。

5.2.6 分包发票要求。

（1）发票项目：开具建筑服务和货物等项目，不允许开具劳务派遣服务等内容。

（2）发票备注栏要求：不管是提供建筑服务还是销售货物，分包的发票都需要在备注栏注明建筑服务发生地县（市、区）名称及项目名称。

5.2.7 分包付款要求。

相关单位对外支付分包单位款项时，原则上应坚持"先收票后付款"。

5.3　甲指分包（甲控材）业务税务管理

5.3.1 要按照"三流一致"的原则，做好甲指分包业务的资金支付和发票管理。

原则上，甲指分包业务应由总包方与指定分包方进行分包合同（材料供应商进行材料采购）及款项的支付，并在支付分包款项时收取增值税发票，确保所含增值税款能够抵扣，相关费用能在税前扣除。

5.3.2 如果业主要求直接向分包商支付款项，则应按以下方式进行处理：

（1）总承包适用简易计税方法，收取分包方的增值税普通发票，则由业主、总包方、分包方签订三方合同或委托付款协议，明确发票及资金支付关系，由业主代总包方支付相应的分包款项，确保公司税务利益。

（2）总承包适用一般计税方法，收取分包方的增值税专用发票，则由业主开具转账支票或汇票给总包方，再由总包方背书支付分包方的分包款项，确保支付分包方产生的进项税额能抵扣，确保公司税务利益。

5.3.3 在甲指分包中，总包方向分包方收取的分包配合费，应按照商务辅助服务中的企业管理服务，适用6%的税率缴纳增值税。

5.3.4 甲指分包印花税基数。

根据《印花税暂行条例》附件《印花税税目税率表》规定，建筑安装工程承包合同按"承包金额"的3‰计贴印花，所以计算征缴印花税时，甲指分包部分需要按规定计算贴花。

5.3.5 甲指分包收入额（或产值）确定。

甲指分包部分计入施工企业的销售额（或产值）。

第6章　甲供材涉税关键点

甲供工程，是指全部或部分设备、材料、动力由工程发包方自行采购的建筑工程。实务中，甲方只供应一颗螺丝钉，该项工程属于增值税规定的甲供工程。

6.1　甲供材测算选择

不考虑其他情况，当建设单位可以直接采购获得13%进项税额专用发票的含税额占总的工程额比例大于62.20%，建设单位才会获得进项税抵扣优势。故在与建设单位商谈甲供时，可依此理论与业主沟通是否采用甲供方式。

从增值税的链条性质来说，甲供材工程选择简易计税方法计税，由于施工方不能抵扣进项税额，其进项无法传到下一个环节，所以施工方和业主整体增值税税负增加。

【计算过程】假若建设单位购买的建筑安装工程服务含税额为100，其中可以取得13%增值税专用发票的材料含税额为A，则：

（1）如果采用包工包料的方式，建设单位向施工企业支付100所取得的进项税额为：（100/1.09）×9%=8.2569

（2）如果因"甲供工程"采用简易计税方式，则建设单位向建筑公司支付100−A可以取得的进项税额为：（100−A）/1.03×3%

建设单位购买材料取得的进项税额：A/1.13×13%

（3）建设单位税负平衡点如下：

A/1.13×13%+（100−A）/1.03×3%=8.2569

则 A=62.20

【备注】如果增值税税率发生变化，可以按照上述计算方法计算 A 的值，即材料设备等采购额占工程额占比。

6.2 甲供材税收政策规定

6.2.1 "甲供材"业务中应做好增值税计税方式的选择。

一般纳税人为甲供工程提供的建筑服务，可以选择适用简易计税方法计税。

各单位在"甲供材"业务中应做好增值税计税方式的选择测算。

【必须选择适用简易计税方法计税特例】建筑工程总承包单位为房屋建筑的地基与基础、主体结构提供工程服务，建设单位自行采购全部或部分钢材、混凝土、砌体材料、预制构件的，适用简易计税方法计税，不得选择一般计税方法。（财税〔2017〕58号）

其中地基与基础、主体结构的范围，按照《建筑工程施工质量验收统一标准》（GB50300—2013）附录b《建筑工程的分部工程、分项工程划分》中的"地基与基础""主体结构"分部工程的范围执行。

6.2.2 甲供工程提供的建筑服务选择适用简易计税方法计税，必须在总分包合同中体现"甲供材"条款。

【参考条款】工程施工合同签署示例

一、工程概况

6.工程承包范围：【　】

详见施工图所示范围、工程量清单编制范围和招标、投标文件内容，其中【　】材料由发包人自行购买。

6.2.3 甲供材工程印花税基数。

根据《印花税暂行条例》附件印花税税目税率表规定，建筑安装工程承包合同按"承包金额"的0.3‰计贴印花，所以计算征缴印花税时，甲供材部分不需要计算贴花。

6.2.4　甲供材工程收入额(或产值)确定。

甲供材不作为建筑企业的税基,即甲方或发包方购买的"甲供材"部分不计入施工企业的销售额(或产值)。

第7章 跨区域涉税事项报告表的管理

7.1 基本规定

以公司及所属各级法人单位名义跨省（自治区、直辖市和计划单列市）承接的工程项目，均须向机构所在地的税务机关填报"跨区域涉税事项报告表"（以下简称"报告表"），并据此办理项目报验登记及后续发票开具事宜。其中纳税人跨区域经营报验时，向经营地的税务机关办理。

纳税人在省（自治区、直辖市和计划单列市）内跨县（市）临时从事生产经营活动的，是否实施跨区域涉税事项报验管理由各省（自治区、直辖市和计划单列市）税务机关自行确定。

实务中，需要关注各省市关于建筑安装服务特殊规定。

【例】《国家税务总局云南省税务局关于跨区域涉税事项报验管理相关问题的公告》（国家税务总局云南省税务局公告2020年第3号）规定，纳税人在云南省内跨州（市）临时提供建筑安装服务的，向机构所在地的税务机关填报"报告表"。

7.2 办税流程

7.2.1 跨区域涉税事项报告。

纳税人在跨区域经营活动前，向机构所在地税务机关填报"报告表"，并出示加载统一社会信用代码的营业执照副本（未换照的出示税务登记证副本）原件，或加盖纳税人公章的副本（营业执照副本或税务登记证副本）复印件（以下统称"税务登记证件"）；已实行实名办税的纳税人只须填报"报告表"。

具备网上办税条件的，纳税人可通过网上办税系统，自主填报"报告表"。不具备网上办税条件的，纳税人向主管税务机关（办税服务厅）填报"报告表"，并出示加载统一社会信用代码的营业执照副本（未换照的出示税务登记证副本），或加盖纳税人公章的副本复印件（以下统称"税务登记证件"）；已实行实名办税的纳税人只须填报"报告表"。

7.2.2 跨区域涉税事项报验。

纳税人首次在经营地办理涉税事宜时，向经营地的税务机关办理报验，未实行实名办税的纳税人须同时出示税务登记证件。取消原30天报验期限限制。

7.2.3 跨区域涉税事项信息反馈。

纳税人跨区域经营活动结束后，应当结清经营地税务机关的应纳税款、办结其他涉税事项，向经营地的税务机关填报"经营地涉税事项反馈表"。纳税人无须另行向机构所在地的税务机关反馈。

7.2.4 首次在经营地办理涉税事宜。

纳税人首次在经营地办理涉税事宜时，向经营地的税务机关报验跨区域涉税事项。

7.3 办理时限

7.3.1 纳税人办理跨区域涉税事项报告有效期限按照跨区域经营合同执行期限填报。取消原来180天设置报验管理的固定有效期。

7.3.2 跨区域经营合同延期的，纳税人可向经营地或机构所在地的税务机关办理报验管理有效期限延期手续。

7.4 跨区域涉税事项报告开具方式

7.4.1 跨州（市）提供建筑安装服务的纳税人，按照建筑安装项目合同分别填报"报告表",实行一个项目合同对应一份"报告表",即同一时期在同一县(市、区)应按不同建筑安装项目合同分别向机构所在地税务机关填报多份"报告表"。

7.4.2 跨县(市、区)从事建筑安装服务以外其他经营活动的纳税人,实行"一地一报告",即同一时期在同一县(市、区)只需向机构所在地税务机关填报一份"报告表"。

7.5 跨区域涉税事项报告表台账(见表7-1)

表7-1　　　　跨区域涉税事项报告表台账(仅供参考)

序号	合同编号	合同名称	合同相对方	报验编号	跨区域经营地	合同金额	合同期限	是否注销	是否到期	计税方法	已交税比例

第8章 增值税预缴涉税关键点

8.1 基本规定

8.1.1 预收款预缴增值税。

纳税人提供建筑服务取得预收款,应在收到预收款时,以取得的预收款扣除支付的分包款后的余额,按照规定的预征率预缴增值税。

按照现行规定应在建筑服务发生地预缴增值税的项目,纳税人收到预收款时在建筑服务发生地预缴增值税。按照现行规定无须在建筑服务发生地预缴增值税的项目,纳税人收到预收款时在机构所在地预缴增值税。

适用一般计税方法计税的项目预征率为2%,适用简易计税方法计税的项目预征率为3%。[《财政部 国家税务总局关于建筑服务等营改增试点政策的通知》(财税〔2017〕58号)]

【提醒1】不管跨县(市、区)提供建筑服务,还是未跨县(市、区)提供建筑服务,取得预收款,都应在收到预收款时,按规定预缴增值税。

【提醒2】在同一直辖市、计划单列市范围内跨县(市、区)提供建筑服务的,由直辖市、计划单列市税务局决定是否适用《国家税务总局关于发布〈纳税人跨县(市、区)提供建筑服务增值税征收管理暂行办法〉的公告》(国家税务总局公告2016年第17号),其中不含港澳台,我国现有北京市、天津市、上海市、重庆市4个直辖市,计划单列市包括:大连市、宁波市、厦门市、青岛市和深圳市。例如:青岛市所辖纳税人在青岛市行政区内提供建筑服务,不需要在建筑服务发生地预缴税款。

【例】北京市海淀区甲建筑企业到合肥市施工,2×21年6月收到以下工程项目：

（1）收到合肥项目的预收款，需要在合肥项目所在地税务局预缴税款；

（2）收到北京市东城区项目的预收款，按照《北京市国家税务局关于纳税人跨区提供建筑服务增值税纳税地点问题的公告》（北京市国家税务局公告2016年第8号）的"纳税人（不含其他个人）在本市范围内跨区提供建筑服务的，应在建筑服务发生地主管国税机关预缴增值税，向机构所在地主管国税机关申报缴纳增值税"规定，需要在北京市东城区项目所在地税务局预缴税款；

（3）收到北京市海淀区项目的预收款，须在机构所在地北京市海淀区主管税务局预缴税款。

8.1.2 跨县（市、区）提供建筑服务纳税义务发生预缴税款。

跨县（市、区）提供的建筑服务，纳税人应自行建立预缴税款台账，区分不同县（市、区）和项目逐笔登记全部收入、支付的分包款、已扣除的分包款、扣除分包款的发票号码、已预缴税款以及预缴税款的完税凭证号码等相关内容，留存备查。[《国家税务总局关于发布〈纳税人跨县（市、区）提供建筑服务增值税征收管理暂行办法〉的公告》（国家税务总局公告2016年第17号）]

纳税人跨县（市、区）提供建筑服务，按照以下规定预缴税款：

（1）一般纳税人跨县（市、区）提供建筑服务，适用一般计税方法计税的，以取得的全部价款和价外费用扣除支付的分包款后的余额，按照2%的预征率计算应预缴税款。

（2）一般纳税人跨县（市、区）提供建筑服务，选择适用简易计税方法计税的，以取得的全部价款和价外费用扣除支付的分包款后的余额，按照3%的征收率计算应预缴税款。

（3）小规模纳税人跨县（市、区）提供建筑服务，以取得的全部价款和价外费用扣除支付的分包款后的余额，按照3%的征收率计算应预缴税款。

纳税人跨县（市、区）提供建筑服务预缴税款时间，按照财税〔2016〕36号文件规定的纳税义务发生时间和纳税期限执行。

《国家税务总局关于小规模纳税人免征增值税征管问题的公告》（国家税务总局公告2021年第5号）规定，自2021年4月1日起，小规模纳税人发生增值税应税销售行为，合计月销售额未超过15万元（以1个季度为1个纳税期的，季度销售额未超过45万元）的，免征增值税。按照现行规定应当预缴增值税税款的小规模纳税人，凡在预缴地实现的月销售额未超过15万元的，当期无须预缴税款。

8.2 预缴税款时间要求

建筑服务预缴增值税的预缴时间为：

（1）采取预收款方式提供建筑服务的应在收到预收款时预缴增值税；

其他个人提供建筑服务，无论是否异地，均可以直接到建筑服务发生地主管税务机关申报缴纳税款，并按规定申请代开增值税发票；除此之外的纳税人取得预收款均须按规定预缴增值税。

（2）采取非预收款方式提供建筑服务预缴增值税的时间：

①提供建筑服务过程中或者完成后收到款项；

②签订书面合同约定付款日期的，为书面合同确定的付款日期；

③未签订书面合同或者书面合同未确定付款日期的，为服务、无形资产转让完成的当天或者不动产权属变更的当天；

④先开具发票的，为开具发票的当天。

8.3 预缴税款计算

适用一般计税方法计税的项目预征率为2%，适用简易计税方法计税的项目预征率为3%。

8.3.1 一般计税方式。

应预缴税款=（全部价款和价外费用−支付的分包款）÷（1+9%）×2%（如后续国家税收政策发生变化，9%的税率按照调整后的税率执行。）

8.3.2 简易计税方式。

应预缴税款=（全部价款和价外费用−支付的分包款）÷（1+3%）×3%

8.3.3 注意事项。

（1）计算应预缴税款支付的分包款是含增值税的价款。

【例】一般纳税人建筑企业提供建筑服务，按规定选择适用简易计税方法。该项目2020年6月支付给小规模纳税人含增值税金额分包款为50万元，且按规定取得征收率为1%的增值税发票，另按合同约定收到建设单位预付工程款含增值税金额390万元，不考虑其他事项，该项目当月增值税应预缴税款=（390−50）÷（1+3%）×3%=9.90万元。

（2）纳税人取得的全部价款和价外费用扣除支付的分包款后的余额为负数的，可结转下次预缴税款时继续扣除。

（3）纳税人应按照工程项目分别计算应预缴税款，分别预缴。

（4）可以扣除的分包款，应当取得符合法律、行政法规和国家税务总局规定的合法有效凭证，否则不得扣除。其中，合法有效凭证是指：

——从分包方取得的2016年4月30日前开具的建筑业营业税发票。上述建筑业营业税发票在2016年6月30日前可作为预缴税款的扣除凭证。

——从分包方取得的2016年5月1日后开具的，备注栏注明建筑服务发生地所在县（市、区）、项目名称的增值税发票，其中一般计税项目需要取得增值税专用发票，简易计税项目需要取得增值税普通发票。

——国家税务总局规定的其他凭证。

8.4 预收账款开具发票注意事项

8.4.1 开具"不征税发票"。

税收编码：*建筑服务预收款*预收款；

发票性质：收据，业主预付款入账，不是企业所得税税前扣除凭证；

开具发票环节：在预售环节开具不征税的发票后，在纳税义务发生时间开具适用税率的发票，原不征税发票无须收回（不需要换票），也无须冲红；

申报环节：免税栏负数；

企业所得税+会计口径：不确认收入；

预缴增值税：预缴。

8.4.2 开具正常税率发票（包括增值税专用发票）。

税收编码：*建筑服务*工程款；

发票性质：发票，业主预付款入账，是企业所得税税前扣除凭证；

申报环节：正常申报；

企业所得税+会计口径：不确认收入；

预缴增值税：预缴；

开具发票：申报增值税（抵预缴增值税）。

8.4.3 实务建议。

做好与业主沟通的前提下，把握以下原则：

（1）有进项税额留抵的单位，可以按照收到项目进度款开具发票；

（2）没有进项税额留抵的单位，先开具"不征税发票"，在纳税义务发生时间再开具适用税率的发票。

8.5 预收账款预缴税款会计处理

8.5.1 开具不征税发票。

（1）收到款项时：

借：银行存款

　　贷：合同负债

　　　　应交税费——待转销项税额（一般计税方法）

　　　　　　　　——待转销项税额（简易计税方法）

（2）预缴税款时：

借：应交税费——预缴增值税（一般计税方式）

　　　　　　——简易计税（简易计税方式）

　　贷：银行存款

（3）就地缴纳城市维护建设税和教育费附加：

依据财税〔2016〕74号规定，在建筑服务发生地预缴增值税时，以预缴增值税税额为计税依据，并按预缴增值税所在地的城市维护建设税适用税率和教育费附加征收率就地计算缴纳城市维护建设税和教育费附加。

注意：在向建筑服务发生地主管税务机关预缴增值税时，同时应按实际预缴的增值税为计税依据预缴城建税、教育费附加和地方教育费附加。

借：税金及附加
  贷：应交税费——应交城建税
    ——应交教育附加
    ——应交地方教育附加

借：应交税费——应交城建税
    ——应交教育附加
    ——应交地方教育附加
  贷：银行存款

（4）月末结转预缴税款：

借：应交税费——未交增值税（一般计税方式）
  贷：应交税费——预缴增值税（一般计税方式）

8.5.2 预收款开具有税率的发票。

（1）收到款项时：

借：银行存款
  贷：合同负债
    应交税费——应交增值税（销项税额）（一般计税方式）
    ——简易计税（简易计税方式）

（2）预交税款时：

借：应交税费——预交增值税（一般计税方式）
    ——简易计税（简易计税方式）
  贷：银行存款

对预交增值税时就地缴纳的和在机构所在地缴纳的城市维护建设税和教育费附加进行账务处理。

借：税金及附加

　　　　贷：应交税费——应交城建税

　　　　　　　　　——应交教育附加

　　　　　　　　　——应交地方教育附加

　　借：应交税费——应交城建税

　　　　　　　　　——应交教育附加

　　　　　　　　　——应交地方教育附加

　　　　贷：银行存款

（3）实际缴纳应纳税额时：

　　借：应交税费——未交增值税

　　　　　　　　　——预交增值税

　　　　贷：银行存款

8.6　预缴税款管理

　　8.6.1　很多省市已经可以在网上办税系统预缴增值税，发生本市内跨区提供建筑服务或房地产企业采用预收款方式销售自行开发的房地产项目，可通过本模块办理预缴申报业务。

　　8.6.2　异地项目在向建筑服务发生地主管税务机关预缴税款时，须填报"增值税预缴税款表"，并出示以下资料：与发包方签订的建筑合同复印件（加盖纳税人公章）、与分包方签订的分包合同复印件（加盖纳税人公章）、从分包方取得的发票复印件（加盖纳税人公章）。

　　8.6.3　《国家税务总局关于发布〈纳税人跨县（市、区）提供建筑服务增值税征收管理暂行办法〉的公告》（国家税务总局公告2016年第17号）第五条规定，纳税人应按照工程项目分别计算应预缴税款，分别预缴。

　　第八条规定，纳税人跨县（市、区）提供建筑服务，向建筑服务发生地主管税务机关预缴的增值税税款，可以在当期增值税应纳税额中抵减，抵减不完的，结转下期继续抵减。

　　因此，建筑企业在异地提供不同项目建筑服务，须分项目预缴税款，**每**

月正常申报增值税时，预缴税款抵减应纳税额不需要分项目抵减，可以跨项目抵扣，也不管是不是简易计税还是一般计税项目。

注意：纳税人以预缴税款抵减应纳税额，应以完税凭证作为合法有效凭证。

8.6.4 多预缴税款须在预缴地办理退税。

企业跨区域提供建筑服务时按规定预缴了增值税，如果后期工程竣工决算后，因工程决算金额小于前期已开具增值税发票金额，需要开具建筑服务的红字增值税发票冲减销售额而导致多预缴了增值税，多预缴的增值税须办理退税，须向哪里办理退税？是机构所在地，还是建筑服务经营地？

《2019年减税降费政策答复汇编》（国家税务总局）

141.跨区域经营的增值税小规模纳税人异地所缴地方税费如何退税？

跨区域经营的增值税小规模纳税人享受地方税费减半优惠时存在的问题，企业在业务发生地报验后预缴申报附加税时未享受减征优惠，回到注册地申报时由于报验地未享受优惠，但实际应享受，造成注册地申报正常填写数据后在申报表"本期应补（退）税（费）额"处形成负数多缴，存在多缴税款的退税应注册地退税还是申请报验地退税？

答：应申请报验地退税。原则是在哪儿交，就在哪儿退。

依据上述国税总局对于跨区域异地多预缴地方税费答复可知，在哪里预缴的税费就在哪办理退税，那么，依据国税总局的答复口径，企业在建筑服务经营地多预缴了增值税，则到建筑服务经营地办理退税；企业在机构所在地多预缴了增值税，则到机构所在地办理退税，即多预缴的增值税须在预缴地办理退税。

8.7 小规模预缴税款特殊规定

8.7.1 按照现行规定应当预缴增值税税款的小规模纳税人，凡在预缴地实现的月销售额未超过15万元的，当期无须预缴税款。实行按季纳税的增值税小规模纳税人凡在预缴地实现的季度销售额未超过45万元的，当期无须预缴税款。

(1) 预缴地实现的月销售额指差额扣除后的销售额

提供建筑服务，是按总包扣除分包后的差额确认销售额，以及判断是否适用小规模纳税人 15/45 万元免税政策。

(2) 同一预缴地主管税务机关辖区内有多个项目的，按照所有项目当月总销售额判断是否超过 15/45 万元。

(3) 凡在预缴地实现的月销售额未超过 15/45 万元的，当期无须预缴税款，即使开具增值税专用发票。

【例】湖南长沙一家小型建筑公司，在长沙和武汉都有建筑项目，属于按季申报的增值税小规模纳税人。如果该公司 2021 年二季度销售额超过了 45 万元，但在武汉的建筑项目销售额未超过 45 万元，是否需要在武汉预缴增值税？

如果该公司 2021 年二季度销售额超过 45 万元，不能享受小规模纳税人免征增值税政策；如果在建筑服务预缴地武汉实现的销售额未超过 45 万元，则当期无须在武汉预缴增值税。

8.7.2 自 2020 年 3 月 1 日至 2021 年 3 月 31 日，对湖北省增值税小规模纳税人，适用 3% 征收率的应税销售收入，免征增值税；适用 3% 预征率的预缴增值税项目，暂停预缴增值税。除湖北省外，其他省、自治区、直辖市的增值税小规模纳税人，适用 3% 征收率的应税销售收入，减按 1% 征收率征收增值税；适用 3% 预征率的预缴增值税项目，减按 1% 预征率预缴增值税。

自 2021 年 4 月 1 日至 2021 年 12 月 31 日，增值税小规模纳税人适用 3% 征收率的应税销售收入，减按 1% 征收率征收增值税；适用 3% 预征率的预缴增值税项目，减按 1% 预征率预缴增值税。

【政策依据】《财政部 税务总局关于支持个体工商户复工复业增值税政策的公告》（财政部 税务总局公告 2020 年第 13 号）和《财政部 税务总局关于延长小规模纳税人减免增值税政策执行期限的公告》（财政部 税务总局公告 2020 年第 24 号）。

《财政部 税务总局关于延续实施应对疫情部分税费优惠政策的公告》

（财政部 国家税务总局公告2021年第7号）。

8.8 法律责任

国家税务总局公告2016年第17号公告第十二条规定，纳税人跨县（市、区）提供建筑服务，按照规定应向建筑服务发生地主管税务机关预缴税款而自应当预缴之月起超过6个月没有预缴税款的，由机构所在地主管税务机关按照《中华人民共和国税收征收管理法》（以下简称《税收征管法》）及相关规定进行处理。

《税收征管法》第六十二条进行处理，具体规定是：纳税人未按照规定的期限办理纳税申报和报送纳税资料的，或者扣缴义务人未按照规定的期限向税务机关报送代扣代缴、代收代缴税款报告表和有关资料的，由税务机关责令限期改正，可以处二千元以下的罚款；情节严重的，可以处二千元以上一万元以下的罚款。

第9章 增值税进项税额管理

9.1 增值税抵扣和抵扣凭证

只有登记为增值税一般纳税人的企业才涉及增值税进项税额抵扣。

纳税人取得的增值税扣税凭证不符合法律、行政法规或者国家税务总局有关规定的，其进项税额不得从销项税额中抵扣。

增值税扣税凭证，是指增值税专用发票（含税控机动车销售统一发票，下同）、海关进口增值税专用缴款书、农产品收购发票、农产品销售发票和完税凭证。

下列进项税额准予从销项税额中抵扣：

（1）从销售方取得的增值税专用发票（含增值税电子专用发票、税控机动车销售统一发票）上注明的增值税额。

（2）从海关取得的海关进口增值税专用缴款书上注明的增值税额。

（3）购进农产品，除取得增值税专用发票或者海关进口增值税专用缴款书外，按照农产品收购发票或者销售发票上注明的农产品买价和9%的扣除率计算的进项税额。

（4）从境外单位或者个人购进服务、无形资产或者不动产，自税务机关或者扣缴义务人取得的解缴税款的完税凭证上注明的增值税额。

（5）纳税人购进的固定资产、无形资产、不动产，既用于一般计税方法计税项目，又用于简易计税方法计税项目、免征增值税项目、集体福利或者个人消费的，其进项税额准予从销项税额中全额抵扣。

自2018年1月1日起，纳税人租入固定资产、不动产，既用于一般计税方法计税项目，又用于简易计税方法计税项目、免征增值税项目、集体福利或者个人消费的，其进项税额准予从销项税额中全额抵扣。

（6）纳税人支付的道路通行费，按照收费公路通行费增值税电子普通发票上注明的增值税额抵扣进项税额。

（7）购进国内旅客运输服务，其进项税额允许从销项税额中抵扣。

①取得的增值税专用发票上注明的增值税额；

②取得增值税电子普通发票的，为发票上注明的税额；

③取得注明旅客身份信息的航空运输电子客票行程单的，按照下列公式计算进项税额：

航空旅客运输进项税额=（票价+燃油附加费）÷（1+9%）×9%；

④取得注明旅客身份信息的铁路车票的，按照下列公式计算进项税额：

铁路旅客运输进项税额=票面金额÷（1+9%）×9%；

⑤取得注明旅客身份信息的公路、水路等其他客票的，按照下列公式计算进项税额：

公路、水路等其他旅客运输进项税额=票面金额÷（1+3%）×3%；

⑥与本单位建立了合法用工关系的雇员（含接受劳务派遣的员工），所发生的国内旅客运输费用允许抵扣其进项税额。纳税人如果为非雇员支付的旅客运输费用，不能纳入抵扣范围。

9.2 取消增值税扣税凭证认证确认期限

自2020年3月1日起，增值税一般纳税人取得2017年1月1日及以后开具的增值税专用发票、海关进口增值税专用缴款书、机动车销售统一发票、收费公路通行费增值税电子普通发票，取消认证确认、稽核比对、申报抵扣的期限。纳税人如需用于申报抵扣增值税进项税额或申请出口退税、代办退税，应当登录增值税发票综合服务平台确认发票用途。

9.3 不得从销项税额中抵扣的进项税额

原则上，只要不属于"不得从销项税额中抵扣的进项税额"的情形，就可以按规定抵扣进项税额。

【例】某采用一般计税方法计税的项目，取得相关政府部门的开工奖，按照《国家税务总局关于取消增值税扣税凭证认证确认期限等增值税征管问题的公告》(国家税务总局公告2019年第45号)规定，不属于增值税应税收入，不征收增值税，该项目的进项税额按规定全额抵扣，不需要按照销售额比例将进项税额转出。

其中"不得从销项税额中抵扣的进项税额"的情形主要有如下几种：

(1)用于简易计税方法计税项目、免征增值税项目、集体福利或者个人消费的购进货物、加工修理修配劳务、服务、无形资产和不动产。其中涉及的固定资产、无形资产、不动产，仅指专用于上述项目的固定资产、无形资产(不包括其他权益性无形资产)、不动产。

纳税人的交际应酬消费属于个人消费。

(2)非正常损失的购进货物，以及相关的加工修理修配劳务和交通运输服务。

(3)非正常损失的在产品、产成品所耗用的购进货物(不包括固定资产)、加工修理修配劳务和交通运输服务。

(4)非正常损失的不动产，以及该不动产所耗用的购进货物、设计服务和建筑服务。

(5)非正常损失的不动产在建工程所耗用的购进货物、设计服务和建筑服务。

纳税人新建、改建、扩建、修缮、装饰不动产，均属于不动产在建工程。

(6)购进的贷款服务、餐饮服务、居民日常服务和娱乐服务。

(7)财政部和国家税务总局规定的其他情形。

本条第(4)项、第(5)项所称货物，是指构成不动产实体的材料和设备,包括建筑装饰材料和给排水、采暖、卫生、通风、照明、通信、煤气、消防、中央空调、电梯、电气、智能化楼宇设备及配套设施。

非正常损失,是指因管理不善造成货物被盗、丢失、霉烂变质,以及因违反法律法规造成货物或者不动产被依法没收、销毁、拆除的情形。这些非正常损失是由纳税人自身原因造成,从而导致征税对象实体的灭失,为保证税负公平,其损失不应由国家承担,因而纳税人无权要求抵扣进项税额。

9.4 特殊的进项税额抵扣政策

9.4.1 固定资产、无形资产、不动产的进项税额抵扣原则与其他允许抵扣的项目相比有一定的特殊性。纳税人购入固定资产、无形资产、不动产,既用于一般计税方法计税项目,又用于简易计税方法计税项目、免征增值税项目、集体福利或者个人消费的,其进项税额准予从销项税额中全额抵扣。

【例】建筑企业购买施工设备,既用于一般计税方法计税项目,又用于简易计税方法计税项目,其进项税额可以全额抵扣。

9.4.2 由于其他权益性无形资产涵盖面非常广,往往涉及纳税人生产经营的各个方面,没有具体使用对象,因此,将其从专用于简易计税方法计税项目、免征增值税项目、集体福利或者个人消费的购进的无形资产不得抵扣进项税额范围中剔除,即纳税人购进其他权益性无形资产无论是专用于简易计税方法计税项目、免征增值税项目、集体福利或者个人消费,还是兼用于上述不允许抵扣项目,均可以抵扣进项税额。

其中其他权益性无形资产,包括基础设施资产经营权,公共事业特许权,配额、经营权(包括特许经营权、连锁经营权、其他经营权),经销权,分销权,代理权,会员权,席位权,网络游戏虚拟道具,域名,名称权,肖像权,冠名权,转会费等。

9.4.3 《财政部 税务总局关于租入固定资产进项税额抵扣等增值税政策的通知》(财税〔2017〕90号文件)规定,自2018年1月1日起,纳税人租入固定资产、不动产,既用于一般计税方法计税项目,又用于简易计税方法计税项目、免征增值税项目、集体福利或者个人消费的，其进项税额准予从销项税额中全额抵扣。

【例】建筑企业（一般纳税人）租赁办公楼支出，用于总部办公，按规定取得合法合规的进项税额抵扣凭证，其施工项目中有一般计税方法计税项目，也有简易计税方法计税项目，上述租赁办公楼支出进项税额准予从销项税额中全额抵扣。

9.4.4 不得抵扣且未抵扣进项税额的固定资产、无形资产、不动产，发生用途改变，用于允许抵扣进项税额的应税项目，可在用途改变的次月按照下列公式计算可以抵扣的进项税额：

可以抵扣的进项税额=固定资产、无形资产、不动产净值/（1+适用税率）×适用税率

上述可以抵扣的进项税额应取得合法有效的增值税扣税凭证。

《国家税务总局关于深化增值税改革有关事项的公告》（国家税务总局公告2019年第14号）规定，按照规定不得抵扣进项税额的不动产，发生用途改变，用于允许抵扣进项税额项目的，按照下列公式在改变用途的次月计算可抵扣进项税额：

可抵扣进项税额=增值税扣税凭证注明或计算的进项税额×不动产净值率

上述可以抵扣的进项税额应取得合法有效的增值税扣税凭证。

【例】2021年6月5日，某市A纳税人购进办公楼一座，金额1000万元，取得增值税专用发票（提醒要取得专票）税额90万元，并已通过认证。该大楼专用于职工食堂和员工活动场所，计入固定资产，并于次月开始计提折旧，假定分20年计提，无残值。2022年6月，纳税人将该大楼改变用途，部分用于办公，部分用于食堂，用于允许抵扣项目。

按照现行政策规定，纳税人不得抵扣且未抵扣进项税额的不动产，发生用途改变，用于允许抵扣进项税额的应税项目，可在用途改变的次月将按公式计算出的可以抵扣的进项税额。

该项不动产的净值率=〔1000万元－1000万元÷（20×12）×12〕÷

1000万元＝95%

可抵扣进项税额＝增值税扣税凭证注明或计算的进项税额×不动产净值率＝90万元×95%＝85.5万元

9.4.5 不动产进项一次性抵扣。

《财政部 税务总局 海关总署关于深化增值税改革有关政策的公告》（财政部 税务总局 海关总署公告2019年第39号）规定，自2019年4月1日起，财税〔2016〕36号文件附件2第一条第（四）项第1点、第二条第（一）项第1点停止执行，纳税人取得不动产或者不动产在建工程的进项税额不再分2年抵扣。此前按照上述规定尚未抵扣完毕的待抵扣进项税额，可自2019年4月税款所属期起从销项税额中抵扣。

【例】2021年5月1日，一般纳税人A公司购入一座厂房，取得增值税专用发票并认证抵扣，发票上注明金额1000万元，增值税税额90万元。厂房既用于免税项目又用于应税项目，A公司将厂房按照固定资产管理。假设厂房分10年进行计提折旧，无残值。

取得厂房时应在当期抵扣进项税额90万元。

借：固定资产——厂房　　　　　　　　　　1000
　　应交税费——应交增值税（进项税额）　　90
　　贷：银行存款　　　　　　　　　　　　1090

9.4.6 购买建筑材料。

纳税人取得增值税专用发票先行申报增值税进项税额，后期按照简易计税方法计算建筑工程项目的工程材料实际投入使用的数量和金额，在当期作进项税额转出。竣工结算后，处置结余的工程物资取得的收入按照货物的适用税率计算缴纳增值税。

9.5 一般计税项目和简易计税项目进项分配

适用一般计税方法的纳税人，兼营简易计税方法计税项目、免征增值税项目而无法划分不得抵扣的进项税额，按照下列公式计算不得抵扣的进项税额：

不得抵扣的进项税额=当期无法划分的全部进项税额×（当期简易计税方法计税项目销售额+免征增值税项目销售额）÷当期全部销售额

9.6 进项税额抵扣示意图（见图9-1）

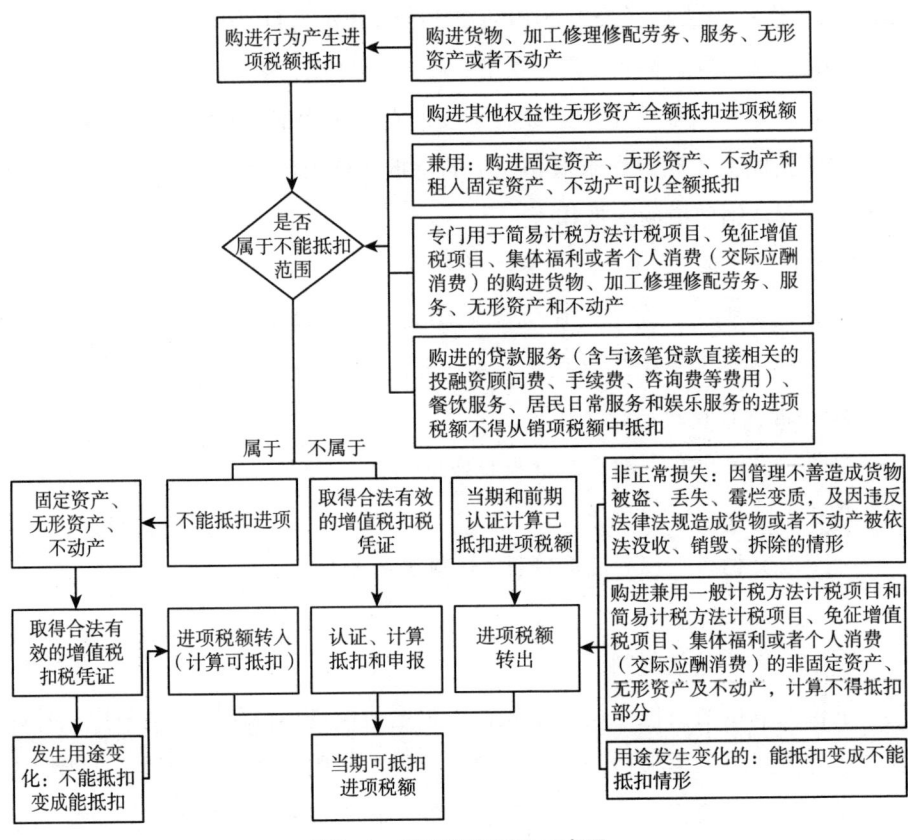

图9-1 进项税额抵扣示意图

9.7 进项税额加计抵减

自2019年4月1日至2021年12月31日，允许生产、生活性服务业纳税人按照当期可抵扣进项税额加计10%抵减应纳税额（以下称加计抵减政策）。其中：2019年10月1日至2021年12月31日，允许生活性服务业纳税人按照当期可抵扣进项税额加计15%，抵减应纳税额（以下称加计抵减15%政策）。

（1）生产、生活性服务业纳税人，是指提供邮政服务、电信服务、现代服务、生活服务（以下称四项服务）取得的销售额占全部销售额的比重超过50%的纳税人。四项服务的具体范围按照《销售服务、无形资产、不动产注释》（财税〔2016〕36号印发）执行。

注意：如果纳税人享受差额计税政策，纳税人应该以差额后的销售额参与计算。

2019年3月31日前设立的纳税人，2018年4月至2019年3月期间的销售额（经营期不满12个月的，按照实际经营期的销售额）符合上述规定条件的，自2019年4月1日起适用加计抵减政策。

2019年4月1日后设立的纳税人，自设立之日起3个月的销售额符合上述规定条件的，自登记为一般纳税人之日起适用加计抵减政策。

纳税人确定适用加计抵减政策后，当年内不再调整，以后年度是否适用，根据上年度销售额计算确定。

纳税人可计提但未计提的加计抵减额，可在确定适用加计抵减政策当期一并计提。

（2）纳税人应按照当期可抵扣进项税额的10%/15%计提当期加计抵减额。按照现行规定不得从销项税额中抵扣的进项税额，不得计提加计抵减额；已计提加计抵减额的进项税额，按规定作进项税额转出的，应在进项税额转出当期，相应调减加计抵减额。计算公式如下：

当期计提加计抵减额=当期可抵扣进项税额×10%/15%

当期可抵减加计抵减额=上期末加计抵减额余额+当期计提加计抵减额－当期调减加计抵减额

适用加计抵减政策的纳税人，当期可抵扣进项税额均可以加计10%/15%抵减应纳税额，不仅限于提供四项服务对应的进项税额。需要注意的是，根据39号公告第七条第（四）项规定，纳税人出口货物劳务、发生跨境应税行为不适用加计抵减政策，其对应的进项税额不得计提加计抵减额。按照现行规定不得从销项税额中抵扣的进项税额，也不得计提加计抵减额。

（3）纳税人应按照现行规定计算一般计税方法下的应纳税额（以下称抵减前的应纳税额）后，区分以下情形加计抵减：

A.抵减前的应纳税额等于零的，当期可抵减加计抵减额全部结转下期抵减；

B.抵减前的应纳税额大于零，且大于当期可抵减加计抵减额的，当期可抵减加计抵减额全额从抵减前的应纳税额中抵减；

C.抵减前的应纳税额大于零，且小于或等于当期可抵减加计抵减额的，以当期可抵减加计抵减额抵减应纳税额至零。未抵减完的当期可抵减加计抵减额，结转下期继续抵减。

注意：增值税一般纳税人有简易计税方法的应纳税额，不可以从加计抵减额中抵减。加计抵减额只可以抵减一般计税方法下的应纳税额。

（4）纳税人出口货物劳务、发生跨境应税行为不适用加计抵减政策，其对应的进项税额不得计提加计抵减额。

纳税人兼营出口货物劳务、发生跨境应税行为且无法划分不得提加计抵减额的进项税额，按照以下公式计算：

不得计提加计抵减额的进项税额＝当期无法划分的全部进项税额 × 当期出口货物劳务和发生跨境应税行为的销售额 ÷ 当期全部销售额

（5）纳税人应单独核算加计抵减额的计提、抵减、调减、结余等变动情况。骗取适用加计抵减政策或虚增加计抵减额的，按照《税收征管法》等有关规定处理。

（6）加计抵减政策执行到期后，纳税人不再计提加计抵减额，结余的加计抵减额停止抵减。

（7）增值税加计抵减的会计处理。

根据财政部发布的《关于深化增值税改革有关政策的公告》适用《增值税会计处理规定》有关问题的解读，"生产、生活性服务业纳税人取得资产或接受劳务时，应当按照《增值税会计处理规定》的相关规定对增值税相关业务进行会计处理；实际缴纳增值税时，按应纳税额借记'应交税费——未交增值税'等科目，按实际纳税金额贷记'银行存款'科目，按加计抵减的金额贷记'其他收益'科目"。

借：应交税费——未交增值税
　　贷：银行存款
　　　　其他收益

9.8　异常抵扣凭证处理

9.8.1　异常凭证的范围。

9.8.1.1　走逃（失联）企业存续经营期间发生下列情形之一的，所对应属期开具增值税专用发票。

（1）商贸企业购进、销售货物名称严重背离的。

（2）生产企业符合以下特征之一的：

①生产企业无实际生产加工能力且无委托加工；

②生产企业生产能耗与销售情况严重不符；

③生产企业购进货物并不能直接生产其销售的货物且无委托加工的。

（3）直接走逃失踪不纳税申报的。

（4）虽然申报但通过不实填列增值税纳税申报表相关栏次，规避税务机关审核比对，进行虚假申报的。

9.8.1.2　纳税人丢失、被盗税控专用设备中未开具或已开具未上传的增值税专用发票。

9.8.1.3　非正常户纳税人未向税务机关申报或未按规定缴纳税款的增值税专用发票。

9.8.1.4　增值税发票管理系统稽核比对发现"比对不符""缺联""作废"的增值税专用发票。

9.8.1.5　经税务总局、省税务局大数据分析发现，纳税人开具的增值税专用发票存在涉嫌虚开、未按规定缴纳消费税等违法违规情形的。

9.8.1.6　增值税一般纳税人申报抵扣异常凭证，同时符合下列情形的，其对应开具的增值税专用发票列入异常凭证范围：

（1）异常凭证进项税额累计占同期全部增值税专用发票进项税额70%（含）以上的。

（2）异常凭证进项税额累计超过5万元的。

纳税人尚未申报抵扣、尚未申报出口退税或已作进项税额转出的异常凭证，其涉及的进项税额不计入异常凭证进项税额的计算。

9.8.2 异常凭证的税务处理。

9.8.2.1 尚未申报抵扣增值税进项税额的，暂不允许抵扣。已经申报抵扣增值税进项税额的，除另有规定外，一律在纳税人收到"税务事项通知书"的当期（税款所属期）作进项税额转出，于次月（季）申报期申报。

9.8.2.2 尚未申报出口退税或者已申报但尚未办理出口退税的，除另有规定外，暂不允许办理出口退税。适用增值税免抵退税办法的纳税人已经办理出口退税的，应根据列入异常凭证范围的增值税专用发票上注明的增值税额作进项税额转出处理；适用增值税免退税办法的纳税人已经办理出口退税的，税务机关应按照现行规定将列入异常凭证范围的增值税专用发票对应的已退税款追回。

纳税人因骗取出口退税停止出口退（免）税期间取得的增值税专用发票列入异常凭证范围的，按照本条第一项规定执行。

9.8.2.3 消费税纳税人以外购或委托加工形式收回的已税消费品为原料连续生产应税消费品，尚未申报抵扣原料已纳消费税税款的，暂不允许抵扣；已经申报抵扣的，冲减当期允许抵扣的消费税税款，当期不足冲减的应当补缴税款。

9.8.2.4 纳税信用A级纳税人取得异常凭证且已经申报抵扣增值税、办理出口退税或抵扣消费税的，可以自接到税务机关通知之日起10个工作日内，向主管税务机关提出核实申请。经税务机关核实，符合现行增值税进项税额抵扣、出口退税或消费税抵扣相关规定的，可不作进项税额转出、追回已退税款、冲减当期允许抵扣的消费税税款等处理。纳税人逾期未提出核实申请的，应于期满后按照本条第一项、第二项、第三项规定作相关处理。

9.8.2.5 纳税人对税务机关认定的异常凭证有异议,可以向主管税务机关提出核实申请。经主管税务机关核实,符合现行增值税进项税额抵扣或出口退税相关规定的,纳税人可继续申报抵扣或者重新申报出口退税;符合消费税抵扣规定且已缴纳消费税税款的,纳税人可继续申报抵扣消费税税款。

9.8.2.6 企业在补开、换开发票或其他外部凭证过程中,因对方注销、撤销、依法被吊销营业执照、被税务机关认定为非正常户等特殊原因无法补开、换开发票或其他外部凭证的,可凭以下资料证实支出真实性后,允许税前扣除其支出:

(1)无法补开、换开发票或其他外部凭证原因的证明资料(包括工商注销、机构撤销、列入非正常经营户、破产公告等证明资料);

(2)相关业务活动的合同或者协议;

(3)采用非现金方式支付的付款凭证;

(4)货物运输的证明资料;

(5)货物入库、出库内部凭证;

(6)企业会计核算记录以及其他资料。

前款第一项至第三项为必备资料。

——摘自《国家税务总局关于发布〈企业所得税税前扣除凭证管理办法〉的公告》(国家税务总局公告2018年第28号)

9.8.3 异常凭证的解除。

9.8.3.1 空白异常凭证的解除。

丢失、被盗税控专用设备找回后,经主管税务机关核实未发生损失的,解除异常凭证的认定。

9.8.3.2 其他异常凭证的解除。

纳税人履行完毕相关涉税义务,并经主管税务机关调查澄清相关涉税事项后,纳入税务机关正常监管的,解除异常凭证的认定。

异常凭证解除后,主管税务机关应在10个工作日内通过异常凭证系统,将解除信息推送至异常凭证接受方所在地主管税务机关,允许异常凭证接受方纳税人继续申报抵扣、办理出口退税或消费税抵扣。涉及走逃(失联)企业的主管税务机关应当同步解除其走逃（失联）企业身份。

9.8.3.3 接收异常凭证的纳税人，如认为所对应的经营业务真实，应自收到《税务事项通知书》之日起10个工作日内向主管税务机关提出核实申请，并提供相关证明材料。

证明材料包括：

（1）相关业务的详细说明，提供相关业务经办人员的身份信息和联系方式；

（2）采用非现金方式支付的凭证；

（3）涉及货物运输、保险、仓储、装卸的，提供货物运输、保险、仓储、装卸的凭证；

（4）涉及能源消耗的，提供能耗支出凭证；

（5）涉及委托加工的，提供委托加工相关材料；

（6）业务合同、协议等材料；

（7）证明相关业务真实性的其他材料。

主管税务机关应在收到纳税人提出的核实申请后60个工作日内完成核实工作。

9.8.4 支付方式要求。

经营业务真实，正常交易情况下，无论是增值税进项税额抵扣、增值税差额纳税还是企业所得税税前扣除，没有政策规定，限定支付方式只能是非现金支付。但是从企业税务管理实务的角度，"不怕一万就怕万一"，万一取得凭证为异常凭证，增值税进项税额抵扣和企业所得税税前扣除都需要提供"采用非现金方式支付的凭证"，所以从防范税务风险的角度，除零星的采购，建议实务中，其他采购采用非现金支付方式。

9.8.5 核实申请案例处理。

【案例】AAA产业控股股份有限公司关于收到税务事项通知书的公告

一、税务事项通知书内容

AAA产业控股股份有限公司（以下简称公司）全资子公司AAA物产集团有限公司的控股子公司AAA生水资源有限公司（以下简称AAA生水）于2019年12月10日收到国家税务总局NB国家高新技术产业开发区税务局《税务事

项通知书》(税务通〔2019〕××号),通知主要内容如下:

"事由:异常凭证处理通知。

通知内容:你(单位)收到的增值税专用发票(发票明细见附件),已被开具发票方企业主管税务机关列入异常凭证范围。请你(单位)对所取得的上述异常凭证,尚未申报抵扣或申报出口退税的,暂不允许抵扣或办理退税;已经申报抵扣的,一律先在申报期内作进项税额转出处理;已经办理出口退税的,我局将按照异常凭证所涉及的退税额对你(单位)其他已审核通过的应退税款暂缓办理出口退税,无其他应退税款或应退税款小于涉及退税额的,可由你(单位)提供差额部分的担保。如你(单位)对认定的异常凭证存有异议,请在20个工作日内向我局提出核查申请,并提交业务合同、银行凭证、运输仓储证明等有关说明材料。"

二、税务事项情况介绍

据初步了解,国家税务总局NB国家高新技术产业开发区税务局收到国家税务总局SH市PT区税务局协查通知,因SH市BBB国际贸易有限公司开具的增值税专用发票被列入异常凭证范围,从而造成国家税务总局NB国家高新技术产业开发区税务局认为AAA生水取得的、已认证抵扣的、由BBB国际贸易有限公司开具的增值税专用发票,其进项税额一律先在申报期内作进项税额转出处理。

涉及AAA生水2017年7月至9月取得的增值税专用发票467份,发票金额445082407.29元(不含税),涉及增值税75664009.38元。AAA生水于2017年7月至9月期间与BBB国际贸易有限公司共签订了7份铝锭采购合同,共计采购铝锭2689.53吨,增值税专用发票金额(含税)42508111.04元;以及18份电解铜采购合同,共计采购电解铜9428.66吨,增值税专用发票金额(含税)478238305.63元。

经公司自查,AAA生水向BBB国际贸易有限公司采购的上述货物分别销售给98家下游客户。在交易中,AAA生水与上游供应商、下游客户存在真实的议价和资金收付过程,货物的出入库手续完备,并按合同约定向上游供应商收取增值税进项发票,向下游客户开具增值税销项发票,AAA生水所获得增值税进项税发票已经认证并进行了抵扣。上述交易是遵循各方基于真实意愿所签订的合同约定履行的，公司目前未发现交易中存在违法、不真实的情况。公司已向国家税务总局NB国家高新技术产业开发区税务局提出核查申请，并提交了业务合同、银行凭证、运输仓储证明等有关说明材料。

三、税务事项对公司的影响

公司就上述事项咨询了年审会计师，如果税务部门在公司2019年年度审计报告出具之日前，认定AAA生水取得的BBB国际贸易有限公司开具的增值税专用发票为虚开发票而不得抵扣，则AAA生水将75664009.38元增值税进项税额计入当期损益，预计减少公司2019年度归母净利润37075364.60元。否则，将不会对公司2019年度归母净利润产生影响。

公司将会同律师、会计师等积极与税务部门联系沟通，作好解释说明工作。

由于上述事项存在一定不确定性，公司将根据上述事项的进展，及时履行信息披露义务。敬请投资者关注公司后续公告并注意投资风险。

四、备查文件

国家税务总局NB国家高新技术产业开发区税务局《税务事项通知书》（税务通〔2019〕××号）。

特此公告。

AAA产业控股股份有限公司董事会
二〇一九年十二月十二日

【接上例】 AAA产业控股股份有限公司关于收到税务事项通知书的进展公告

一、前期涉税事项情况

AAA产业控股股份有限公司（以下简称公司）全资子公司AAA物产集团有限公司的控股子公司AAA生水资源有限公司（以下简称AAA生水）于2019年12月10日收到国家税务总局NB国家高新技术产业开发区税务局《税务事项通知书》（税务通〔2019〕××号），通知主要内容如下：

"事由：异常凭证处理通知。

通知内容：你（单位）收到的增值税专用发票（发票明细见附件），已被开具发票方企业主管税务机关列入异常凭证范围。"

详见公司2019年12月12日披露于《中国证券报》《证券时报》和巨潮资讯网（http://www.cninfo.com.cn）的《关于收到税务事项通知书的公告》。

二、涉税事项进展

AAA生水提供了合同、资金、仓储物流等协查资料，国家税务总局NB国家高新技术产业开发区税务局于2019年12月至2020年3月期间进行了核查。2020年4月14日，AAA生水收到国家税务总局NB国家高新技术产业开发区税务局《税务事项通知书》（高税通〔2020〕×××号），通知主要内容如下：

"事由：异常增值税扣税凭证解除通知。

通知内容：你（单位）收到的异常凭证（发票明细见附件），已被开具发票方主管税务机关解除。"

三、对公司的影响

按照国家税务总局NB国家高新技术产业开发区税务局《税务事项通知书》（高税通〔2020〕×××号），AAA生水所收到的增值税进项税发票已经认证并按规定进行抵扣，不会对公司损益造成影响。

敬请广大投资者理性投资，注意风险。

四、备查文件

国家税务总局NB国家高新技术产业开发区税务局《税务事项通知书》（高税通〔2020〕×××号）。

特此公告。

NB产业控股股份有限公司董事会
二〇二〇年四月十五日

9.9 进项税额抵扣风险

9.9.1 混淆一般计税和简易计税项目，未按规定抵扣进项税的风险。

企业分项目核算程序不够明晰、严谨，存在把一些简易计税项目购进物资取得的增值税进项税抵扣凭证用在一般计税项目中进行抵扣，造成少缴纳增值税、城市维护建设税及附加的风险。

9.9.2 用于集体福利或个人消费的购进货物或劳务抵扣进项税，未做进项税转出的风险。

企业购入集体福利或个人消费用品和其他非应税项目抵扣进项税，造成少缴纳增值税、城市维护建设税及附加的风险。

9.9.3 非法取得建筑主材发票多抵进项税额和虚增成本的风险。

企业从享受即征即退增值税优惠政策的水泥生产企业，和富余票较多的钢材等建筑主材批发企业处取得虚开的发票，造成多抵扣进项税，虚增工程项目成本。

9.9.4 取得虚开的劳务发票增加成本的风险。

企业通过多取得劳务发票，多抵扣进项税，虚增成本或将其他与生产经营活动无关费用通过劳务项目列支，造成企业少缴企业所得税。

9.9.5 旅客运输服务进项税额抵扣风险。

旅客运输服务进项税额抵扣由纳税人自行统计、计算抵扣，不需要通过增值税综合服务平台进行认证，这就要求纳税人进行准确的区分、计算，并做好完整的台账登记，票据完整地附于对应的记账凭证里面，以备留存备查。

提醒：严格按照税法规定准确计算抵扣，不得多抵、少抵、误抵，如涉及国际行程的票据不得抵扣，非本公司职工乘坐客运工具产生的票据不得抵扣。

第10章　农民工工资涉税管理

10.1　政策规定

10.1.1　总承包单位代发工资制度。

《保障农民工工资支付条例》(自2020年5月1日起施行)第三十一条规定,工程建设领域推行分包单位农民工工资委托施工总承包单位代发制度。

分包单位应当按月考核农民工工作量并编制工资支付表,经农民工本人签字确认后,与当月工程进度等情况一并交施工总承包单位。

施工总承包单位根据分包单位编制的工资支付表,通过农民工工资专用账户直接将工资支付到农民工本人的银行账户,并向分包单位提供代发工资凭证。

用于支付农民工工资的银行账户所绑定的农民工本人社会保障卡或者银行卡,用人单位或者其他人员不得以任何理由扣押或者变相扣押。

10.1.2　个人所得税扣缴规定。

《国家税务总局关于个人所得税偷税案件查处中有关问题的补充通知》(国税函发〔1996〕602号)中"三、关于扣缴义务人的认定"规定,扣缴义务人的认定,按照个人所得税法的规定,向个人支付所得的单位和个人为扣缴义务人。由于支付所得的单位和个人与取得所得的人之间有多重支付的现象,有时难以确定扣缴义务人。为保证全国执行的统一,现将认定标准规定为:凡税务机关认定对所得的支付对象和支付数额有决定权的单位和个人,即为扣缴义务人。

10.2 流程图（见图10-1）

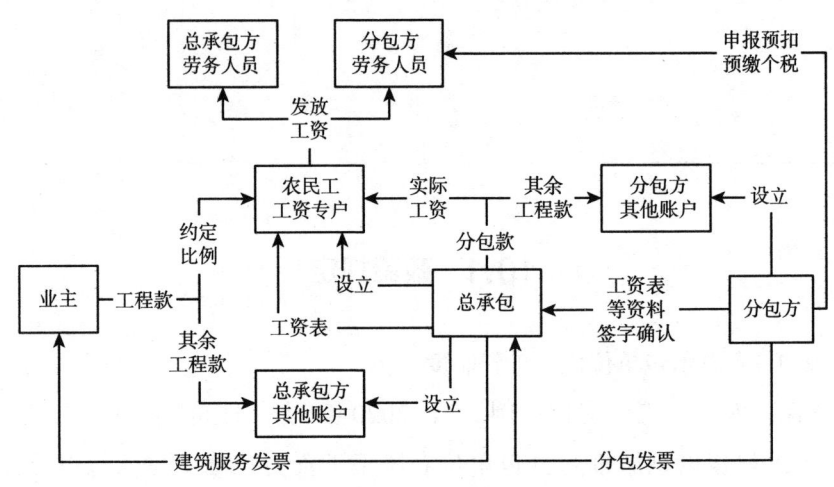

图10-1 流程图

10.3 涉税处理

10.3.1 增值税。

1.一般计税项目增值税进项税额抵扣

施工总承包单位分包款支付给"农民工"不违反"三流一致"。所以相关政策文件规定支付给"第三方"，严格意义来说不属于第三方，以有政策规定、有代发协议、有分包方编制的工资表作为支撑证据。

上述"三流一致"，是指购进货物或应税劳务支付货款、劳务费用的对象。纳税人购进货物或应税劳务，支付运输费用，所支付款项的单位，必须与开具抵扣凭证的销货单位、提供劳务的单位一致，才能够申报抵扣进项税额，否则不予抵扣。[《国家税务总局关于加强增值税征收管理若干问题的通知》（国税发〔1995〕192号）]

2.简易计税项目

以取得的全部价款和价外费用扣除支付的分包款后的余额为销售额，其中分包款包括代发工资部分。

10.3.2　个人所得税扣缴。

分包单位农民工工资委托施工总承包单位代发，分包单位农民工工资的个人所得税预扣预缴人为分包单位。

农民工工资推行由分包单位委托施工总承包单位代发，但是分包单位属于国税函发〔1996〕602号文件规定"所得的支付对象和支付数额有决定权"的单位，即为农民工工资个税的扣缴义务人。

《税收征管法》第六十九条规定，扣缴义务人应扣未扣、应收而不收税款的，由税务机关向纳税人追缴税款，对扣缴义务人处应扣未扣、应收未收税款百分之五十以上三倍以下的罚款。

10.3.3　分包开具发票金额。

分包单位农民工工资委托施工总承包单位代发，属于分包单位的成本，所以分包单位开具发票的金额包括代发工资部分。

10.3.4　印花税基数。

根据《印花税暂行条例》附件《印花税税目税率表》规定，建筑安装工程承包合同按"承包金额"的0.3‰计贴印花，所以计算征缴印花税时，代分包单位发放工资部分，需要按规定计算贴花。

10.3.5　成本确定。

分包单位开具发票的金额包括计入施工企业施工成本的代发工资部分。

10.4　实务关键点

10.4.1　分包单位编制工资支付表。

分包单位应当按月考核农民工工作量并编制工资支付表，其中工资支付表有预扣预缴个人所得税数据，经农民工本人签字确认后，分包单位须盖公章或财务章确认，与当月工程进度等情况一并交施工总承包单位。

【进而证明】分包单位属于国税函发〔1996〕602号文件规定"所得的支付对象和支付数额有决定权"。

10.4.2 合同条款的约定。

【参考条款】乙方负责将本队（班、组）工人工资汇总成表，由每个工人签字后加盖公章或财务章按月报送甲方，由甲方汇总按月统一代发。

第11章　增值税留抵退税

11.1　政策规定

自2019年4月1日起，同时符合条件的纳税人，可以向主管税务机关申请退还增量留抵税额。本书留抵退税政策不包括先进制造业增值税期末留抵退税政策。

11.1.1　申请留抵退税的条件。

建筑企业申请留抵退税一共有五个条件，且须同时满足：

一是从2019年4月税款所属期起，连续6个月增量留抵税额均大于零，且第6个月增量留抵税额不低于50万元。

【备注】（1）连续6个月并不一定从2019年4月开始算，可以从4月以后的任何一个月开始计算连续6个月，比如5月到10月，6月到11月等等。如果是按季纳税的纳税人，执行口径也一样，只不过计算区间是连续两个季度。

（2）连续6个月计算区间内每个月的增量留抵，都是和2019年3月底的留抵相比新增加的留抵税额。

二是纳税信用等级为A级或者B级。

【备注】根据纳税人申请留抵退税当期的纳税等级来判断是否符合规定条件。

三是申请退税前36个月未发生骗取留抵退税、出口退税或者虚开增值税专用发票情形的。

四是申请退税前36个月未因偷税被税务机关处罚两次及以上。

五是自2019年4月1日起未享受即征即退或先征后返（退）政策。

11.1.2　退还留抵税额的计算。

允许退还的增量留抵税额=增量留抵税额 × 进项构成比例 × 60%

11.1.3 增量留抵税额的定义。

增量留抵税额是指与2019年3月底相比新增加的期末留抵税额。也就是说，每个月的增量留抵税额都是和2019年3月31日的期末留抵税额相比的结果。2019年4月1日以后新设立的纳税人，2019年3月底的留抵税额为0，因此其增量留抵税额即当期的期末留抵税额。

11.1.4 进项构成比例的计算。

2019年4月至申请退税前一税款所属期内已抵扣的增值税专用发票（含税控机动车销售统一发票）、海关进口增值税专用缴款书、解缴税款完税凭证注明的增值税额占同期全部已抵扣进项税额的比重。

【提醒】取数区间是以2019年4月1日起至申请退税前这一段时间内已抵扣的专用发票、海关进口增值税专用缴款书和完税凭证三种票对应进项占全部进项的比重来计算。

11.1.5 申请时限。

应于符合留抵退税条件的次月起，在增值税纳税申报期（以下称申报期）内提交"退（抵）税申请表"办理。

11.1.6 与出口退税的衔接。

纳税人出口业务适用免抵退税办法的，可以在同一申报期内，既申报免抵退税又申请办理留抵退税。纳税人在同一申报期既申报免抵退税又申请办理留抵退税的，或者在纳税人申请办理留抵退税时存在尚未经税务机关核准的免抵退税应退税额的，应待税务机关核准免抵退税应退税额后，按最近一期"增值税纳税申报表（一般纳税人适用）"期末留抵税额，扣减税务机关核准的免抵退税应退税额后的余额确定允许退还的增量留抵税额。

11.1.7 与欠税处理的衔接。

纳税人既有增值税欠税，又有期末留抵税额的，按最近一期"增值税纳税申报表（一般纳税人适用）"期末留抵税额，抵减增值税欠税后的余额确定允许退还的增量留抵税额。

11.1.8 暂停与终止办理留抵退税。

（1）税务机关在办理留抵退税期间，发现符合留抵退税条件的纳税人存在以下情形，暂停为其办理留抵退税：

①存在增值税涉税风险疑点的；

②被税务稽查立案且未结案的；

③增值税申报比对异常未处理的；

④取得增值税异常扣税凭证未处理的；

⑤国家税务总局规定的其他情形。

（2）上述列举的增值税涉税风险疑点等情形已排除，且相关事项处理完毕后，纳税人仍符合留抵退税条件的，税务机关继续为其办理留抵退税，纳税人不再符合留抵退税条件的，不予留抵退税。

（3）税务机关对增值税涉税风险疑点进行排查时，发现纳税人涉嫌骗取出口退税、虚开增值税专用发票等增值税重大税收违法行为的，终止为其办理留抵退税。税务机关对纳税人涉嫌增值税重大税收违法行为核查处理完毕后，纳税人仍符合留抵退税条件的，可按照规定重新申请办理留抵退税。

11.1.9　准予留抵退税的后续处理。

纳税人应在收到税务机关准予留抵退税的《税务事项通知书》当期，以税务机关核准的允许退还的增量留抵税额冲减期末留抵税额，并在办理增值税纳税申报时，相应填写"增值税纳税申报表附列资料（二）（本期进项税额明细）"第22栏"上期留抵税额退税"。按照上述规定再次满足退税条件的，可以继续向主管税务机关申请退还留抵税额，但上述规定的连续期间，不得重复计算。

11.2　申报期限

纳税人申请办理留抵退税，应于符合留抵退税条件的次月起，在增值税纳税申报期（以下称申报期）内，完成本期增值税纳税申报后，通过电子税务局或办税服务厅提交"退（抵）税申请表"。

（1）提交"退（抵）税申请表"是在符合留抵退税条件的次月起，在增值税纳税申报期内完成。

注意：是从符合留抵退税条件的次月起，并不是必须在次月纳税申报期内完成。

【例】某一般纳税人企业2020年4月-9月符合留抵退税条件,则可以在2020年10月纳税申报期内完成提交"退(抵)税申请表",也可以在11月、12月等月份的纳税申报期内完成提交"退(抵)税申请表"。

(2)提交的步骤是先完成本期增值税纳税申报后,再提交申请表。

(3)提交途径:通过电子税务局或办税服务厅提交"退(抵)税申请表"。

11.3 注意事项

(1)纳税人对报送材料的真实性和合法性承担责任。

(2)文书表单可在省(自治区、直辖市和计划单列市)税务局网站"下载中心"栏目查询下载或到办税服务厅领取。

(3)纳税人使用符合电子签名法规定条件的电子签名,与手写签名或者盖章具有同等法律效力。

(4)纳税人提供的各项资料为复印件的,均须注明"与原件一致"并签章。

(5)纳税人收到退税款项的当月,应将退税额从增值税进项税额中转出。

(6)对实行增值税期末留抵退税的纳税人,允许其从城市维护建设税、教育费附加和地方教育附加的计税(征)依据中扣除退还的增值税税额。

(7)纳税人既有增值税欠税,又有期末留抵税额的,按最近一期"增值税纳税申报表(一般纳税人适用)"期末留抵税额,抵减增值税欠税后的余额确定允许退还的增量留抵税额。

11.4 申报风险提示

纳税人未按照规定的期限办理纳税申报和报送纳税资料的,将影响纳税信用评价结果,并依照《税收征管法》有关规定承担相应法律责任。

11.5 办理材料

"退(抵)税申请表"(4份)

11.6 准备工作

（1）留抵税额退税判断和计算表（见表11-1）。

表11-1　　　　　　　留抵税额退税判断和计算表

序号	项目	计算公式	金额
1	2019年3月留抵税额		
2	连续6个月（按季纳税的，连续两个季度）增量留抵税额均大于零：		
2-A	___年__月留抵税额		
2-B	___年__月留抵税额		
2-C	___年__月留抵税额		
2-D	___年__月留抵税额		
2-E	___年__月留抵税额		
2-F	___年__月留抵税额		
3	增量留抵税额	1-（2-F）	
4	增量留抵税是否符合条件		
5	2019年4月至申请退税前一税款所属期已抵扣的增值税专用发票（含税控机动车销售统一发票）注明的增值税额		
6	2019年4月至申请退税前一税款所属期已抵扣的海关进口增值税专用缴款书注明的增值税额		
7	2019年4月至申请退税前一税款所属期已抵扣的解缴税款完税凭证注明的增值税额		
8	2019年4月至申请退税前一税款所属期全部已抵扣的进项税额		
9	进项构成比例	（5+6+7）/8	
10	本期申请退还的增量留抵税额	3×9×60%	

备注：增量留抵税是否符合条件是指从2019年4月税款所属期起，连续6个月增量留抵税额均大于零，且第6个月增量留抵税额不低于50万元。

（2）填报"退（抵）税申请表"。

（3）申请退税。

第12章　企业所得税收入确定

12.1　企业所得税收入确认

12.1.1　基本原则。

除《企业所得税法》及其实施条例另有规定外，企业销售收入的确认，必须遵循权责发生制原则和实质重于形式原则。[《关于确认企业所得税收入若干问题的通知》（国税函〔2008〕875号）]

12.1.2　常见的收入确定。

12.1.2.1　提供劳务收入的概念。

《企业所得税法》第六条第（二）项所称提供劳务收入，是指企业从事建筑安装、修理修配、交通运输、仓储租赁、金融保险、邮电通信、咨询经纪、文化体育、科学研究、技术服务、教育培训、餐饮住宿、中介代理、卫生保健、社区服务、旅游、娱乐、加工以及其他劳务服务活动取得的收入。（《中华人民共和国企业所得税法实施条例》第十五条）

12.1.2.2　一般提供劳务收入的确认。

企业在各个纳税期末，提供劳务交易的结果能够可靠估计的，应采用完工进度（完工百分比）法确认提供劳务收入。

（1）提供劳务交易的结果能够可靠估计，是指同时满足下列条件：

①收入的金额能够可靠地计量；

②交易的完工进度能够可靠地确定；

③交易中已发生和将发生的成本能够可靠地核算。

（2）企业提供劳务完工进度的确定，可选用下列方法：

①已完成工作的测量；

②已提供劳务占劳务总量的比例；

③发生成本占总成本的比例。

（3）企业应按照从接受劳务方已收或应收的合同或协议价款确定劳务收入总额，根据纳税期末提供劳务收入总额乘以完工进度扣除以前纳税年度累计已确认提供劳务收入后的金额，确认为当期劳务收入；同时，按照提供劳务估计总成本乘以完工进度扣除以前纳税期间累计已确认劳务成本后的金额，结转为当期劳务成本。[《关于确认企业所得税收入若干问题的通知》（国税函〔2008〕875号）]

12.1.2.3 安装费。

应根据安装完工进度确认收入。安装工作是商品销售附带条件的，安装费在确认商品销售实现时确认收入。[《关于确认企业所得税收入若干问题的通知》（国税函〔2008〕875号）]

12.1.2.4 持续时间超过12个月的加工制造或劳务。

企业受托加工制造大型机械设备、船舶、飞机，以及从事建筑、安装、装配工程业务或者提供其他劳务等，持续时间超过12个月的，按照纳税年度内完工进度或者完成的工作量确认收入的实现。（《中华人民共和国企业所得税法实施条例》第二十三条）

12.1.2.5 销售需安装和检验的商品。

销售商品需要安装和检验的，在购买方接受商品以及安装和检验完毕时确认收入。如果安装程序比较简单，可在发出商品时确认收入。[《关于确认企业所得税收入若干问题的通知》（国税函〔2008〕875号）]

12.1.2.6 利息收入。

《企业所得税法》第六条第（五）项所称利息收入，是指企业将资金提供给他人使用但不构成权益性投资，或者因他人占用本企业资金取得的收入，包括存款利息、贷款利息、债券利息、欠款利息等收入。

利息收入，按照合同约定的债务人应付利息的日期确认收入的实现。

(《中华人民共和国企业所得税法实施条例》第十八条)

12.1.2.7 租金收入。

《企业所得税法》第六条第(六)项所称租金收入,是指企业提供固定资产、包装物或者其他有形资产的使用权取得的收入。

租金收入,按照合同约定的承租人应付租金的日期确认收入的实现。(《中华人民共和国企业所得税法实施条例》第十九条)

根据《中华人民共和国企业所得税法实施条例》第十九条的规定,企业提供固定资产、包装物或者其他有形资产的使用权取得的租金收入,应按交易合同或协议规定的承租人应付租金的日期确认收入的实现。其中,如果交易合同或协议中规定租赁期限跨年度,且租金提前一次性支付的,根据《中华人民共和国企业所得税法实施条例》第九条规定的收入与费用配比原则,出租人可对上述已确认的收入,在租赁期内,分期均匀计入相关年度收入。[《国家税务总局关于贯彻落实企业所得税法若干税收问题的通知》(国税函〔2010〕79号)]

【例】某建筑企业2×21年将设备出租给其他企业使用,租赁期2×21年7月1日到2×24年6月30日,合同约定不含增值税年租金10万元,合同约定在租赁合同签订日一次性支付全部租金。

根据税法规定,建筑企业可以选择在2×21年一次性确认租金收入,也可以根据国税函〔2010〕79号文件的规定,选择分次均匀确认租金收入。如果东方集团公司选择第二种方法处理,则不存在税会差异,如果选择第一种方法,则存在税会差异。

假设建筑企业会计处理在2×21-2×24年分别按照50000元、100000元、100000元、50000元确认收入,税收处理在2×21年一次性确认300000元,则2×21年纳税调增250000元,2×22-2×24年度分别进行纳税调减处理。

12.1.3 特殊收入的企业所得税确定。

12.1.3.1 商业折扣。

企业为促进商品销售而在商品价格上给予的价格扣除属于商业折扣,商品销售涉及商业折扣的,应当按照扣除商业折扣后的金额确定销售商品收

入金额。[《关于确认企业所得税收入若干问题的通知》(国税函〔2008〕875号)]

12.1.3.2　现金折扣。

债权人为鼓励债务人在规定的期限内付款而向债务人提供的债务扣除属于现金折扣，销售商品涉及现金折扣的，应当按扣除现金折扣前的金额确定销售商品收入金额，现金折扣在实际发生时作为财务费用扣除。[《关于确认企业所得税收入若干问题的通知》(国税函〔2008〕875号)]

12.1.3.3　销售折让和退回。

企业因售出商品的质量不合格等原因而在售价上给的减让属于销售折让；企业因售出商品质量、品种不符合要求等原因而发生的退货属于销售退回。企业已经确认销售收入的售出商品发生销售折让和销售退回，应当在发生当期冲减当期销售商品收入。[《关于确认企业所得税收入若干问题的通知》(国税函〔2008〕875号)]

12.1.3.4　买一赠一。

企业以买一赠一等方式组合销售本企业商品的，不属于捐赠，应将总的销售金额按各项商品的公允价值的比例来分摊确认各项的销售收入。[《关于确认企业所得税收入若干问题的通知》(国税函〔2008〕875号)]

12.1.3.5　视同销售收入。

企业发生非货币性资产交换，以及将货物、财产、劳务用于捐赠、偿债、赞助、集资、广告、样品、职工福利或者利润分配等用途的，应当视同销售货物、转让财产或者提供劳务，但国务院财政、税务主管部门另有规定的除外。(《中华人民共和国企业所得税法实施条例》第二十五条)

(1)内部处置资产不视同销售。

企业发生下列情形的处置资产，除将资产转移至境外以外，由于资产所有权属在形式和实质上均不发生改变，可作为内部处置资产，不视同销售确认收入，相关资产的计税基础延续计算。

①将资产用于生产、制造、加工另一产品；

②改变资产形状、结构或性能；

③改变资产用途(如自建商品房转为自用或经营);

④将资产在总机构及其分支机构之间转移;

⑤上述两种或两种以上情形的混合;

⑥其他不改变资产所有权属的用途。[《关于企业处置资产所得税处理问题的通知》(国税函〔2008〕828号)]

(2)资产权属改变应视同销售。

企业将资产移送他人的下列情形,因资产所有权属已发生改变而不属于内部处置资产,应按规定视同销售确定收入。

①用于市场推广或销售;

②用于交际应酬;

③用于职工奖励或福利;

④用于股息分配;

⑤用于对外捐赠;

⑥其他改变资产所有权属的用途。[《关于企业处置资产所得税处理问题的通知》(国税函〔2008〕828号)]

(3)视同销售价格。

企业发生《国家税务总局关于企业处置资产所得税处理问题的通知》(国税函〔2008〕828号)第二条规定情形的,除另有规定外,应按照被移送资产的公允价值确定销售收入。

该条款适用于2016年度及以后年度企业所得税汇算清缴。[《国家税务总局关于企业所得税有关问题的公告》(国家税务总局公告2016年第80号)]

(4)视同销售实务处理。

①如果会计上已按收入确认,企业所得税不需要按照视同销售调增收入,因此会计与企业所得税收入确认原则是一致的,不存在视同销售税会差异,不需要进行调整。

【例】某装修公司(一般纳税人)将本公司生产的100套简约家具发放给企业职工。每套简约家具成本7000元,市场零售不含税价为每套10000元。

借:管理费用　　　　　　　　　　　　　　　　　　1130000

贷：应付职工薪酬　　　　　　　　　　　　　　　1130000
借：应付职工薪酬　　　　　　　　　　　　　　　　　1130000
　　贷：主营业务收入　　　　　　　　　　　　　　　1000000
　　　　应交税费——应交增值税（销项税额）　　　　130000
借：主营业务成本　　　　　　　　　　　　　　　　　700000
　　贷：库存商品　　　　　　　　　　　　　　　　　700000

②如果会计上未按收入确认，企业所得税需要按照视同销售调增收入，同时也要确认视同销售成本。

【例】某装修公司（一般纳税人）将自产的简约家具用于市场推广，分发给客户，该简约家具成本为6万元，市场零售不含税价为10万元。

会计处理：

借：销售费用　　　　　　　　　　　　　　　　　　　73000
　　贷：库存商品　　　　　　　　　　　　　　　　　60000
　　　　应交税费——应交增值税（销项税额）
　　　　　　　　　　　　　　　　　13000（100000×13%）

税务处理（调企业所得税申报表不调账）：

会计不确认收入，但符合税收规定视同销售货物，应确认视同销售收入10万元，纳税调整增加10万元，同时确认视同销售成本6万元。

（5）企业所得税申报注意事项。

"纳税调整项目明细表"（A105000）中第30行"（十七）其他"：填报其他因会计处理与税收规定有差异需纳税调整的扣除类项目金额，企业将货物、资产、劳务用于捐赠、广告等用途时，进行视同销售纳税调整后，对应支出的会计处理与税收规定有差异需纳税调整的金额填报在本行。若第1列≥第2列，第3列"调增金额"填报第1-2列金额。若第1列<第2列，第4列"调减金额"填报第1-2列金额的绝对值。

"捐赠支出及纳税调整明细表"（A105070）中的"账载金额"：填报纳税人计入本年损益的公益性捐赠以外的其他捐赠支出金额，包括该支出已通过"纳税调整项目明细表"（A105000）第30行"（十七）其他"进行纳税调整的金额。

12.2 收入的口径区别

实务中需要注意会计口径、增值税口径和企业所得税口径的收入确认条件的差异，同时要关注实务处理。

【例】20×8年10月，甲公司与客户签订合同，为客户装修一栋办公楼并安装一部电梯，合同总金额为100万元。甲公司预计的合同总成本为80万元，其中包括电梯的采购成本30万元。

20×8年12月，甲公司将电梯运达施工现场并经过客户验收，客户已取得对电梯的控制权，但是根据装修进度，预计到20×9年2月才会安装该电梯。截至20×8年12月，甲公司累计发生成本40万元，其中包括支付给电梯供应商的采购成本30万元以及因采购电梯发生的运输和人工等相关成本5万元。

假定该装修服务（包括安装电梯）构成单项履约义务，并属于在某一时段内履行的履约义务，甲公司是主要责任人，但不参与电梯的设计和制造；甲公司采用成本法确定履约进度。上述金额均不含增值税。

【会计解析】截至20×8年12月，甲公司发生成本40万元（包括电梯采购成本30万元以及因采购电梯发生的运输和人工等相关成本5万元），甲公司认为其已发生的成本和履约进度不成比例，因此需要对履约进度的计算作出调整，将电梯的采购成本排除在已发生成本和预计总成本之外。在该合同中，该电梯不构成单项履约义务，其成本相对于预计总成本而言是重大的，甲公司是主要责任人，但是未参与该电梯的设计和制造，客户先取得了电梯的控制权，随后才接受与之相关的安装服务。因此，甲公司在客户取得该电梯控制权时，按照该电梯采购成本的金额确认转让电梯产生的收入。

所以，20×8年12月，该合同的履约进度为20%[（40-30）÷（80-30）]，应确认的收入和成本金额分别为44万元[（100-30）×20%+30]和40万元[（80-30）×20%+30]。

【企业所得税解析】

根据《关于确认企业所得税收入若干问题的通知》(国税函〔2008〕875号)规定,20×8年度,甲公司的完工进度为40÷80=50%,应确认收入100×50%=50(万元),成本80×50%=40(万元)。按照企业所得税相关规定的完工进度计算方法的差异所引发的收入确认和成本结转之间的差额,将形成税会暂时性差异,其中收入额调增6(万元)(50-40),纳税调增应纳税所得额6万元,成本数额不需要调整。

【增值税解析】假设合同约定20×8年12月客户应支付预付款及进度款60万元(不含增值税,下同),甲公司按规定开具增值税专用发票,则20×8年12月应确认增值税销售额收入60万元。

第13章 企业所得税税前扣除

13.1 企业所得税税前扣除明细表（见表13-1）

表13-1　　　　　　　　　企业所得税税前扣除明细表

项目	标准/比例	备注	政策依据
基本原则	与取得收入有关的、合理的支出，包括成本、费用、税金、损失和其他支出，准予在计算应纳税所得额时扣除	1.有关的支出，是指与取得收入直接相关的支出 2.合理的支出，是指符合生产经营活动常规，应当计入当期损益或者有关资产成本的必要和正常的支出	1.《企业所得税法》第八条 2.《企业所得税法实施条例》第二十七条
与会计处理之间的协调问题	对企业依据财务会计制度规定，并实际在财务会计处理上已确认的支出，凡没有超过《企业所得税法》和有关税收法规规定的税前扣除范围和标准的，可按企业实际会计处理确认的支出，在企业所得税前扣除，计算其应纳税所得额		《关于企业所得税应纳税所得额若干税务处理问题的公告》（国家税务总局公告2012年第15号）
不征税收入的支出	不征税收入用于支出所形成的费用或者财产，不得扣除或者计算对应的折旧、摊销扣除		《企业所得税法实施条例》第二十八条
以前年度发生应扣未扣支出	做出专项申报及说明后，准予追补至该项目发生年度计算扣除，但追补确认期限不得超过5年	1.多缴的企业所得税税款，可以在追补确认年度企业所得税应纳税款中抵扣，不足抵扣的，可以向以后年度递延抵扣或申请退税 2.产生亏损，应首先调整该项支出所属年度的亏损额，然后再按照弥补亏损的原则计算以后年度多缴的企业所得税款，并按前款规定处理	《关于企业所得税应纳税所得额若干税务处理问题的公告》（国家税务总局公告2012年第15号）

续表

项目	标准/比例	备注	政策依据
工资薪金支出	1.合理工资薪金据实扣除 2.在年度汇算清缴结束前向员工实际支付的已预提汇缴年度工资薪金，准予在汇缴年度按规定扣除 3.企业安置残疾人员的，在按照支付给残疾职工工资据实扣除的基础上，可以在计算应纳税所得额时按照支付给残疾职工工资的100%加计扣除	列入企业员工工资薪金制度、固定与工资薪金一起发放的福利性补贴，符合《关于企业工资薪金及职工福利费扣除问题的通知》（国税函〔2009〕3号）第一条规定的，可作为企业发生的工资薪金支出，按规定在税前扣除	1.《企业所得税法实施条例》第三十四条 2.《关于企业工资薪金和职工福利费等支出税前扣除问题的公告》（国家税务总局2015年第34号） 3.《财政部 国家税务总局关于安置残疾人员就业有关企业所得税优惠政策问题的通知》（财税〔2009〕70号）
实施股权激励计划	工资薪金支出，依照税法规定进行税前扣除	可行权，根据该股票实际行权时的公允价格与当年激励对象实际行权支付价格的差额及数量，计算确定作为当年上市公司工资薪金支出	《关于我国居民企业实行股权激励计划有关企业所得税处理问题的公告》（国家税务总局公告〔2012〕18号）
接受外部劳务派遣用工支出	支付给劳务派遣公司的费用，应作为劳务费支出据实扣除	属于工资薪金支出的准予计入企业工资薪金总额的基数，作为计算其他各项相关费用扣除的依据	《关于企业工资薪金和职工福利费等支出税前扣除问题的公告》（国家税务总局2015年第34号）
	直接支付给员工个人的费用工资薪金支出据实扣除		
	直接支付给员工个人的费用职工福利费支出按标准扣除		
雇用季节工、临时工、实习生、返聘离退休人员	区分为工资薪金支出和职工福利费支出，按规定税前扣除	属于工资薪金支出的准予计入企业工资薪金总额的基数，作为计算其他各项相关费用扣除的依据	《关于企业所得税应纳税所得额若干税务处理问题的公告》（国家税务总局公告2012年第15号）

续表

项目	标准/比例	备注	政策依据
离职补偿费	据实扣除	企业根据公司财务制度为职工提取离职补偿费,在进行年度企业所得税汇算清缴时,对当年度"预提费用"科目发生额进行纳税调整,待职工从企业离职并实际领取离职补偿费后,企业可按规定进行税前扣除	《关于华为集团内部人员调动离职补偿税前扣除问题的批复》(税总函〔2015〕299号)
职工福利费	不超过工资薪金总额14%的部分,准予扣除	1.职工福利费范围查询国税函〔2009〕3号文件 2.工资薪金总额为当年可税前扣除额	1.《企业所得税法实施条例》第四十条 2.《关于发布〈企业所得税年度纳税申报表(A类,2017年版)〉的公告》(国家税务总局公告2017年第54号)
职工教育经费	一般情况:自2018年1月1日起,不超过工资薪金总额8%的部分,准予扣除	1.职工教育经费范围查询财建〔2006〕317号文件 2.工资薪金总额为当年可税前扣除额	1.《企业所得税法实施条例》第四十条 2.《财政部 税务总局关于企业职工教育经费税前扣除政策的通知》(财税〔2018〕51号) 3.《关于发布〈企业所得税年度纳税申报表(A类,2017年版)〉的公告》(国家税务总局公告2017年第54号)
	集成电路设计企业和符合条件软件企业的职工培训费用据实扣除(含经认定的动漫企业自主开发、生产动漫产品)	应准确划分职工教育经费中的职工培训费支出,对于不能准确划分的,以及准确划分后职工教育经费中扣除职工培训费用的余额,一律按照《实施条例》第四十二条规定的比例扣除	1.《关于进一步鼓励软件产业和集成电路产业发展企业所得税政策的通知》(财税〔2012〕27号) 2.《关于扶持动漫产业发展有关税收政策问题的通知》(财税〔2009〕65号)
	核力发电企业为培养核电厂操纵员发生的培养费用据实扣除	应将核电厂操纵员培养费与员工的职工教育经费严格区分,单独核算,员工实际发生的职工教育经费支出不得计入核电厂操纵员培养费直接扣除	《关于企业所得税应纳税所得额若干问题的公告》(国家税务总局公告2014年第29号)

续表

项目	标准/比例	备注	政策依据
职工教育经费	航空企业空勤训练费可以作为航空企业运输成本在税前扣除	包括：飞行员养成费、飞行训练费、乘务训练费、空中保卫员训练费等空勤训练费用	《关于企业所得税若干问题的公告》（国家税务总局2011第34号公告）
工会经费	不超过工资薪金总额2%的部分，准予扣除	1.凭工会组织开具的"工会经费收入专用收据"在企业所得税前扣除 2.工资薪金总额为当年可税前扣除额	1.《企业所得税法实施条例》第四十一条 2.《关于工会经费企业所得税税前扣除凭据问题的公告》（国家税务总局公告2010年第24号） 3.《关于发布〈企业所得税年度纳税申报表（A类，2017年版）〉的公告》（国家税务总局公告2017年第54号）
五险一金	据实扣除		《企业所得税法实施条例》第三十五条
补充养老/医疗保险费	不超过职工工资总额5%标准内的部分据实扣除	为在本企业任职或者受雇的全体员工支付的	1.《企业所得税法实施条例》第三十五条 2.《关于补充养老保险费补充医疗保险费有关企业所得税政策问题的通知》（财税〔2009〕27号）
财产保险	据实扣除		《企业所得税法实施条例》第四十六条
商业保险费	为特殊工种职工支付的人身安全保险费和国务院财政、税务主管部门规定可以扣除的其他商业保险费外，企业为投资者或者职工支付的商业保险费，不得扣除		《企业所得税法实施条例》第三十六条
差旅费中人身意外保险费	据实扣除		《关于企业所得税有关问题的公告》（总局公告2016年第80号）

续表

项目	标准/比例	备注	政策依据
雇主责任险、公众责任险等责任保险	据实扣除		《关于责任保险费企业所得税税前扣除有关问题的公告》（总局公告2018年第52号）
借款费用	1.不需要资本化的借款费用，准予扣除 2.资本化的借款费用应当作为资本性支出计入有关资产的成本，按规定扣除		《企业所得税法实施条例》第三十七条
利息支出	非金融企业向金融企业借款的利息支出准予扣除		《企业所得税法实施条例》第三十八条
	金融企业的各项存款利息支出和同业拆借利息支出准予扣除		
	企业经批准发行债券的利息支出准予扣除		
	非金融企业向非金融企业借款的利息支出，不超过按照金融企业同期同类贷款利率计算的数额的部分准予扣除	金融企业的同期同类贷款利率情况说明参考国家税务总局2011第34号公告	
	向股东或其他与企业有关联关系的自然人符合规定准予扣除	1.不超过按照金融企业同期同类贷款利率计算的数额 2.从其关联方接受的债权性投资与权益性投资的比例不超过规定标准而发生的利息支出。其接受关联方债权性投资与其权益性投资比例为： （1）金融企业，为5∶1 （2）其他企业，为2∶1	1.《企业所得税法》第四十六条 2.《关于企业向自然人借款的利息支出企业所得税税前扣除问题的通知》（国税函〔2009〕777号） 3.《关于企业关联方利息支出税前扣除标准有关税收政策问题的通知》（财税〔2008〕121号） 4.《关于印发〈特别纳税调整实施办法（试行）〉的通知》（国税发〔2009〕2号）

续表

项目	标准/比例	备注	政策依据
利息支出	非关联关系内部职工或其他人员借款的利息支出符合规定准予扣除	1.不超过按照金融企业同期同类贷款利率计算的数额 2.企业与个人之间的借贷是真实、合法、有效的，并且不具有非法集资目的或其他违反法律、法规的行为 3.企业与个人之间签订了借款合同	1.《企业所得税法实施条例》第三十八条 2.《关于企业向自然人借款的利息支出企业所得税前扣除问题的通知》（国税函〔2009〕777号）
	投资者投资未到位而发生的利息支出不得扣除	企业每一计算期不得扣除的借款利息=该期间借款利息额×该期间未缴足注册资本额÷该期间借款额；企业一个年度内不得扣除的借款利息总额为该年度内每一计算期不得扣除的借款利息额之和	《关于企业投资者投资未到位而发生的利息支出企业所得税前扣除问题的批复》（摘自国税函〔2009〕312号）
	非银行企业内营业机构之间支付的利息不得扣除		《企业所得税法实施条例》第四十九条
永续债利息支出（发行永续债的企业对每一永续债产品的税收处理方法一经确定，不得变更。企业对永续债采取的税收处理办法与会计核算方式不一致的，发行方、投资方在进行税收处理时须作出相应纳税调整）	选择适用股息、红利企业所得税政策：不得扣除	投资方取得的永续债利息收入属于股息、红利性质，按照现行企业所得税政策相关规定进行处理，其中，发行方和投资方均为居民企业的，永续债利息收入可以适用企业所得税法规定的居民企业之间的股息、红利等权益性投资收益免征企业所得税规定	《关于永续债企业所得税政策问题的公告》（财政部、税务总局公告2019年第64号）
	选择按照债券利息适用企业所得税政策：可以扣除	投资方取得的永续债利息收入应当依法纳税	
汇兑损失	货币交易中，以及纳税年度终了时将人民币以外的货币性资产、负债按照期末即期人民币汇率中间价折算为人民币时产生的汇兑损失准予扣除	计入有关资产成本以及与向所有者进行利润分配相关的部分不准扣除	《企业所得税法实施条例》第三十九条

续表

项目	标准/比例	备注	政策依据
业务招待费	发生额的60%扣除，但最高不得超过当年销售（营业）收入的5‰	1.销售（营业）收入额应包括规定的视同销售（营业）收入额 2.从事股权投资业务的企业（包括集团公司总部、创业投资企业等），其从被投资企业所分配的股息、红利以及股权转让收入，可以按规定的比例计算业务招待费扣除限额 3.企业通过正式签订《房地产销售合同》或《房地产预售合同》所取得的收入，应确认为销售收入的实现	1.《企业所得税法实施条例》第四十三条 2.《关于企业所得税执行中若干税务处理问题的通知》（国税函〔2009〕202号） 3.《关于贯彻落实企业所得税法若干收入问题的通知》（国税函〔2010〕79号） 4.《关于印发〈房地产开发经营业务企业所得税处理办法〉的通知》（国税发〔2009〕31号）
广告费和业务宣传费	一般企业：不超过当年销售（营业）收入15%的部分，准予扣除；超过部分，准予在以后纳税年度结转扣除	1.对签订广告费和业务宣传费分摊协议的关联企业，其中一方发生的不超过当年销售（营业）收入税前扣除限额比例内的广告费和业务宣传费支出可以在本企业扣除，也可以将其中的部分或全部按照分摊协议归集至另一方扣除。另一方在计算本企业广告费和业务宣传费支出企业所得税税前扣除限额时，可将按照上述办法归集至本企业的广告费和业务宣传费不计算在内 2.收入口径同业务招待费扣除项目	1.《企业所得税法实施条例》第四十四条 2.《关于企业所得税执行中若干税务处理问题的通知》（国税函〔2009〕202号） 3.《关于广告费和业务宣传费支出税前扣除有关事项的公告》（财政部、税务总局公告2020年第43号）
	化妆品制造或销售、医药制造和饮料制造（不含酒类制造）企业：不超过当年销售（营业）收入30%的部分，准予扣除；超过部分，准予在以后纳税年度结转扣除		
	烟草企业的烟草广告费和业务宣传费支出，一律不得扣除		
环境保护、生态恢复专项资金	据实扣除	企业依照法律、行政法规有关规定提取的用于环境保护、生态恢复等方面的专项资金，准予扣除。上述专项资金提取后改变用途的，不得扣除	《企业所得税法实施条例》第四十五条

续表

项目	标准/比例	备注	政策依据
租赁费	经营租赁：按照租赁期限均匀扣除		《企业所得税法实施条例》第四十七条
	融资租赁：按照规定构成融资租入固定资产价值的部分应当提取折旧费用，分期扣除		
劳动保护费	据实扣除	合理的劳动保护支出，准予扣除	《企业所得税法实施条例》第四十八条
公益性捐赠	年度利润总额12%以内的部分，准予扣除；超过年度利润总额12%的部分，准予结转以后三年内在扣除。（含企事业单位、社会团体以及其他组织捐赠住房作为公共租赁住房）	1.年度利润总额，是指企业依照国家统一会计制度的规定计算的年度会计利润 2.需要通过公益性社会团体或者县级以上人民政府及其部门用于公益事业的捐赠支出 3.提供省级以上（含省级）财政部门印制并加盖接受捐赠单位印章的公益性捐赠票据，或加盖接受捐赠单位印章的《非税收入一般缴款书》收据联 4.股权捐赠，应按规定视同转让股权，股权转让收入额以企业所捐赠股权取得时的历史成本确定	1.《企业所得税法》第九条 2.《企业所得税法实施条例》第五十三条 3.《财政部 国家税务总局民政部关于公益性捐赠税前扣除有关问题的补充通知》（财税〔2010〕45号） 4.《财政部 国家税务总局关于公益股权捐赠企业所得税政策问题的通知》（财税〔2016〕45号）
	自2019年1月1日至2025年12月31日，用于目标脱贫地区的扶贫捐赠支出，据实扣除	同时发生扶贫捐赠支出和其他公益性捐赠支出，在计算公益性捐赠支出年度扣除限额时，符合上述条件的扶贫捐赠支出不计算在内	1.《关于企业扶贫捐赠所得税税前扣除政策的公告》（财政部 税务总局 国务院扶贫办公告2019年第49号） 2.《财政部 税务总局 人力资源社会保障部 国家乡村振兴局关于延长部分扶贫税收优惠政策执行期限的公告》（财政部 国家税务总局 人力资源社会保障部 国家乡村振兴局公告2021年第18号）

续表

项目	标准/比例	备注	政策依据
公益性捐赠	应对新型疫情的捐赠，允许在计算应纳税所得额时全额扣除。（2020年度及执行期限延长至2021年3月31日。）	1.通过公益性社会组织或者县级以上人民政府及其部门等国家机关，捐赠用于应对新型疫情的现金和物品 2.向承担疫情防治任务的医院捐赠用于应对新型疫情的物品，捐赠人凭承担疫情防治任务的医院开具的捐赠接收函办理税前扣除事宜	1.《关于支持新型冠状病毒感染的肺炎疫情防控有关捐赠税收政策的公告》（财政部 税务总局公告2020年第9号） 2.《关于支持疫情防控保供等税费政策实施期限的公告》（财政部、税务总局公告2020年第28号） 3.《财政部 税务总局关于延续实施应对疫情部分税费优惠政策的公告》（财政部 国家税务总局公告2021年第7号）
手续费及佣金	一般企业：所签订服务协议或合同确认的收入金额的5%（含本数，下同）计算限额，据实扣除	1.已计入固定资产、无形资产等相关资产的手续费及佣金支出，应当通过折旧、摊销等方式分期扣除，不得在发生当期直接扣除 2.企业应与具有合法经营资格中介服务企业或个人签订代办协议或合同，并按国家有关规定支付手续费及佣金。除委托个人代理外，企业以现金等非转账方式支付的手续费及佣金不得在税前扣除	《关于企业手续费及佣金支出税前扣除政策的通知》（财税〔2009〕29号）
	财产保险企业：按当年全部保费收入扣除退保金等后余额的15%计算限额，据实扣除		
	人身保险企业：按当年全部保费收入扣除退保金等后余额的10%计算限额		
	保险企业：发生与其经营活动有关的手续费及佣金支出，不超过当年全部保费收入扣除退保金等后余额的18%（含本数）的部分，准予扣除；超过部分，允许结转以后年度扣除		《关于保险企业手续费及佣金支出税前扣除政策的公告》（财政部 税务总局公告2019年第72号）

续表

项目	标准/比例	备注	政策依据
手续费及佣金	从事代理服务、主营业务收入为手续费、佣金的企业（如证券、期货、保险代理等企业），其为取得该类收入而实际发生的营业成本（包括手续费及佣金支出），据实扣除	3.企业不得将手续费及佣金支出计入回扣、业务提成、返利、进场费等费用	《关于企业所得税应纳税所得额若干税务处理问题的公告》（国家税务总局公告2012年第15号）
	电信企业：不超过企业当年收入总额5%的部分，据实扣除		
	企业为发行权益性证券支付给有关证券承销机构的手续费及佣金不得在税前扣除		《关于企业手续费及佣金支出税前扣除政策的通知》（财税〔2009〕29号）
准备金	未经核定的准备金支出，是指不符合国务院财政、税务主管部门规定的各项资产减值准备、风险准备等准备金支出除财政部和国家税务总局核准计提的准备金可以税前扣除外，其他行业、企业计提的各项资产减值准备、风险准备等准备金均不得税前扣除		1.《企业所得税法实施条例》第五十五条 2.《关于企业所得税执行中若干税务处理问题的通知》（国税函〔2009〕202号）
保险公司保险保障基金	保险公司按下列规定缴纳的保险保障基金，准予据实税前扣除： 1.非投资型财产保险业务，不得超过保费收入的0.8%；投资型财产保险业务，有保证收益的，不得超过业务收入的0.08%，无保证收益的，不得超过业务收入的0.05% 2.有保证收益的人寿保险业务，不得超过业务收入的0.15%；无保证收益的人寿保险业务，不得超过业务收入的0.05% 3.短期健康保险业务，不得超过保费收入的0.8%；长期健康保险业务，不得超过保费收入的0.15% 4.非投资型意外伤害保险业务，不得超过保费收入的0.8%；投资型意外伤害保险业务，有保证收益的，不得超过业务收入的0.08%，无保证收益的，不得超过业务收入的0.05% 保险公司有下列情形之一的，其缴纳的保险保障基金不得在税前扣除： （1）财产保险公司的保险保障基金余额达到公司总资产6%的 （2）人身保险公司的保险保障基金余额达到公司总资产1%的		1.《财政部 国家税务总局关于保险公司准备金支出企业所得税税前扣除有关政策问题的通知》（财税〔2016〕114号）（自2016年1月1日至2020年12月31日执行）

续表

项目	标准/比例	备注	政策依据
保险公司提取的准备金	保险公司按国务院财政部门的相关规定提取的未到期责任准备金、寿险责任准备金、长期健康险责任准备金、已发生已报案未决赔款准备金和已发生未报案未决赔款准备金，准予在税前扣除		2.《财政部 国家税务总局关于保险企业计提准备金有关税收处理问题的通知》（财税〔2015〕115号）
保险公司计提的大灾准备金	按规定计提的大灾准备金，准予据实扣除。具体计算公式如下： 本年度扣除的大灾准备金＝本年度保费收入×规定比例－上年度已在税前扣除的大灾准备金结存余额 按上述公式计算的数额如为负数，应调增当年应纳税所得额		
金融企业涉农贷款和中小企业贷款损失准备金	对其涉农贷款和中小企业贷款进行风险分类后，按照以下比例计提的贷款损失准备金，准予在计算应纳税所得额时扣除（自2019年1月1日起执行至2023年12月31日）： （一）关注类贷款，计提比例为2% （二）次级类贷款，计提比例为25% （三）可疑类贷款，计提比例为50% （四）损失类贷款，计提比例为100%		《关于金融企业涉农贷款和中小企业贷款损失准备金税前扣除有关政策的公告》（财政部 税务总局公告2019年第85号）
金融企业提取的贷款损失准备金	准予当年税前扣除的贷款损失准备金＝本年末准予提取贷款损失准备金的贷款资产余额×1%－截至上年末已在税前扣除的贷款损失准备金的余额（自2019年1月1日起执行至2023年12月31日）		《损失准备金企业所得税税前扣除有关政策的公告》（财政部、税务总局公告2019年第86号）
证券交易所风险基金	收取经手费的20%、会员年费的10%提取的证券交易所风险基金，在各基金净资产不超过10亿元的额度内，准予税前扣除		
证券结算风险基金	中国证券登记结算公司所属上海分公司、深圳分公司依据有关规定，按证券登记结算公司业务收入的20%提取的证券结算风险基金，在各基金净资产不超过30亿元的额度内，准予在企业所得税税前扣除		《财政部 国家税务总局关于证券行业准备金支出企业所得税税前扣除有关政策问题的通知》（财税〔2017〕23号）（至2020年12月31日止，准备金如发生清算、退还，应按规定补征企业所得税）
	证券结算风险基金：证券公司依据规定，作为结算会员按人民币普通股和基金成交金额的十万分之三、国债现货成交金额的十万分之一、1天期国债回购成交额的千万分之五、2天期国债回购成交额的千万分之十、3天期国债回购成交额的千万分之十五、4天期国债回购成交额的千万分之二十、7天期国债回购成交额的千万分之五十、14天期国债回购成交额的十万分之一、28天期国债回购成交额的十万分之二、91天期国债回购成交额的十万分之六、182天期国债回购成交额的十万分之十二逐日交纳的证券结算风险基金，准予在企业所得税税前扣除		

续表

项目	标准/比例	备注	政策依据
证券投资者保护基金	上海、深圳证券交易所依有关规定，在风险基金分别达到规定的上限后，按交易经手费的20%缴纳的证券投资者保护基金，准予税前扣除		《财政部 国家税务总局关于证券行业准备金支出企业所得税税前扣除有关政策问题的通知》（财税〔2017〕23号）（至2020年12月31日止，准备金如发生清算、退还，应按规定补征企业所得税）
	证券公司依据有关规定，按其营业收入0.5%—5%缴纳的证券投资者保护基金，准予税前扣除		
期货交易所风险准备金	大连商品交易所、郑州商品交易所和中国金融期货交易所：按有关规定，分别按向会员收取手续费收入的20%计提的风险准备金，在风险准备金余额达到有关规定的额度内，准予税前扣除		
期货公司风险准备金	按有关规定，从其收取的交易手续费收入减去应付期货交易所手续费后的净收入的5%提取的期货公司风险准备金，准予税前扣除		
期货投资者保障基金	上海期货交易所、大连商品交易所、郑州商品交易所和中国金融期货交易所依据有关规定，按其向期货公司会员收取的交易手续费的2%（2016年12月8日前按3%）缴纳的期货投资者保障基金，在基金总额达到有关规定的额度内，准予税前扣除		
	期货公司依据有关规定，从其收取的交易手续费中按照代理交易额的亿分之五至亿分之十的比例（2016年12月8日前按千万分之五至千万分之十的比例）缴纳的期货投资者保障基金，在基金总额达到有关规定的额度内，准予税前扣除		
中小企业信用担保机构担保赔偿准备和未到期责任准备	不超过当年年末担保责任余额1%的比例计提的担保赔偿准备，准予税前扣除	将上年度计提的担保赔偿准备余额转为当期收入。（2020年12月31日止）	《财政部 国家税务总局关于中小企业融资（信用）担保机构有关准备金企业所得税税前扣除政策的通知》（财税〔2017〕22号）
	按照不超过当年担保费收入50%的比例计提的未到期责任准备，准予税前扣除	将上年度计提的未到期责任准备余额转为当期收入。（2020年12月31日止）	
上海国际能源交易中心风险准备金和期货投资者保障基金	依据有关规定，按其向会员收取手续费收入的20%计提的风险准备金，在风险准备金余额达到有关规定的额度内，准予税前扣除	1.准备金如发生清算、退还，应按规定补征企业所得税 2.自2019年1月1日起至2020年12月31日止执行	《关于上海国际能源交易中心有关风险准备金和期货投资者保障基金支出企业所得税税前扣除政策问题的通知》（财税〔2019〕32号）

续表

项目	标准/比例	备注	政策依据
上海国际能源交易中心风险准备金和期货投资者保障基金	有关规定，按其向期货公司会员收取的交易手续费的2%缴纳的期货投资者保障基金，在基金总额达到有关规定的额度内，准予税前扣除	1.准备金如发生清算、退还，应按规定补征企业所得税 2.自2019年1月1日起至2020年12月31日止执行	《关于上海国际能源交易中心有关风险准备金和期货投资者保障基金支出企业所得税税前扣除政策问题的通知》（财税〔2019〕32号）
银行业金融机构存款保险保费	不超过万分之一点六的存款保险费率（不包括存款保险保费滞纳金）	准予在企业所得税前扣除的存款保险保费=保费基数×存款保险费率	《关于银行业金融机构存款保险保费企业所得税税前扣除有关政策问题的通知》（财税〔2016〕106号）
保险公司再保险业务赔款支出	按权责发生制的原则，作为企业当期成本费用扣除		《关于保险公司再保险业务赔款支出税前扣除问题的通知》（国税函〔2009〕313号）
开（筹）办费	1.据实扣除：开始经营之日的当年一次性扣除，也可以按照新税法有关长期待摊费用的处理规定处理，但一经选定，不得改变 2.企业从事生产经营之前进行筹办活动期间发生筹办费用支出，不得计算为当期的亏损 3.发生的与筹办活动有关的业务招待费支出，可按实际发生额的60%计入企业筹办费，并按有关规定在税前扣除 4.发生的广告费和业务宣传费，可按实际发生额计入企业筹办费，并按有关规定在税前扣除		1.《关于企业所得税若干税务事项衔接问题的通知》（国税函〔2009〕98号） 2.《关于贯彻落实企业所得税法若干税收问题的通知》（国税函〔2010〕79号） 3.《关于企业所得税应纳税所得额若干税务处理问题的公告》（国家税务总局公告2012年第15号）
政府性基金和行政事业性收费	据实扣除		《关于财政性资金行政事业性收费政府性基金有关企业所得税政策问题的通知》（财税〔2008〕151号）
员工服饰费	据实扣除	企业统一制作并要求员工工作时统一着装所发生的工作服饰费用	《关于企业所得税若干问题的公告》（国家税务总局2011第34号公告）

续表

项目	标准/比例	备注	政策依据
企业维简费和高危行业企业安全生产费用	实际发生属于收益性支出的,可直接作为当期费用在税前扣除	预提的维简费和安全生产费用,不得在税前扣除	1.《关于煤矿企业维简费和高危行业企业安全生产费用企业所得税税前扣除问题的公告》(国家税务总局公告2011年第26号) 2.《关于企业维简费支出企业所得税税前扣除问题的公告》(国家税务总局公告2013年第67号)
	实际发生属于资本性支出的,应计入有关资产成本,并按企业所得税法规定计提折旧或摊销费用在税前扣除		
海上油气生产设施弃置费管理	作业者应在纳税年度结束后,就当年提取的弃置费具体情况进行调整。企业应在年度汇算清缴时,根据作业者的调整情况,确认本年度弃置费列支数额		《关于发布〈海上油气生产设施弃置费企业所得税管理办法〉的公告》(国家税务总局公告〔2011〕第022号)
棚户区改造支出	企业参与政府统一组织的工矿(含中央下放煤矿)棚户区改造、林区棚户区改造、垦区危房改造并同时符合一定条件的棚户区改造支出,准予税前扣除		《财政部 国家税务总局关于企业参与政府统一组织的棚户区改造有关企业所得税政策问题的通知》(财税〔2013〕65号)
企业融资费用支出	发行债券、取得贷款、吸收保户储金等方式融资而发生的合理的费用支出,符合资本化条件的,应计入相关资产成本;不符合资本化条件的,应作为财务费用,准予据实扣除		《关于企业所得税应纳税所得额若干税务处理问题的公告》(国家税务总局公告2012年第15号)
母子公司费用支付	提供各种服务而发生的费用,应按照独立企业之间公平交易原则确定服务的价格,作为企业正常的劳务费用进行税务处理		《关于母子公司间提供服务支付费用有关企业所得税处理问题的通知》(国税发〔2008〕86号)
	以管理费形式向子公司提取费用,子公司因此支付给母公司的管理费,不得在税前扣除		
农村信用社省级联合社收取服务费	按合理比例分摊后由基层社税前扣除		《关于农村信用社省级联合社收取服务费有关企业所得税税务处理问题的通知》(国税函〔2010〕80号)

续表

项目	标准/比例	备注	政策依据
企业党组织工作经费	非公有制企业：不超过职工年度工资薪金总额1%的部分，据实扣除		《关于非公有制企业党组织工作经费问题的通知》（组通字〔2014〕42号）
	国有企业/集体所有制企业：实际支出不超过职工年度工资薪金总额1%的部分，据实前扣除。年末如有结余，结转下一年度使用。累计结转超过上一年度职工工资总额2%的，当年不再从管理费中安排	党组织工作经费使用范围参考组通字〔2014〕42号规定	《关于国有企业党组织工作经费问题的通知》（组通字〔2017〕38号）
向投资者支付的股息、红利等权益性投资收益款项	不得扣除		《企业所得税法》第十条《企业所得税法实施条例》第四十九条《企业所得税法实施条例》第五十四条
企业所得税税款			
税收滞纳金			
罚金、罚款和被没收财物的损失		不包括纳税人按照经济合同规定支付的违约金（包括银行罚息）、罚款和诉讼费	
不符合规定的捐赠支出			
赞助支出		企业发生的与生产经营活动无关的各种非广告性质支出	
与取得收入无关的其他支出			
企业内营业机构之间支付的租金和特许权使用费			

续表

项目	标准/比例	备注	政策依据
税金	1.税金，是指企业发生的除企业所得税和允许抵扣的增值税以外的各项税金及其附加 2.雇主为雇员负担的个人所得税款，应属于个人工资薪金的一部分。凡单独作为企业管理费列支的，在计算企业所得税时不得税前扣除		1.《企业所得税法实施条例》第三十一条 2.《关于雇主为雇员承担全年一次性奖金部分税款有关个人所得税计算方法问题的公告》（国家税务总局公告2011年第28号）
损失	1.损失，是指企业在生产经营活动中发生的固定资产和存货的盘亏、毁损、报废损失，转让财产损失，呆账损失，坏账损失，自然灾害等不可抗力因素造成的损失以及其他损失 2.企业发生的损失，减除责任人赔偿和保险赔款后的余额，依照国务院财政、税务主管部门的规定扣除 3.企业已经作为损失处理的资产，在以后纳税年度又全部收回或者部分收回时，应当计入当期收入 4.企业向税务机关申报扣除资产损失，仅需填报企业所得税年度纳税申报表"资产损失税前扣除及纳税调整明细表"，不再报送资产损失相关资料。相关资料由企业留存备查		1.《企业所得税法实施条例》第三十二条 2.《关于发布〈企业资产损失所得税税前扣除管理办法〉的公告》（国家税务总局公告2011年第25号） 3.《关于企业所得税资产损失资料留存备查有关事项的公告》（国家税务总局公告2018年第15号）
研发费用	1.研发费用本年度实际发生额的75%，从本年度应纳税所得额中扣除；形成无形资产的，按照无形资产成本的175%在税前摊销。（2020年12月31日至2023年12月31日） 特殊规定，制造业企业开展研发活动中实际发生的研发费用，未形成无形资产计入当期损益的，在按规定据实扣除的基础上，自2021年1月1日起，再按照实际发生额的100%在税前加计扣除；形成无形资产的，自2021年1月1日起，按照无形资产成本的200%在税前摊销 2.包括人员人工费用、直接投入费用、折旧费用、无形资产摊销费用、新产品设计费、新工艺规程制定费、新药研制的临床试验费、勘探开发技术的现场试验费、其他相关费用以及财政部和国家税务总局规定的其他费用 3.企业用于研发活动的仪器、设备，符合税法规定且选择加速折旧优惠政策的，在享受研发费用税前加计扣除政策时，就税前扣除的折旧部分计算加计扣除		1.《关于完善研究开发费用税前扣除政策的通知》（财税〔2015〕119号） 2.《关于提高研究开发费用税前加计扣除比例的通知》（财税〔2018〕99号） 3.《关于研发费用税前加计扣除归集范围有关问题的公告》（国家税务总局公告2017年第40号） 4.《财政部 税务总局关于延长部分税收优惠政策执行期限的公告》（财政部 税务总局公告2021年第6号） 5.《财政部 税务总局关于进一步完善研发费用税前加计扣除政策的公告》（财政部 税务总局公告2021年第13号）

续表

项目	标准/比例	备注	政策依据
行政和解金	不得在所得税税前扣除	对企业投资者取得的行政和解金，依法征收企业所得税；对个人投资者取得的行政和解金，暂免征收个人所得税	《财政部 国家税务总局关于行政和解金有关税收政策问题的通知》（财税〔2016〕100号）
固定资产（企业为生产产品、提供劳务、出租或者经营管理而持有的、使用时间超过12个月的非货币性资产）折旧	按直线法计算的折旧，准予扣除。投入使用月份的次月起计算折旧；停止使用的固定资产，应当自停止使用月份的次月起停止计算折旧	除另有规定外，固定资产计算折旧的最低年限如下： 1.房屋、建筑物，为20年 2.飞机、火车、轮船、机器、机械和其他生产设备，为10年 3.与生产经营活动有关的器具、工具、家具等，为5年 4.飞机、火车、轮船以外的运输工具，为4年 5.电子设备，为3年	1.《企业所得税法》第十一条 2.《企业所得税法实施条例》第五十九条、第六十条
	固定资产不得计算折旧扣除： 1.房屋、建筑物以外未投入使用的固定资产 2.以经营租赁方式租入的固定资产 3.以融资租赁方式租出的固定资产 4.已足额提取折旧仍继续使用的固定资产 5.与经营活动无关的固定资产 6.单独估价作为固定资产入账的土地 7.其他不得计算折旧扣除的固定资产		《企业所得税法》第十一条
房屋、建筑物固定资产改扩建	属于推倒重置	按税法规定的折旧年限一并计提折旧	《关于企业所得税若干问题的公告》（国家税务总局2011第34号公告）
	改扩建支出	尚可使用的年限低于税法规定的最低年限的，可以按尚可使用的年限计提折旧	
固定资产加速折旧	1.缩短折旧年限：最低折旧年限不得低于规定的折旧年限的60%。	1.对于采取缩短折旧年限的固定资产，足额计提折旧后继续使用而未进行处置（包括报废等情形）超过12个月的，今后对其更新替代、改造改建后形成的功能相同或者类似的固定资产，不得再采取缩短折旧年限的方法 2.生物药品制造业，专用设备制造业，铁路、船舶、航空航天和其他运输设备制造业，计算机、通信和其他电子设备制造业，仪器仪表制造业，信息传输、软件和信息技术服务业等行业企业：	1.《企业所得税法》第三十二条 2.《企业所得税法实施条例》第九十八条 3.《关于企业固定资产加速折旧所得税处理有关问题的通知》（国税发〔2009〕81号）

续表

项目	标准/比例	备注	政策依据
固定资产加速折旧	2.采取加速折旧：采用双倍余额递减法或者年数总和法	2014年1月1日后购进的固定资产（包括自行建造），允许按不低于企业所得税法规定折旧年限的60%缩短折旧年限，或选择采取双倍余额递减法或年数总和法进行加速折旧	4.《关于固定资产加速折旧税收政策有关问题的公告》（国家税务总局公告2014年第64号）
	购进软件：折旧或摊销年限可以适当缩短，最短可为2年		1.《关于企业所得税若干优惠政策的通知》（财税〔2008〕1号）
	集成电路生产企业：生产设备，其折旧年限可以适当缩短，最短可为3年（含）		2.《关于进一步鼓励软件产业和集成电路产业发展企业所得税政策的通知》（财税〔2012〕27号）
	新购进的设备、器具，单位价值不超过500万元的，允许一次性计入当期成本费用在计算应纳税所得额时扣除	2018年1月1日至2020年12月31日	1.《关于设备器具扣除有关企业所得税政策的通知》（财税〔2018〕54号） 2.《关于设备器具扣除有关企业所得税政策执行问题的公告》（国家税务总局公告2018年第46号）
	单位价值不超过5000元的，一次性扣除	2014年1月1日开始执行	《关于固定资产加速折旧税收政策有关问题的公告》（国家税务总局公告2014年第64号）
	专门用于研发活动的仪器、设备：1.单位价值不超过100万元的，一次性扣除 2.单位价值超过100万元的，允许按不低于企业所得税法规定折旧年限的60%缩短折旧年限，或选择采取双倍余额递减法或年数总和法进行加速折旧	生物药品制造业，专用设备制造业，铁路、船舶、航空航天和其他运输设备制造业，计算机、通信和其他电子设备制造业，仪器仪表制造业，信息传输、软件和信息技术服务业中的小型微利企业研发和生产经营共用的仪器、设备适用	《关于固定资产加速折旧税收政策有关问题的公告》（国家税务总局公告2014年第64号）

续表

项目	标准/比例	备注	政策依据
固定资产加速折旧	固定资产（包括自行建造），允许缩短折旧年限或采取加速折旧方法		
	四个行业小型微利企业研发和生产经营共用的仪器、设备，单位价值不超过100万元（含）的，允许在计算应纳税所得额时一次性全额扣除；单位价值超过100万元的，允许缩短折旧年限或采取加速折旧方法	1.范围：轻工、纺织、机械、汽车等四个领域重点行业 2.2015年1月1日后新购进	《关于进一步完善固定资产加速折旧企业所得税政策有关问题的公告》（国家税务总局公告2015年第68号）
	疫情防控重点保障物资生产企业：扩大产能新购置的相关设备，允许一次性计入当期成本费用在企业所得税税前扣除	2020年1月1日至2020年12月31日	1.《关于支持新型冠状病毒感染的肺炎疫情防控有关税收政策的公告》（财政部 税务总局公告2020年第8号） 2.《关于支持新型冠状病毒感染的肺炎疫情防控有关税收征收管理事项的公告》（国家税务总局公告2020年第4号） 3.《关于支持疫情防控保供等税费政策实施期限的公告》（财政部 税务总局公告2020年第28号）
生产性生物资产折旧	生产性生物资产按照直线法计算的折旧，准予扣除。投入使用月份的次月起计算折旧；停止使用的生产性生物资产，应自停止使用月份的次月起停止计算折旧	生产性生物资产计算折旧的最低年限如下： 1.林木类生产性生物资产，为10年 2.畜类生产性生物资产，为3年	《企业所得税法实施条例》第六十三条、第六十四条

续表

项目	标准/比例	备注	政策依据
无形资产摊销费用	无形资产按照直线法计算的摊销费用，准予扣除	无形资产的摊销年限不得低于10年。 作为投资或者受让的无形资产，有关法律规定或者合同约定了使用年限的，可以按照规定或者约定的使用年限分期摊销	《企业所得税法实施条例》第六十七条）
	外购商誉的支出，在企业整体转让或者清算时，准予扣除		
	下列无形资产不得计算摊销费用扣除： 1.自行开发的支出已在计算应纳税所得额时扣除的无形资产 2.自创商誉 3.与经营活动无关的无形资产 4.其他不得计算摊销费用扣除的无形资产		《企业所得税法》第十二条
长期待摊费用摊销	按照规定摊销的，准予扣除	长期待摊费用范围： 1.已足额提取折旧的固定资产的改建支出，按照固定资产预计尚可使用年限分期摊销 其中：改建支出，是指改变房屋或者建筑物结构、延长使用年限等发生的支出 2.租入固定资产的改建支出，按照合同约定的剩余租赁期限分期摊销 3.固定资产的大修理支出，按照固定资产尚可使用年限分期摊销 大修理支出，是指同时符合下列条件的支出： （1）修理支出达到取得固定资产时的计税基础50%以上； （2）修理后固定资产的使用年限延长2年以上。 4.其他应当作为长期待摊费用的支出 其他应当作为长期待摊费用的支出，自支出发生月份的次月起，分期摊销，摊销年限不得低于3年	1.《企业所得税法》第十三条 2.《企业所得税法实施条例》第六十八条、第六十九条、第七十条

续表

项目	标准/比例	备注	政策依据
存货成本	使用或者销售存货，按照规定计算的存货成本，准予扣除	1.成本计算方法，在先进先出法、加权平均法、个别计价法中选用一种 2.不得从增值税销项税额中抵扣的进项税额，可以与存货损失一起扣除	1.《企业所得税法》第十五条 2.《企业所得税法实施条例》第七十三条 3.《关于企业资产损失税前扣除政策的通知》（财税〔2009〕57号）
投资资产成本	转让或者处置投资资产时，投资资产的成本，准予扣除	1.对外投资期间，投资资产的成本不得扣除 2.不同时间购买同一品种国债，其转让时的成本计算方法，可在先进先出法、加权平均法、个别计价法中选用一种	1.《企业所得税法》第十四条 2.《企业所得税法实施条例》第七十一条

13.2 常见企业所得税税前扣除项目操作要点

13.2.1 工资薪金支出。

13.2.1.1 政策规定。

工资薪金，是指企业每一纳税年度支付给在本企业任职或者受雇的员工的所有现金形式或者非现金形式的劳动报酬，包括基本工资、奖金、津贴、补贴、年终加薪、加班工资，以及与员工任职或者受雇有关的其他支出。

工资薪金总额，是指企业按照上述规定实际发放的工资薪金总和，不包括企业的职工福利费、职工教育经费、工会经费以及养老保险费、医疗保险费、失业保险费、工伤保险费、生育保险费等社会保险费和住房公积金。

企业发生的合理的工资薪金支出，准予扣除。

合理的工资薪金，是指企业按照股东大会、董事会、薪酬委员会或相关管理机构制定的工资薪金制度规定实际发放给员工的工资薪金。

（1）企业对工资薪金进行合理性确认时，可按以下原则掌握：

①制定较为规范的员工工资薪金制度。

②所制定的工资薪金制度符合行业及地区水平。

③在一定时期所发放的工资薪金是相对固定的，有序进行工资薪金的调整。

④对实际发放的工资薪金，已依法履行了代扣代缴个人所得税义务。

⑤有关工资薪金的安排，不以减少或逃避税款为目的。

⑥属于国有性质的企业，其工资薪金，不得超过政府有关部门给予的限定数额；超过部分，不得计入企业工资薪金总额，也不得在计算企业应纳税所得额时扣除。

（2）企业因雇用季节工、临时工、实习生、返聘离退休人员所实际发生的费用，应区分为工资薪金支出和职工福利费支出，其中属于工资薪金支出的，准予计入企业工资薪金总额的基数，作为计算其他各项相关费用扣除的依据。

（3）企业接受外部劳务派遣用工所实际发生的费用，应分两种情况按规定在税前扣除：按照协议（合同）约定直接支付给劳务派遣公司的费用，应作为劳务费支出；直接支付给员工个人的费用，应作为工资薪金支出和职工福利费支出。其中属于工资薪金支出的费用，准予计入企业工资薪金总额的基数，作为计算其他各项相关费用扣除的依据。

13.2.1.2　操作要点。

（1）企业所得税前扣除的工资薪金，必须是与企业签订正式劳动合同，建立雇佣关系的员工享受的工资薪酬，如果员工的劳动关系根本不属于本企业，其工资薪酬、福利和社会统筹均属于与本企业生产经营无关的支出，不允许税前扣除。

（2）企业在年度汇算清缴结束前向员工实际支付的已预提汇缴年度工资薪金，准予在汇缴年度按规定扣除。汇算清缴结束前尚未支付的所谓应付工资薪金支出，不能在其未支付的这个纳税年度内扣除，只有等到实际发生后，才允许税前扣除。

（3）未代扣代缴个人所得税的工资薪金不能在税前扣除。

（4）实行工效挂钩工资制度的国有企业，当年实际发放的工资薪金超过经核定的工效挂钩工资总额的部分，不能在税前扣除。

（5）企业在汇算清缴中应关注工资与福利费界定范围存在的税会差异。例如：住房补贴、交通补贴等货币化补贴，通常在会计核算上计入工资总额并按月随工资计算个人所得税，但按税法规定，以上两项补贴应属于福利费支出，由此形成税会差异应做纳税调整。

（6）退休返聘人员与企业签订正式的用工合同，属于企业正式雇佣员工，工资薪酬应纳入工资总额税前扣除。

（7）企业根据公司财务制度为职工提取离职补偿费，在进行年度企业所得税汇算清缴时，对当年度"预提费用"科目发生额进行纳税调整，待职工从企业离职并实际领取离职补偿费后，企业可按规定进行税前扣除（不属于工资薪金税前扣除）。

13.2.2　季节工、临时工。

13.2.2.1　政策规定。

企业因雇用季节工、临时工、实习生、返聘离退休人员以及接受外部劳务派遣用工所实际发生的费用，应区分为工资薪金支出和职工福利费支出，并按《企业所得税法》规定在企业所得税前扣除。其中属于工资薪金支出的，准予计入企业工资薪金总额的基数，作为计算其他各项相关费用扣除的依据。

13.2.2.2　操作要点。

企业因雇用季节工、临时工所实际发生的费用，应区分为工资薪金支出和职工福利费支出，并按《企业所得税法》规定在企业所得税前扣除。其中属于工资薪金支出的，准予计入企业工资薪金总额的基数，作为计算其他各项相关费用扣除的依据。

13.2.3　安置残疾人员就业。

13.2.3.1　政策规定。

企业安置残疾人员的，在对支付给残疾职工工资据实扣除的基础上，可以在计算应纳税所得额时按照支付给残疾职工工资的100%加计扣除。

企业就支付给残疾职工的工资，在进行企业所得税预缴申报时，允许据实计算扣除；在年度终了进行企业所得税年度申报和汇算清缴时，再依照本条第一款的规定计算加计扣除。

13.2.3.2 操作要点。

（1）企业享受安置残疾职工工资100%加计扣除应同时具备如下条件：

①依法与安置的每位残疾人签订了1年以上（含1年）的劳动合同或服务协议，并且安置的每位残疾人在企业实际上岗工作。

②为安置的每位残疾人按月足额缴纳了企业所在区县人民政府根据国家政策规定的基本养老保险、基本医疗保险、失业保险和工伤保险等社会保险。

③定期通过银行等金融机构向安置的每位残疾人实际支付了不低于企业所在区县适用的经省级人民政府批准的最低工资标准的工资。

④具备安置残疾人上岗工作的基本设施。

（2）企业就支付给残疾职工的工资，在进行企业所得税预缴申报时，允许据实计算扣除；在年度终了进行企业所得税年度申报和汇算清缴时，在对支付给残疾职工工资据实扣除的基础上，可以在计算应纳税所得额时按照支付给残疾职工工资的100%加计扣除。

13.2.4 福利费支出。

13.2.4.1 政策规定。

企业发生的职工福利费支出，不超过工资薪金总额14%的部分，准予扣除。根据国税函〔2009〕3号文件的规定，职工福利费应包含如下内容。

《实施条例》第四十条规定的企业职工福利费，包括以下内容：

（1）尚未实行分离办社会职能的企业，其内设福利部门所发生的设备、设施和人员费用，包括职工食堂、职工浴室、理发室、医务所、托儿所、疗养院等集体福利部门的设备、设施及维修保养费用和福利部门工作人员的工资薪金、社会保险费、住房公积金、劳务费等。

（2）为职工卫生保健、生活、住房、交通等所发放的各项补贴和非货币性福利，包括企业向职工发放的因公外地就医费用、未实行医疗统筹企业职工医疗费用、职工供养直系亲属医疗补贴、供暖费补贴、职工防暑降温费、职工困难补贴、救济费、职工食堂经费补贴、职工交通补贴等。

（3）按照其他规定发生的其他职工福利费，包括丧葬补助费、抚恤费、安家费、探亲假路费等。

企业员工工资薪金制度、固定与工资薪金一起发放的福利性补贴，符合《国家税务总局关于企业工资薪金及职工福利费扣除问题的通知》（国税函〔2009〕3号）第一条规定的，可作为企业发生的工资薪金支出，按规定在税前扣除。不能同时符合上述条件的福利性补贴，应作为国税函〔2009〕3号文件第三条规定的职工福利费，按规定计算限额税前扣除。

13.2.4.2 操作要点。

（1）职工福利费税务处理与会计处理差异。

2009年11月，财政部发布《关于企业加强职工福利费财务管理的通知》（财企〔2009〕242号），对职工福利费财务管理进行了规范，与国家税务总局发布的《关于企业工资薪金及职工福利费扣除问题的通知》（国税函〔2009〕3号）中福利费的口径存在差异。结合企业实际工资薪金、职工福利费及其他人工成本支出的实际情况，我们将其列表对比如表13-2所示：

表13-2　　　　职工福利费税务处理与会计处理差异对比表

财务规定	税法规定	对比分析
《关于企业加强职工福利费财务管理的通知》（财企〔2009〕242号）	《关于企业工资薪金及职工福利费扣除问题的通知》（国税函〔2009〕3号）	
企业职工福利费是指企业为职工提供的除职工工资、奖金、津贴、纳入工资总额管理的补贴、职工教育经费、社会保险费和补充养老保险费（年金）、补充医疗保险费及住房公积金以外的福利待遇支出，包括发放给职工或为职工支付的各项现金补贴和非货币性集体福利	税法未明确规定	
企业尚未分离的内设集体福利部门所发生的设备、设施和人员费用，包括职工食堂、职工浴室、理发室、医务所、托儿所、疗养院、集体宿舍等集体福利部门设备、设施的折旧、维修保养费用以及集体福利部门工作人员的工资薪金、社会保险费、住房公积金、劳务费等人工费用	尚未实行分离办社会职能的企业，其内设福利部门所发生的设备、设施和人员费用，包括职工食堂、职工浴室、理发室、医务所、托儿所、疗养院等集体福利部门的设备、设施及维修保养费用和福利部门工作人员的工资薪金、社会保险费、住房公积金、劳务费等	税法和财务都作为福利费

续表

财务规定	税法规定	对比分析
为职工卫生保健、生活等发放或支付的各项现金补贴和非货币性福利，包括职工因公外地就医费用、暂未实行医疗统筹企业职工医疗费用、职工供养直系亲属医疗补贴属于福利费	为职工卫生保健、生活等所发放的各项补贴和非货币性福利，包括企业向职工发放的因公外地就医费用、未实行医疗统筹企业职工医疗费用、职工供养直系亲属医疗补贴属于福利费	税法和财务都作为福利费
职工疗养费用	税法未明确规定	财务作为福利费，税法未明确规定
自办职工食堂经费补贴或未办职工食堂统一供应午餐支出	职工食堂经费补贴	税法和财务都作为福利费
符合国家有关财务规定的供暖费补贴	供暖费补贴	税法和财务都作为福利费
符合国家有关财务规定的防暑降温费	职工防暑降温费	税法和财务都作为福利费
企业为职工提供的交通补贴或者车改补贴应当纳入职工工资总额，不再纳入职工福利费管理；尚未实行货币化改革的，企业发生的相关支出作为职工福利费管理	职工交通补贴	已经实行货币化改革的，财务上作为职工工资总额，税法作为福利费；尚未实行货币化改革的，税法和财务都作为福利费
企业为职工提供的住房待遇，已经实行货币化改革的，按月按标准发放或支付的住房补贴应当纳入职工工资总额，不再纳入职工福利费管理；尚未实行货币化改革的，企业发生的相关支出作为职工福利费管理	为职工住房所发放的各项补贴和非货币性福利	已经实行货币化改革的，财务上作为职工工资总额，税法作为福利费；尚未实行货币化改革的，税法和财务都作为福利费
企业为职工提供的通讯待遇，已经实行货币化改革的，按月按标准发放或支付的通讯补贴，应当纳入职工工资总额，不再纳入职工福利费管理；尚未实行货币化改革的，企业发生的相关支出作为职工福利费管理	税法未明确规定	已经实行货币化改革的，财务上作为职工工资总额，尚未实行货币化改革的，财务作为福利费，税法未明确

续表

财务规定	税法规定	对比分析
职工困难补助或者企业统筹建立和管理的专门用于帮助、救济困难职工基金支出	职工困难补贴、救济费	税法和财务都作为福利费
丧葬补助费	丧葬补助费	税法和财务都作为福利费
抚恤费	抚恤费	税法和财务都作为福利费
职工异地安家费	安家费	税法和财务都作为福利费
独生子女费	税法未明确规定	财务作为福利费，税法未明确规定
探亲假路费	探亲假路费	税法和财务都作为福利费
企业给职工发放的节日补助、未统一供餐而按月发放的午餐费补贴不属于福利费		税法和财务都不作为福利费
符合企业职工福利费定义但没有包括在本通知各条款项目中的其他支出	税法未明确规定	税法采取了列举法

（2）离退休人员相关支出。

对企业的离退休人员支出，国税函〔2009〕3号文件中未予以明确，根据2009年4月国家税务总局企业所得税司的网上答疑，离退休人员如果参加社会统筹，企业为这些人员支付的医药费、生活补贴、书刊费等，不能在企业列支，年度所得税汇算清缴时应纳税调增；如果离退休人员没有参加社会统筹，企业为这些人员支付的上述费用，可以作为企业福利费列支。

13.2.5　职工教育经费支出。

13.2.5.1　政策规定。

除另有规定外，企业发生的职工教育经费支出，不超过工资薪金总额8%的部分，准予扣除；超过部分，准予在以后纳税年度结转扣除。

企业职工教育培训经费列支范围包括：

（1）上岗和转岗培训；

（2）各类岗位适应性培训；

（3）岗位培训、职业技术等级培训、高技能人才培训；

（4）专业技术人员继续教育；

（5）特种作业人员培训；

（6）企业组织的职工外送培训的经费支出；

（7）职工参加的职业技能鉴定、职业资格认证等经费支出；

（8）购置教学设备与设施；

（9）职工岗位自学成才奖励费用；

（10）职工教育培训管理费用；

（11）有关职工教育的其他开支。

13.2.5.2 操作要点。

（1）经单位批准或按国家和省、市规定必须到本单位之外接受培训的职工，与培训有关的费用由职工所在单位按规定承担。

（2）经单位批准参加继续教育以及政府有关部门集中举办的专业技术、岗位培训、职业技术等级培训、高技能人才培训所需经费，可从职工所在企业职工教育培训经费中列支。

（3）企业职工参加社会上的学历教育以及个人为取得学位而参加的在职教育，所需费用应由个人承担，不能挤占企业的职工教育培训经费。

（4）对于企业高层管理人员的境外培训和考察，其一次性单项支出较高的费用应从其他管理费用中支出，避免挤占日常的职工教育培训经费开支。

（5）建筑企业等聘用外来农民工较多的企业，以及在城市化进程中接受农村转移劳动力较多的企业，对农民工和农村转移劳动力培训所需的费用，可从职工教育培训经费中支出。

（6）企业职工参加社会上的学历教育以及个人为取得学位而参加的在职教育，所需费用应由个人承担，不能挤占企业的职工教育培训经费，同时也不属于税法规定的职工教育经费的使用范围，不可以在所得税前扣除。

（7）企业实际发生职工教育经费时，还应注意必须依据相关规定取得合法有效凭据，以便在企业所得税前扣除。

（8）当年已计提年末未实际使用的职工教育经费不能在当年税前扣除，只能在以后年度实际使用，且不超过实际使用年度工资薪金总额8%的部分可在税前扣除。

13.2.6　工会经费支出。

13.2.6.1　政策规定。

（1）扣除标准。

①企业拨缴的工会经费，不超过工资薪金总额2%的部分，准予扣除。

②可税前扣除的工会经费为工资薪金支出的税收金额乘2%减去未取得工会专用凭据列支的工会经费。

（2）工会专用凭据。

①自2010年7月1日起，工会经费凭工会组织开具的"工会经费收入专用收据"在企业所得税税前扣除。

②自2010年1月1日起，在委托税务机关代收工会经费的地区，企业拨缴的工会经费，也可凭合法、有效的工会经费代收凭据依法在税前扣除。

13.2.6.2　操作要点。

（1）从2010年7月1日起，全国总工会启用了财政部统一印制并套印财政部票据监制章的"工会经费收入专用收据"，同时废止"工会经费拨缴款专用收据"，因此，企业将工会经费拨缴给工会组织时，未取得工会经费收入专用收据的，不能在企业所得税前扣除。

（2）委托税务机关代征工会经费的地区，企业在上缴工会经费时，应要求税务机关开具工会经费代收凭证，未取得工会经费代收凭据的，不能在企业所得税前扣除。

（3）企业代工会组织直接支付属于工会经费支出范围的会员活动费、职工活动费等，不能在企业所得税前扣除。

13.2.7　各类基本社会保障性缴款支出。

13.2.7.1　政策规定。

企业依照国务院有关主管部门或者省级人民政府规定的范围和标准为职

工缴纳的基本养老保险费、基本医疗保险费、失业保险费、工伤保险费、生育保险费等基本社会保险费和住房公积金，准予扣除。

13.2.7.2 操作要点。

企业按规定为员工缴纳的社会统筹保险和住房公积金，是指直接支付给社会统筹保险管理机构和住房公积金管理中心的部分。对于以下两种情况不允许税前扣除：

（1）将员工统筹保险交至其他企业，由其他企业代缴，仅取得代缴单位开具的收据。

（2）企业支付的应由个人负担的社会统筹和住房公积金。

13.2.8 补充养老、补充医疗保险。

13.2.8.1 政策规定。

自2008年1月1日起，企业根据国家有关政策规定，为在本企业任职或者受雇的全体员工支付的补充养老保险费、补充医疗保险费，分别在不超过职工工资总额5%标准内的部分，在计算应纳税所得额时准予扣除；超过的部分，不予扣除。

13.2.8.2 操作要点。

（1）当年已计提年末未实际使用的补充养老保险和补充医疗保险，不能在当年税前扣除。

（2）可税前扣除的补充养老保险和补充医疗保险的受益对象，仅限于在本企业任职或者受雇的全体员工，企业为离退休人员、员工家属或者仅为部分员工，例如公司高管，缴纳的补充养老保险和补充医疗保险均不能在税前扣除。

（3）根据国税函〔2009〕3号文的规定，补充养老保险和补充医疗保险不属于职工福利费，如果企业账面将补充养老保险和补充医疗保险放在职工福利费中核算，所得税汇算清缴时仍可分别在不超过职工工资总额5%的标准内据实扣除。

（4）企业为未参加基本医疗保险的职工报销的医疗费用不属于补充医疗保险，应作为职工福利费核算。

13.2.9 业务招待费。

13.2.9.1 政策规定。

企业发生的与生产经营活动有关的业务招待费支出，按照发生额的60%扣除，但最高不得超过当年销售（营业）收入（包括主营业务收入和其他业务收入）的5‰。

对从事股权投资业务的企业（包括集团公司总部、创业投资企业等），其从被投资企业处所分配的股息、红利以及股权转让收入，可以按规定的比例计算业务招待费扣除限额。

13.2.9.2 操作要点。

（1）建筑企业的业务招待费按会计准则应该计入"管理费用"，然而由于建筑企业组织机构、成本核算模式的差异，有可能在账务处理时将业务招待费用计入"工程施工——间接费"或者"工程施工——合同成本——其他直接费用""销售费用"等等，因此在所得税汇算清缴时，填报业务招待支出时需要将各个明细科目下的"业务招待费"汇总填报。

（2）用"餐费"发票抵账的业务招待费，应计入与收入无关支出，不在"业务招待费"汇总。

13.2.10 利息支出。

13.2.10.1 一般政策。

（1）政策规定。

企业在生产经营活动中发生的合理的不需要资本化的借款费用，准予扣除。

企业为购置、建造固定资产、无形资产和经过12个月以上的建造才能达到预定可销售状态的存货发生借款的，在有关资产购置、建造期间发生的合理的借款费用，应当作为资本性支出计入有关资产的成本，并依照本条例的规定扣除。

企业通过发行债券、取得贷款、吸收保户储金等方式融资而发生的合理的费用支出，符合资本化条件的，应计入相关资产成本；不符合资本化条件的，应作为财务费用，准予在企业所得税前据实扣除。接受混合性投资的被投资企业，应于应付利息的日期，确认利息支出，并按税法的规定，进行税前扣除。

（2）操作要点。

①企业在生产经营活动中发生的下列利息支出，准予扣除：

非金融企业向金融企业借款的利息支出；

金融企业的各项存款利息支出和同业拆借利息支出；

企业经批准发行债券的利息支出；

非金融企业向非金融企业借款的利息支出，不超过按照金融企业同期同类贷款利率计算的数额的部分。

②鉴于目前我国对金融企业利率要求的具体情况，企业在按照合同要求首次支付利息并进行税前扣除时，应提供"金融企业的同期同类贷款利率情况说明"，以证明其利息支出的合理性。

③"金融企业的同期同类贷款利率情况说明"应包括在签订该借款合同时，本省任何一家金融企业提供同期同类贷款利率情况。该金融企业应为经政府有关部门批准成立的可以从事贷款业务的企业，包括银行、财务公司、信托公司等金融机构。

④"同期同类贷款利率"是指在贷款期限、贷款金额、贷款担保以及企业信誉等条件基本相同情况下，金融企业提供贷款的利率。既可以是金融企业公布的同期同类平均利率，也可以是金融企业对某些企业提供的实际贷款利率。

13.2.10.2 投资者投资未到位的利息支出。

（1）政策规定。

凡企业投资者在规定期限内未缴足其应缴资本额的，该企业对外借款所发生的利息，相当于投资者实缴资本额与在规定期限内应缴资本额的差额应计付的利息，其不属于企业合理的支出，应由企业投资者负担，不得在计算企业应纳税所得额时扣除。

具体计算不得扣除的利息，应以企业一个年度内每一账面实收资本与借款余额保持不变的期间作为一个计算期，每一计算期内不得扣除的借款利息按该期间借款利息发生额乘以该期间企业未缴足的注册资本占借款总额的比例计算，公式为：企业每一计算期不得扣除的借款利息＝该期间借款利息额×该期间未缴足注册资本额÷该期间借款额。

（2）操作要点。

如果企业对新投资的项目选择分次出资，分次出资会使因投资者资本金未到位而对外借款发生的利息无法在企业所得税前扣除。企业可以选择一次性缴足资本金或在设立章程中规定的注册资本金为首次可以到位出资额，剩余部分通过增资方式处理。

13.2.10.3　关联方借款利息支出。

（1）政策规定。

《企业所得税法》第四十六条规定："企业从其关联方接受的债权性投资与权益性投资的比例超过规定标准而发生的利息支出，不得在计算应纳税所得额时扣除。"

①企业如果能够按照税法及其实施条例的有关规定提供相关资料，证明相关交易活动符合独立交易原则的，或者该企业的实际税负不高于境内关联方的，其实际支付给境内关联方的利息支出，在计算应纳税所得额时准予扣除。企业实际支付给关联方的利息支出，如果不符合上述两条规定，对不超过以下比例和税法及其实施条例有关规定计算的部分，准予扣除，超过的部分不得在发生当期和以后年度扣除。

企业接受关联方债权性投资与其权益性投资比例为：金融企业为5∶1；其他企业为2∶1。

债权性投资，是指企业直接或者间接从关联方获得的，需要偿还本金和支付利息或者需要以其他具有支付利息性质的方式予以补偿的融资。

权益性投资，是指企业接受的不需要偿还本金和支付利息，投资人对企业净资产拥有所有权的投资。

企业同时从事金融业务和非金融业务，其实际支付给关联方的利息支出，应按照合理方法分开计算；没有按照合理方法分开计算的，一律按其他企业的比例（2∶1）计算准予税前扣除的利息支出。企业自关联方取得的不符合规定的利息收入应按照有关规定缴纳企业所得税。

②《特别纳税调整实施办法（试行）》（国税发〔2009〕2号）第八十五条规定：不得扣除利息支出=年度实际支付的全部关联方利息×（1标准比例/关联债资比例）。其中，标准比例是指财税〔2008〕121号规定的比例。

该办法还规定，不得在计算应纳税所得额时扣除的利息支出，应按照实际支付给各关联方利息占关联方利息总额的比例，在各关联方之间进行分配，其中，分配给实际税负高于企业的境内关联方的利息准予扣除。企业关联债资比例超过标准比例的利息支出，如要在计算应纳税所得额时扣除，应按税务机关要求提供资料，证明关联债权投资符合独立交易原则。

（2）操作要点。

①独立交易原则的理解。

《企业所得税法实施条例》第一百一十条规定，《企业所得税法》第四十一条所称的独立交易原则是指没有关联关系的交易各方之间按照公平成交价格和营业常规进行业务往来所遵循的原则。在判断关联企业与其关联方之间的业务往来是否符合独立交易原则时，强调将关联交易定价或利润水平与可比情形下没有关联关系的交易定价和利润水平进行比较，如果存在差异，就说明因为关联关系的存在而导致企业没有遵循正常市场交易原则和营业常规，从而违背了独立交易原则。

关联企业之间贷款业务应遵循独立交易原则，通常可理解为关联企业之间的借款利率应与同等融资条件下商业银行同类同期贷款利率相同。如果未收取利息，税务机关可能会对贷款借出方应收取的利息予以核定。

②支付给非金融企业的利息应凭发票作为税前扣除的凭证，如果对方单位不能开具利息发票，可以到税务机关申请代开。

③向非金融企业借款也应签订合同或协议，并作为支付利息的证明材料，合同或协议中应明确约定借款期间、利率、利息金额的计算等。

④关联借款债资比例涉税影响关联企业之间发生借款交易，如果能够提供资料证明借款交易符合独立交易原则，或者借款方的企业所得税实际税负，不高于关联贷款方的实际税负，不受债资比2∶1或5∶1的限制，借款

方支付给关联贷款方的利息支出，允许在企业所得税前扣除；如果不能够提供资料证明符合上述条件的，借款方债资比超比例部分对应的利息支出，不允许在企业所得税前扣除。

13.2.10.4　自然人借款利息支出。

企业向股东或其他与企业有关联关系的自然人借款的利息支出，应根据上述关联方借款利息支出的规定，计算企业所得税扣除额。企业向除上述股东（或关联方）以外的内部职工或其他人员借款的利息支出，其借款情况同时符合以下条件的，其利息支出在不超过按照金融企业同期同类贷款利率计算的数额的部分，准予扣除。具体条件如下：

（1）企业与个人之间的借贷是真实、合法、有效的，并且不具有非法集资目的或其他违反法律、法规的行为。

（2）企业与个人之间签订了借款合同。

13.2.11　人身意外保险。

13.2.11.1　政策规定。

企业职工因公出差乘坐交通工具发生的人身意外保险费支出，准予企业在计算应纳税所得额时扣除。

13.2.11.2　操作要点。

准予企业在计算应纳税所得额时扣除的人身意外保险费支出，是企业职工因公出差乘坐交通工具发生的人身意外保险费支出。

13.2.12　罚金、罚款和被没收财物的损失。

13.2.12.1　政策规定。

在计算应纳税所得额时，下列支出不得扣除："（四）罚金、罚款和被没收财物的损失。"

13.2.12.2　操作要点。

（1）罚金、罚款和被没收财物属于纳税主体承担的刑事责任，如属于财产性质的罚金、没收财产，或行政责任，如罚款、没收违法所得。

（2）企业因违反经济合同，如购销合同、服务合同、借款合同等而支付的违约金（包括银行罚息）、罚款、诉讼费等，可在税前扣除。

13.2.13 企业所得税税款、税收滞纳金。

13.2.13.1 政策规定。

企业所得税税款和税收滞纳金，计算应纳税所得额时，下列支出不得扣除。

13.2.13.2 操作要点。

（1）不允许扣除的滞纳金仅包括税收滞纳金，而未包括其他政府部门收取的滞纳金。

（2）企业所得税税款属于税后税金，不得税前扣除。

13.2.14 企业员工服饰费用支出。

13.2.14.1 政策规定。

企业根据其工作性质和特点，由企业统一制作并要求员工工作时统一着装所发生的工作服饰费用，可以作为企业合理的支出在税前扣除。

13.2.14.2 操作要点。

（1）同时满足以下两个条件的工作服饰费用可直接在企业所得税前扣除：

①企业统一制作；

②要求员工工作时统一着装。

（2）企业给员工发放的工作服补贴，不能作为员工服饰费用直接在企业所得税前扣除，需要按照福利费在企业所得税税前扣除，并合并工资薪金所得扣缴个人所得税。

13.2.15 跨期扣除项目。

13.2.15.1 政策规定。

企业应纳税所得额的计算，以权责发生制为原则，属于当期的收入和费用，不论款项是否收付，均作为当期的收入和费用；不属于当期的收入和费用，即使款项已经在当期收付，均不作为当期的收入和费用。本条例和国务院财政、税务主管部门另有规定的除外。

13.2.15.2 操作要点。

预提、预计未实际发生或未取得合规票据的成本不可以在税前扣除。

13.2.16 以前年度应扣未扣支出。

13.2.16.1 政策规定。

根据《税收征管法》的有关规定，对企业发现以前年度实际发生的、按照税收规定应在企业所得税前扣除而未扣除或者少扣除的支出，企业作出专项申报及说明后，准予追补至该项目发生年度计算扣除，但追补确认期限不得超过5年。

企业由于上述原因多缴的企业所得税税款，可以在追补确认年度企业所得税应纳税款中抵扣，不足抵扣的，可以向以后年度递延抵扣或申请退税。

亏损企业追补确认以前年度未在企业所得税前扣除的支出，或盈利企业经过追补确认后出现亏损的，应首先调整该项支出所属年度的亏损额，然后再按照弥补亏损的原则计算以后年度多缴的企业所得税款，并按前款规定处理。

13.2.16.2 操作要点。

对企业发现以前年度实际发生的、按照税收规定应在企业所得税前扣除而未扣除或者少扣除的支出，企业作出专项申报及说明后，准予追补至该项目发生年度计算扣除，但追补确认期限不得超过5年。

13.2.17 其他扣除。

13.2.17.1 人身商业保险。

（1）政策规定。

除企业依照国家有关规定为特殊工种职工支付的人身安全保险费和国务院财政、税务主管部门规定可以扣除的其他商业保险费外，企业为投资者或者职工支付的商业保险费，不得扣除。

（2）操作要点。

①特殊工种应在国家相关部门公布的《特殊工种目录》范围内，企业为全体员工购买的人身意外保险不属于允许税前扣除的商业保险。

②目前，财政部、国家税务总局尚未对"其他商业保险费"和"特殊工种"进行界定，因此，此类费用必须是国家法律法规强制性规定的。

③《建筑法》第四十八条规定，建筑施工企业必须为从事危险作业的职

工办理意外伤害保险，支付保险费。建筑企业为职工购买的人身意外伤害保险属于依照国家有关规定为特殊工种职工支付的人身安全保险费，则可以在企业所得税前扣除；而企业在国家法律法规强制性规定以外为职工购买的意外伤害险、意外医疗险等，其保险费不能税前扣除。

④企业职工因公出差乘坐交通工具发生的人身意外保险费支出，准予企业在计算应纳税所得额时扣除。

13.2.17.2　财产保险。

（1）政策规定。

企业参加财产保险，按照规定缴纳的保险费，准予扣除。

（2）操作要点。

财产保险的对象"财产"，可以按规定在税前摊销或折旧，其财产保险费用准予扣除。

13.2.17.3　不合规发票支出。

（1）政策规定。

在日常检查中发现纳税人使用不符合规定发票，特别是没有填开付款方全称的发票，不得允许纳税人用于税前扣除、抵扣税款、出口退税和财务报销。

未按规定取得的合法有效凭据不得在税前扣除。

（2）操作要点。

①扣除凭证的提供时间。

年末暂估和预提的成本费用如果没有取得合法有效的扣除凭证，在按月或按季度申报预缴所得税时，暂可在税前扣除，但应在年度所得税汇算清缴结束前（次年的5月31日之前），提供合法有效的扣除凭证；如果在汇算清缴结束之前尚未能提供合法有效的扣除凭证，则应纳税调增，并在以后实际取得扣除凭证、在成本费用所属的相应年度追溯进行纳税调减。

②财务人员应加强对发票真实性和合规性的审核。

a.企业的经办人员应该对所取得发票的真实性和合规性负责，真实性是指开具的发票应是真实发生的业务，合规性包括发票本身、发票开具以及发票来源的合规性，如果取得的发票不是源于真实的业务，或者取得的发票不符合规定，都不能用于财务报销、税前扣除、抵扣税款和出口退税等。

b.财务人员对于报销的凭证应审核其真实性和合规性。审核时应核对合同、出入库单或相关审批手续等证明该项业务真实性的资料，并对业务部门取得发票的内容、形式等提出具体要求。

c.不合规发票主要包括：

发票本身不符合规定：按规定应取得发票，但以白条或使用空白纸张制作的收付款凭证，如内部结算凭证、往来款收据等代替；伪造的假发票；已经作废的发票。

发票的开具不符合规定：需填写的项目不齐全，内容不真实，字迹不清晰，大小写金额不符，没有填开公司全称的发票等。

发票的来源不符合规定：不是实际销售方提供的发票，而是由第三方开具的发票，或者购买的虚假发票。

③建筑业分包成本发票的取得。

承包建筑工程的总承包单位，将部分工程分包给其他建筑单位，应及时取得分包单位开具的建筑业发票，未取得分包建筑业发票的，建筑分包成本不允许在企业所得税税前扣除。

13.2.18 各类准备金支出。

13.2.18.1 政策规定。

在计算应纳税所得额时，未经核定的准备金支出不得扣除：根据《实施条例》第五十五条规定，除财政部和国家税务总局核准计提的准备金可以税前扣除外，其他行业、企业计提的各项资产减值准备、风险准备等准备金均不得税前扣除。

13.2.18.2 操作要点。

企业应注意该明细表的年初余额、本期计提额、本期转回额以及年末余额与会计报表相关项目的余额或发生额核对一致，以正确进行纳税申报。

13.3 企业所得税税前扣除凭证要点明细表（见表13-3）

表13-3　　　　　　　企业所得税税前扣除凭证要点明细表

项目		内容
税前扣除凭证概念		是指企业在计算企业所得税应纳税所得额时，证明与取得收入有关的、合理的支出实际发生，并据以税前扣除的各类凭证
适用对象		企业所得税的纳税人：居民企业和非居民企业
遵循的原则	真实性	反映的经济业务真实，且支出已经实际发生
	合法性	形式、来源符合国家法律、法规等相关规定
	关联性	与其反映的支出相关联且有证明力
分类（内部外部）	内部凭证	企业自制凭证，例如：工资表、出库单、付款审批表、费用报销单、入库单等
	外部凭证	发票，分为纸质发票和电子发票，包括税务机关代开的发票
		财政票据、完税凭证、收款凭证、分割单等
在境内发生的支出项目	支出属于增值税应税项目	对方为已办理税务登记的增值税纳税人，其支出以发票（包括按照规定由税务机关代开的发票）作为税前扣除凭证
		对方为依法无须办理税务登记的单位或者从事小额零星经营业务的个人，其支出以税务机关代开的发票或者收款凭证及内部凭证作为税前扣除凭证，收款凭证应载明收款单位名称、个人姓名及身份证号、支出项目、收款金额等相关信息
	支出不属于增值税应税项目	对方为单位的，以对方开具的发票以外的其他外部凭证作为税前扣除凭证； 对方为个人的，以内部凭证作为税前扣除凭证。 按税务总局规定可以开具发票的，可以发票作为税前扣除凭证，如《国家税务总局关于增值税发票管理若干事项的公告》（国家税务总局公告2017年第45号）附件《商品和服务税收分类编码表》中规定的不征税项目等
境外购进货物或者劳务发生的支出		以对方开具的发票或者具有发票性质的收款凭证、相关税费缴纳凭证作为税前扣除凭证

续表

项目		内容
不得税前扣除凭证种类	不合规发票	企业取得私自印制、伪造、变造、作废、开票方非法取得、虚开、填写不规范等不符合规定的发票
	不合规其他外部凭证	企业取得不符合国家法律、法规等相关规定的其他外部凭证
特殊事项	与其他企业、个人共同接受劳务发生支出的处理	与其他企业（包括关联企业）、个人在境内共同接受应税劳务发生的支出，采取分摊方式的，企业以发票和分割单作为税前扣除凭证，共同接受应税劳务的其他企业以企业开具的分割单作为税前扣除凭证
		与其他企业、个人在境内共同接受非应税劳务发生的支出，采取分摊方式的，企业以发票外的其他外部凭证和分割单作为税前扣除凭证，共同接受非应税劳务的其他企业以企业开具的分割单作为税前扣除凭证
	租用办公、生产用房发生的日常办公费用的处理	出租方作为应税项目开具发票的，企业以发票作为税前扣除凭证； 出租方采取分摊方式的，企业以出租方开具的其他外部凭证作为税前扣除凭证
税前扣除凭证替代	补开、换开发票、其他外部凭证过程中，因对方注销、撤销、依法被吊销营业执照、被税务机关认定为非正常户等特殊原因无法补开、换开发票、其他外部凭证的	（一）无法补开、换开发票、其他外部凭证原因的证明资料（包括工商注销、机构撤销、列入非正常经营户、破产公告等证明资料） （二）相关业务活动的合同或者协议 （三）采用非现金方式支付的付款凭证 （四）货物运输的证明资料 （五）货物入库、出库内部凭证 （六）企业会计核算记录以及其他资料 前款第一项至第三项为必备资料
	与税前扣除凭证相关的资料	合同协议、支出依据、付款凭证等留存备查
取得的时间要求		若支出真实且已实际发生，在当年度汇算清缴期结束前取得
补救措施	汇算清缴期结束前	应当取得而未取得合规发票、其他外部凭证的： 1.补开、换开合规发票、其他外部凭证 2.因对方特殊原因无法补开、换开发票、其他外部凭证的，凭相关资料证实支出真实性
	汇算清缴期结束后	税务机关发现企业应当取得而未取得发票、其他外部凭证或者取得不合规发票、不合规其他外部凭证并且告知企业的，企业应当自被告知之日起60日内补开、换开符合规定的发票、其他外部凭证或可以证实其支出真实性的相关资料

续表

项目	内容
追补扣除	以前年度应取得未取得符合规定的税前扣除凭证，且相应支出未在当年扣除的，在以后年度取得的，可以追补至该支出发生年度税前扣除，但追补年限不得超过五年
其他相关资料要求	企业应将与税前扣除凭证相关的资料，包括合同协议、支出依据、付款凭证等留存备查，以证实税前扣除凭证的真实性
施行时间	本办法自2018年7月1日起施行

13.4 企业所得税税前扣除凭证的要求

13.4.1 境内应税行为。

交易地点在境内，项目属应税行为，根据销售方类型取得如下凭证：

（1）销售方已进行税务登记的：只能以发票作为扣税凭证。

【例】以往一些企业（如银行）用利息单代替发票给予企业，而没有按照规定开具发票，2018年度以后，必须统一按照规定开具发票。否则，相关企业发生的利息，将无法税前扣除。

（2）销售方是依法无须办理税务登记的单位或者从事小额零星经营业务的个人的，可选择：

①销售方税务机关代开的发票；

②收款凭证及内部凭证（收款凭证应载明收款单位名称、个人姓名及身份证号、支出项目、收款金额等相关信息）。

【例】从政府机关、团体收购废旧物资，销售方是依法无须办理税务登记的单位，这些单位无法开具增值税发票，要么代开，要么以收款凭证作为税前扣除凭证。

【例】从菜市场个人摊位上购买蔬菜，一个摊位一次不超过500元，收款凭证及内部凭证（收款凭证应载明收款单位名称、个人姓名及身份证号、支出项目、收款金额等相关信息）可作为税前扣除凭证。

【补充】如何理解增值税按次纳税和按期纳税？

按次纳税和按期纳税，以是否办理税务登记或者临时税务登记作为划分标准。凡办理了税务登记或临时税务登记的小规模纳税人，月销售额未超过10万元（按季纳税的小规模纳税人，为季度销售额未超过30万元，下同）的，都可以按规定享受增值税免税政策。未办理税务登记或临时税务登记的小规模纳税人，除特殊规定外，则执行《中华人民共和国增值税暂行条例》及其实施细则关于按次纳税的起征点有关规定，每次销售额未达到500元的免征增值税，达到500元的则需要正常征税。对于经常代开发票的自然人，建议主动办理税务登记或临时税务登记，以充分享受小规模纳税人月销售额10万元以下免税政策（国家税务总局货物和劳务税司答复）。[提醒：财政部 国家税务总局公告2021年第11号文件规定，自2021年4月1日至2022年12月31日，对月销售额15万元以下（含本数）的增值税小规模纳税人，免征增值税]

13.4.2 境内非应税行为。

企业在境内发生的不属于应税项目的支出，如企业按照规定缴纳的政府性基金、行政事业性收费、税金、土地出让金、社会保险费、工会经费、住房公积金、公益事业捐赠支出、向法院支付的诉讼费用等，一般情况下按以下规定处理：

（1）对方为单位。企业以对方开具的发票以外的其他外部凭证，如财政票据、完税凭证、收款凭证等作为税前扣除凭证。

（2）对方为个人。企业以内部凭证作为税前扣除凭证。

企业在境内发生的支出项目虽不属于应税项目，但按税务总局规定可以开具发票的，可以发票作为税前扣除凭证。

【例】违约金是合同一方当事人不履行合同或者履行合同不符合约定时，由违约的一方对另一方当事人支付的用于赔偿损失的金额，属于增值税应税范围的违约金可凭发票、当事双方签订的合同协议在税前扣除；不属于增值税应税范围的违约金可凭当事双方签订的合同协议、支付凭证（即银行划款凭证或生效的法律文书）、收款方开具的收款凭证在税前扣除。

情形一：合同履行，发生经营业务，销售方违约支付违约金，不属于增值税应税范围，可凭当事双方签订的合同协议、非现金支付凭证、收款方开具的收款凭证在税前扣除，对方为个人的，以内部凭证作为税前扣除凭证。

【例】甲企业和乙企业建筑企业签订合同，约定由乙企业为甲企业建造办公楼一栋。后因施工过程中工程延期或者施工过程中乙企业出现违约行为，按合同约定，乙企业支付给甲企业违约金50万元，甲企业收到违约金不需要缴纳增值税，所以乙企业支付给甲企业违约金50万元在税前扣除不需要发票作为税前扣除凭证。

另一种处理方案为乙企业支付给甲企业违约金50万元，可以作为销售折让，开具红字发票。

情形二：合同未履行，经营业务未发生，购买方违约支付违约金，不属于增值税应税范围，可凭当事双方签订的合同协议、非现金支付凭证、收款方开具的收款凭证在税前扣除，对方为个人的，以内部凭证作为税前扣除凭证。

【例】甲乙两家企业签订购销合同，约定甲企业向乙企业采购特种钢材一批，后因甲企业经营策略调整，不需要上述特种钢材，合同不能正常履行。经协商，甲企业向乙企业支付违约金5万元。因销售行为未发生，乙企业收到违约金，不应开具发票，不缴增值税，甲企业可凭当事双方签订的合同协议、非现金支付凭证、收款方开具的收款凭证在税前扣除。

情形三：合同履行，发生经营业务，购买方违约支付违约金，属于价外费用，可凭发票、当事双方签订的合同协议作为税前扣除凭证。

【例】甲乙两家企业签订购销合同，约定甲企业向乙企业（一般纳税人）采购建筑材料一批，乙企业按约定供应了建筑材料，而甲企业未能按合同要求及时支付货款，延迟1个月才付清货款。依合同约定，甲企业向乙企业支付违约金10万元。这10万元的违约金就属于价外费用，乙企业应将违约金并入销售额计算缴纳增值税，同时给甲企业开具发票（且可以开具增值税专用发票）。

应当注意的是，违约金计算缴纳增值税时应适用建筑材料的税率13%，并换算成不含税金额，增值税销项税额为1.15万元 [$10 \div (1+13\%) \times 13\%$]。

13.4.3 境外购入货物或劳务

货物或劳务是境外购入的，以对方开具的发票或者具有发票性质的收款凭证、相关税费缴纳凭证作为税前扣除凭证。

13.5　不合规税前扣除凭证处理方法

13.5.1　汇算清缴结束前处理方法。

情形一：应当取得而未取得发票、其他外部凭证；

情形二：取得不合规发票、不合规其他外部凭证。

前提：支出真实且已实际发生（符合真实性原则）。

期限：当年度汇算清缴期结束前（如2020年应当取得的合规凭证期限为2021年5月）。

处理方式：应当要求对方补开、换开发票、其他外部凭证。补开、换开后的发票、其他外部凭证符合规定的，可以作为税前扣除凭证。

13.5.2　汇算清缴结束后处理方法。

13.5.2.1　税务机关通知到企业。

汇算清缴期结束后，税务机关发现企业应当取得而未取得发票、其他外部凭证或者取得不合规发票、不合规其他外部凭证并且告知企业的，企业应当自被告知之日起60日内补开、换开符合规定的发票、其他外部凭证。

13.5.2.2　企业自行发现。

企业以前年度应当取得而未取得发票、其他外部凭证，且相应支出在该年度没有税前扣除的，在以后年度取得符合规定的发票、其他外部凭证或者按照规定提供可以证实其支出真实性的相关资料，相应支出可以追补至该支出发生年度税前扣除，但追补年限不得超过五年。

13.5.3　无法补开、换开发票处理方法。

补开、换开发票、其他外部凭证过程中，因对方注销、撤销、依法被吊销营业执照、被税务机关认定为非正常户等特殊原因无法补开、换开发票、其他外部凭证的，可凭以下资料证实支出真实性后，允许税前扣除其支出：

（1）无法补开、换开发票、其他外部凭证原因的证明资料（包括工商注销、机构撤销、列入非正常经营户、破产公告等证明资料）；（必备）

（2）相关业务活动的合同或者协议；（必备）

（3）采用非现金方式支付的付款凭证；（必备）

（4）货物运输的证明资料；

（5）货物入库、出库内部凭证；

（6）企业会计核算记录以及其他资料。

【提醒】在对方法律主体消失或者处于"停滞"状态的情况下，现金方式支付的真实性将无从考证，为此相关规定对支付方式作出了限制性规定。

13.6 分割单作为税前扣除凭证处理办法

一张原始凭证所列的支出，需要由两个以上单位共同负担时，应当由保存该原始凭证的单位，开给其他应负担支出的单位原始凭证分割单。相当于自制一张原始凭证。

13.6.1 应税行为分割。

企业与其他企业（包括关联企业）、个人在境内共同接受应纳增值税劳务（以下简称"应税劳务"）发生的支出，采取分摊方式的，应当按照独立交易原则进行分摊。

保存发票的企业：以发票和分割单作为税前扣除凭证。

共同接受应税劳务的其他企业：以保存发票的企业开具的分割单作为税前扣除凭证。

【例】适用于出租方和承租方共用水电费的情形，承租方可以出租方开具的水电费分割单作为税前扣除凭证。

13.6.2 非应税行为分割。

企业与其他企业、个人在境内共同接受非应税劳务发生的支出，采取分摊方式：

保存外部凭证的企业：以发票外的其他外部凭证和分割单作为税前扣除凭证。

共同接受非应税劳务的其他企业：以保存外部凭证的企业开具的分割单作为税前扣除凭证。

第14章 施工过程常见事项处理

14.1 工程奖励、罚款及违约金

14.1.1 政策依据。

(1)根据财税〔2016〕36号文件附件1第三十七条的规定,销售额,是指纳税人发生应税行为取得的全部价款和价外费用,财政部和国家税务总局另有规定的除外。

价外费用,是指价外收取的各种性质的收费,但不包括以下项目:

(一)代为收取并符合本办法第十条规定的政府性基金或者行政事业性收费。

(二)以委托方名义开具发票代委托方收取的款项。

(2)根据《国家税务总局关于国内旅客运输服务进项税抵扣等增值税征管问题的公告》(国家税务总局公告2019年第31号)第七条的规定,纳税人提供建筑服务,按照规定允许从其取得的全部价款和价外费用中扣除的分包款,是指支付给分包方的全部价款和价外费用。

(3)《企业所得税法》第十条规定,罚金、罚款和被没收财物的损失,在计算应纳税所得额时不得扣除。

《国家税务总局关于发布〈中华人民共和国企业所得税年度纳税申报表(A类,2017年版)〉的公告》(国家税务总局公告2017年第54号)中《A105000〈纳税调整项目明细表〉》填报说明:第19行"(七)罚金、罚款和被没收财物的损失":第1列"账载金额"填报纳税人会计核算计入当期损益的罚金、罚款和被没收财物的损失,不包括纳税人按照经济合同规定支付的违约金(包括银行罚息)、罚款和诉讼费。

14.1.2 操作要点。

14.1.2.1 建筑企业获得业主的奖励金属于价外费用,应按规定缴纳增值税,并向业主开具对应的增值税发票,可以按规定开具增值税专用发票。

如果工程适用一般计税方法,奖励金适用一般计税方法开具发票;如果工程适用简易计税方法,奖励金适用简易计税方法开具发票。

其中税收编码为"*建筑服务*奖励金/工程款"。

14.1.2.2 业主对建筑企业的罚款。

(1)对于大额的罚款,为了少缴增值税及附加,建议各单位尽量给业主开具红字增值税发票,按照销售折让处理,提醒同时签订的合同也是折让,不要体现罚款,建筑企业冲减当期工程收入,业主冲减在建工程(房地产企业土地增值税开发成本减少)。实务中,如业主属于房地产企业,对方会因为土地增值税成本扣除的影响,不同意冲减当期工程收入。

(2)小额罚款可与甲方沟通,不进行开具增值税发票处理,需要协议和收据作为税前扣除凭证,建筑企业作为营业外支出处理,业主作为营业外收入(房地产企业不作为土地增值税收入)。

14.1.2.3 如业主奖励金与罚款属同一期间,建议在沟通的情况下按差额进行处理,补开增值税发票或开具红字增值税发票,同时按照差额签署补充合同或者双方确认的罚款或奖金的材料(盖章确认)。

14.1.2.4 在合同约定相关条款时,如涉及金额或比例,应注明是含税价还是不含税价,避免以后发生争议。

14.2 销售自己使用过的固定资产

14.2.1 适用一般计税。

应纳税额=含税销售额/(1+13%)×13%

销售自己使用过的2009年1月1日以后购进或自制的固定资产;或者2008年12月31日以前已纳入扩大增值税抵扣范围试点的纳税人,销售自己已使用过的试点后购入或自制的固定资产。

14.2.2 可选择简易计税。

应纳税额=含税销售额/（1+3%）×2%，不得开具增值税专用发票；放弃减税，应纳税额=含税销售额/（1+3%）×3%，可以开具增值税专用发票。

（1）2008年12月31日以前未纳入扩大增值税抵扣范围试点的纳税人销售自己已使用过的2008年12月31日以前购入或自制的固定资产；

（2）纳税人购进或者自制固定资产时为小规模纳税人，认定为一般纳税人后销售该固定资产；

（3）增值税一般纳税人发生按照简易办法征收增值税应税行为，销售其按照规定不得抵扣进项税额的固定资产；

（4）一般纳税人销售自己使用过的、纳入营改增试点之日前取得的固定资产，按照现行旧货相关增值税政策执行。使用过的固定资产，是指纳税人符合《营业税改征增值税试点实施办法》（财税〔2016〕36号附件1）第二十八条规定并根据财务会计制度已经计提折旧的固定资产。

14.2.3 实务提醒。

（1）一般纳税人出售自己使用过的固定资产，适用一般计税时，税率为13%，并可以开具增值税专用发票。

适用简易计税时，可选择减按2%征收，并不得开具增值税专用发票；也可以选择放弃减税，按3%征收，此时可开具3%征收率的增值税专用发票。

（2）一般纳税人出售自己使用过的固定资产适用简易计税的情形归纳起来包括以下几种：

①2009年1月1日增值税转型改革前购入的固定资产；

②身份为小规模纳税人时购入的固定资产；

③原营业税纳税人营改增前购入的固定资产；

④购入的固定资产根据《增值税暂行条例》第十条的规定，不得抵扣且未抵扣增值税。

14.3 零星采购

对方为从事小额零星经营业务的个人；购买限额不超过增值税相关政策规定的起征点。

（1）办理税务登记或者临时税务登记，月销售额未超过15万元。

（2）未办理税务登记或者临时税务登记，每次不超过500元。

其支出以收款凭证及内部凭证作为税前扣除凭证，收款凭证应载明收款单位名称、个人姓名及身份证号、支出项目、收款金额等相关信息。

【提醒】经常性购买，对方从事小额零星经营业务的个人，每次不超过500元，建议办理临时税务登记证。

【政策规定及答疑】1.从事生产、经营的个人应办而未办营业执照，但发生纳税义务的，可以按规定申请办理临时税务登记。（国家税务总局公告2019年第48号）

2.按次纳税和按期纳税，以是否办理税务登记或者临时税务登记作为划分标准。凡办理了税务登记或临时税务登记的小规模纳税人，月销售额未超过15万元（按季纳税的小规模纳税人，为季度销售额未超过30万元，下同）的，都可以按规定享受增值税免税政策。未办理税务登记或临时税务登记的小规模纳税人，除特殊规定外，则执行《中华人民共和国增值税暂行条例》及其实施细则关于按次纳税的起征点有关规定，每次销售额未达到500元的免征增值税，达到500元的则需要正常征税。对于经常代开发票的自然人，建议主动办理税务登记或临时税务登记，以充分享受小规模纳税人月销售额15万元以下免税政策。

3.《国家税务总局关于发布〈企业所得税税前扣除凭证管理办法〉的公告》（国家税务总局公告2018年第28号）第九条。

4.自2019年开始，部分地区税务局代开劳务费发票不再预征个税，须付款方代扣代缴个人所得税，该项规定在2020年已开始普遍实行，公司面临着为对方代扣代缴的个税义务和风险。若对方为已办理税务登记的个人（经营所得），在代开发票时，税务局按照经营所得核定征收个税，不需要付款方代扣代缴；若对方为未办理税务登记的个人（经营所得），在代开发票时，税务局不再征收个税，须付款方按照劳务报酬（20%）进行申报和预扣预缴。因此，公司在与个人进行业务往来时，务必注意代开发票涉及的税务风险和需要履行的义务。

注意：不得自有职工用本人身份证去税局代开发票，金三系统若识别出将可能认定为虚开发票。

业务口签订零星采购合同的，尽量避免找个人购买，可以选择个体工商户或可以自行开具发票的单位，严禁用本单位员工身份信息去税局代开发票；零星采购若是找个人或个体户采购的必须取得对方收据（确保备用金支付时候的资金流向符合规定）。

14.4 支付村委会相关费用

村委会属于依法无须办理税务登记的单位，施工过程中赔偿或者支付村委会，如果支出属于增值税应税范围，村委会无法自行开具增值税发票，要么代开，要么以收款凭证作为税前扣除凭证，其中收款凭证需要村委会的盖章确认。

14.5 工地上水电费处理

14.5.1 转售水电方式处理。

按照规定，增值税纳税人超出经营范围销售水电费，可按规定自开或代开增值税专用发票。水电表户名的企业按照转售水电，向其他企业收取相应的水电费用计入收入，并开具对应的增值税专用发票，取得电力公司和自来水厂开具的发票作为对应成本费用，其他使用水电的企业以此为税前扣除凭证，进行相应处理。

14.5.1.1 电费。

水电表户名的企业给其他使用水电的企业开具税率13%增值税专用发

票，同时取得电力公司开具的增值税专用发票按规定抵扣进项税额和企业所得税税前扣除。

14.5.1.2 水费。

水电表户名的企业给其他使用水电的企业开具征收率3%增值税专用发票。同时，根据《国家税务总局关于物业管理服务中收取的自来水水费增值税问题的公告》（国家税务总局公告2016年第54号）规定，可以扣除其对外支付的自来水水费后的余额为销售额，按照简易计税方法依3%的征收率，计算缴纳增值税。其中开具全额的增值税发票（含专用发票），通过申报表实现差额纳税。

14.5.2 采取分摊方式处理。

根据国家税务总局公告2018年第28号文件的规定，出租方采取分摊方式的，承租方以出租方开具的其他外部凭证作为税前扣除凭证。其中，其他外部凭证包括但不限于出租方支付水电费取得发票复印件、出租方出具水电费分割单或确认单、出租方支付水电费的凭证及房租协议等。

水电表户名的企业采取分摊方式收取水电费，其他使用水电的企业以水电表户名的企业开具的其他外部凭证，作为税前扣除凭证。此时，水电表户名的企业按照代收代付进行会计处理。

代收代付水费时，水电表户名的企业自用部分，以取得的增值税专用发票为凭证，计算抵扣进项税额。

14.5.3 甲供材方式处理。

水电表户名的企业是业主（或者总承包方）自行提供工程施工过程中的水电费，可以按照甲供材选择适用简易计税，总承包方（或者分包方）后续工程结算时，扣除对应的水电费。

14.5.4 方案的选择。

14.5.4.1 如果双方都是增值税一般纳税人，建议选择"转售水电方式处理"。

对于其他使用水电的企业来说，按规定取得增值税专用发票，不仅可作为企业所得税税前扣除凭证，还可按规定抵扣增值税进项税额。

如果其他使用水电的企业属于生产、生活性服务业一般纳税人，还可享受增值税加计抵减政策。

14.5.4.2 如果总承包方或分包方需要选择简易计税方法，可以选择"甲供材方式处理"，适用提供甲供工程的建筑服务可选择简易计税方法计税。

实务中，企业要综合考虑增值税纳税人类别、能否抵扣进项税额等因素，选择最适合企业的方案。

14.6 劳保用品

《劳动防护用品配备标准（试行）》和《关于规范社会保险缴费基数有关问题的通知》规定，劳动保护支出的范围包括：工作服、手套、洗衣粉等劳保用品，解毒剂等安全保护用品，清凉饮料等防暑降温用品，以及按照原劳动部等部门规定的范围对接触有毒物质、矽尘作业、放射线作业和潜水、沉箱作业、高温作业等5类工种所享受的由劳动保护费开支的保健食品待遇。

企业以上支出计入劳动保护费，取得增值税专用发票抵扣凭证，可以按规定抵扣进项税额和进行企业所得税税前扣除。

14.7 食堂费用

企业在境内发生的支出项目属于增值税应税项目（以下简称"应税项目"）的，对方为已办理税务登记的增值税纳税人，其支出以发票（包括按照规定由税务机关代开的发票）作为税前扣除凭证；对方为依法无须办理税务登记的单位或者从事小额零星经营业务的个人，其支出以税务机关代开的发票或者收款凭证及内部凭证作为税前扣除凭证，收款凭证应载明收款单位名称、个人姓名及身份证号、支出项目、收款金额等相关信息。

小额零星经营业务的判断标准是个人从事应税项目经营业务的销售额不超过增值税相关政策规定的起征点。[《国家税务总局关于发布〈企业所得税税前扣除凭证管理办法〉的公告》（国家税务总局公告2018年第28号）]

操作要点：如在偏僻菜市场买菜，一个摊位一次买菜不超过500元，以收款凭证及内部凭证作为税前扣除凭证，其中收款凭证应载明收款单位名称、个人姓名及身份证号、支出项目、收款金额等相关信息。

14.8　沙石原材料处理

一般纳税人销售自产的下列货物，可选择按照简易办法依照3%征收率计算缴纳增值税：

（1）建筑用和生产建筑材料所用的砂、土、石料。

（2）以自己采掘的砂、土、石料或其他矿物连续生产的砖、瓦、石灰（不含黏土实心砖、瓦）。

（3）商品混凝土（仅限于以水泥为原料生产的水泥混凝土）。

【政策依据】《财政部　国家税务总局关于简并增值税征收率政策的通知》（财税〔2014〕57号）和《财政部　国家税务总局关于部分货物适用增值税低税率和简易办法征收增值税政策的通知》（财税〔2009〕9号）。

【提醒】一般纳税人销售自产的商品混凝土(仅限于以水泥为原料生产的水泥混凝土)，可选择按照简易办法依照3%征收率计算缴纳增值税。如一般纳税人对外提供混凝土加工劳务并收取加工费，适用13%税率计算缴纳增值税；若小规模纳税人，则适用3%征收率，且在2021年12月31日前可减按1%征收率计算缴纳增值税。

14.9　建筑施工设备租赁

14.9.1　政策规定。

（1）财税〔2016〕140号第十六条的规定，纳税人将建筑施工设备出租给他人使用并配备操作人员的，按照"建筑服务"缴纳增值税。

（2）财税〔2016〕36号附件2第一条（六）规定，一般纳税人发生下列应税行为可以选择适用简易计税方法计税：

以纳入营改增试点之日前取得的有形动产为标的物提供的经营租赁服务。

在纳入营改增试点之日前签订的尚未执行完毕的有形动产租赁合同。

14.9.2 操作要点。

（1）一般纳税人提供建筑施工设备租赁适用的税率是13%，小规模纳税人适用征收率3%。

（2）一般纳税人提供建筑施工设备出租并配备操作人员按照9%缴纳增值税，小规模纳税人或建筑服务老项目按照3%缴纳增值税。

（3）一般纳税人出租纳入营改增试点之日前取得的建筑施工设备，或在纳入营改增试点之日前签订的尚未执行完毕的建筑施工设备租赁合同，可以选择简易计税，按照3%缴纳增值税。

14.10 延迟付款"资金占用费"处理

14.10.1 政策规定。

增值税条例实施细则规定，价外费用，包括价外向购买方收取的手续费、补贴、基金、集资费、返还利润、奖励费、违约金、滞纳金、延期付款利息、赔偿金、代收款项、代垫款项、包装费、包装物租金、储备费、优质费、运输装卸费以及其他各种性质的价外收费。

14.10.2 操作要点。

（1）签订销售或服务合同并已履行，如后期购买方出现违约情况，收取的违约金属于价外费用，应与销售价款一并征收增值税。

（2）企业提供销售货物或提供劳务，价外向购买方收取的奖励费、返还款等价外费用应与销售价款一并征收增值税。

（3）如果购货方向销货方收取违约金，则不属于上述政策规定的价外费用，购货方不必计算缴纳增值税，也不必向销货方开具增值税专用发票。

第15章 跨地区企业所得税税前处理

15.1 基本原则

15.1.1 跨地区，指跨省、自治区、直辖市和计划单列市。

【例】在昆明市盘龙区进行税务登记的建筑企业，在昆明市西山区提供建筑服务，不适用。

【补充】现阶段计划单列市名单：大连、宁波、厦门、青岛、深圳。

15.1.2 设立不具有法人资格分支机构。

【提醒】营业执照上是否有注册资本，简单通俗判断是否具有法人资格：如有注册资本的，具有法人资格；如没有注册资本的，不具有法人资格。

【例】在昆明市盘龙区进行税务登记的建筑企业，在曲靖市注册一家子公司，各自缴纳企业所得税。

15.2 直管项目部

（1）外地按项目实际经营收入0.2%缴纳企业所得税款。

（2）一般情况下：预缴增值税时，一并预缴企业所得税。

（3）不管是一般纳税人还是小规模纳税人：经营收入0.2%预分的企业所得税款。

（4）预缴税款时计税金额以企业收入总额确定，不得扣除分包款项（增值税预缴时可扣除）。

（5）实际经营收入的计算：

①一般纳税人

一般计税方法应预分的企业所得税款=全部价款和价外费用÷(1+9%)×0.2%

简易计税方法应预分的企业所得税款=全部价款和价外费用÷(1+3%)×0.2%

②小规模纳税人

应预分的企业所得税款=全部价款和价外费用÷(1+3%)×0.2%

(6)按项目实际经营收入0.2%由项目部所在地主管税务机关预分的企业所得税款,可以在向总机构进行申报时进行抵减。

总机构年终汇算清缴后应纳所得税额小于已预缴的税款时,由总机构所在地主管税务机关办理退税或抵扣以后年度应缴企业所得税。建筑企业总机构主管税务机关会对其在外省市预缴税款情况进行核对(合同、发票、税收缴款书、完税凭证),应同时符合以下条件(实务中下列资料也要备查):

①建筑项目合同签署方应为建筑企业总机构;

②建筑项目发票开具方应为建筑企业总机构;

③税收缴款书和跨区域涉税事项反馈表,证明确实已缴纳的税款,缴税人应为建筑企业总机构;

④税款性质为企业所得税;

⑤不超过其开具增值税发票金额(不含税收入)0.2%。

申报表填写:A100000"中华人民共和国企业所得税年度纳税申报表(A类)"第32行"本年累计实际已缴纳的所得税额":填报纳税人按照税收规定本纳税年度已在月(季)度累计预缴的所得税额,包括按照税收规定的特定业务已预缴(征)的所得税额,建筑企业总机构直接管理的跨地区设立的项目部按规定向项目所在地主管税务机关预缴的所得税额。

【特别提醒】按项目实际经营收入0.2%由项目部所在地主管税务机关预分的企业所得税款,可以在向总机构进行申报时进行抵减。

15.3 非法人分支机构项目部

(1)按照《国家税务总局关于印发〈跨地区经营汇总纳税企业所得税征

收管理办法〉的公告》（国家税务总局公告2012年第57号）规定，以其营业收入、职工薪酬和资产总额确定的分配比例在非法人分支机构所在地税务机关缴纳税款。

（2）二级或二级以下分支机构直接管理的项目部，不就地预缴企业所得税，其营业收入、职工薪酬和资产总额统一计入二级分支机构。

（3）该二级分支机构负责管理的外省市建筑企业在二级分支机构所在省市设立的工程项目部。

①机构所在地和项目所在地不同的，二级分支机构办理了跨区域涉税事项报告且建筑项目经营收入计入本分支机构的，可以不按其实际经营收入的0.2%预缴企业所得税，由其二级分支机构统一核算分配税款。

②机构所在地和项目所在地相同的，建筑项目经营收入计入本分支机构，无须办理二级分支机构跨区域涉税事项报告，可以不按其实际经营收入的0.2%预缴企业所得税，由其二级分支机构统一核算分配税款。

（4）总分机构汇算清缴如何计算分配企业所得税税额：

第一步：汇总计算应纳税所得额；

第二步：计算各分支机构的分摊比例；

第三步：确定各分支机构的应纳税所得额；

第四步：计算出各自应纳税额及应纳税总额。

（5）总分机构不同税率如何分配。

《国家税务总局关于深入实施西部大开发战略有关企业所得税问题的公告》（国家税务总局公告2012年第12号）规定，总机构设在西部大开发税收优惠地区外的企业，其在优惠地区内设立的分支机构（不含仅在优惠地区内设立的三级以下分支机构），仅就该分支机构所得确定适用15%优惠税率。在确定该分支机构是否符合优惠条件时，仅以该分支机构的主营业务是否符合《西部地区鼓励类产业目录》及其主营业务收入占其收入总额的比重加以确定。

按照《国家税务总局关于印发〈跨地区经营汇总纳税企业所得税征收管理办法〉的公告》（国家税务总局2012年第57号公告）第十八条规定，如果存在总分公司处在不同税率地区的情况，先确定分配的应纳税所得额比例，再计算应纳所得税额：

第一步：公司统一计算全部应纳税所得额；

第二步：划分不同地区应纳税所得额；

第三步：按各自税率计税后加总；

第四步：再次划分不同地区应纳税款。

15.4 西部大开发企业所得税政策

15.4.1 政策规定。

（1）自2011年1月1日至2020年12月31日，对设在西部地区以《西部地区鼓励类产业目录》中规定的产业项目为主营业务，且其当年度主营业务收入占企业收入总额70%以上的企业，可减按15%税率缴纳企业所得税。（国家税务总局公告2012年第12号）

（2）自2021年1月1日至2030年12月31日，对设在西部地区的鼓励类产业企业减按15%的税率征收企业所得税。本条所称鼓励类产业企业是指以《西部地区鼓励类产业目录》中规定的产业项目为主营业务，且其主营业务收入占企业收入总额60%以上的企业。（财政部、税务总局、国家发展改革委公告2020年第23号）

（3）总机构设在西部大开发税收优惠地区的企业，仅就设在优惠地区的总机构和分支机构（不含优惠地区外设立的二级分支机构在优惠地区内设立的三级以下分支机构）的所得确定适用15%优惠税率。在确定该企业是否符合优惠条件时，以该企业设在优惠地区的总机构和分支机构的主营业务是否符合《西部地区鼓励类产业目录》及其主营业务收入占其收入总额的比重加以确定，不考虑该企业设在优惠地区以外分支机构的因素。

（4）总机构设在西部大开发税收优惠地区外的企业，其在优惠地区内设立的分支机构（不含仅在优惠地区内设立的三级以下分支机构），仅就该分支机构所得确定适用15%优惠税率。在确定该分支机构是否符合优惠条件时，仅以该分支机构的主营业务是否符合《西部地区鼓励类产业目录》及其主营业务收入占其收入总额的比重加以确定。

（5）预缴时，总机构和分支机构处于不同税率地区的，先由总机构统一计算全部应纳税所得额，然后按照国税发〔2008〕28号文件第十九条规定的比例和第二十三条规定的三因素及其权重，计算划分不同税率地区机构的应纳税所得额，再分别按各自的适用税率计算应纳税额后加总计算出企业的应纳所得税总额。再按照国税发〔2008〕28号文件第十九条规定的比例和第二十三条规定的三因素及其权重，向总机构和分支机构分摊就地预缴的企业所得税款。

汇缴时，企业年度应纳所得税额应按上述方法并采用各分支机构汇算清缴所属年度的三因素计算确定。

除《国务院关于实施企业所得税过渡优惠政策的通知》（国发〔2007〕39号）、《财政部 国家税务总局关于企业所得税若干优惠政策的通知》（财税〔2008〕1号）和《财政部 国家税务总局关于贯彻落实国务院关于实施企业所得税过渡优惠政策有关问题的通知》（财税〔2008〕21号）有关规定外，跨地区经营汇总纳税企业不得按照上述总分支机构处于不同税率地区的计算方法计算并缴纳企业所得税，应按照企业适用统一的税率计算并缴纳企业所得税。

（6）汇算清缴时，总机构和分支机构处于不同税率地区的，先由总机构统一计算全部应纳税所得额，然后依照国税发〔2008〕28号文件第十九条规定的比例和第二十三条规定的三因素及其权重，计算划分不同税率地区机构的应纳税所得额后，再分别按总机构和分支机构所在地的适用税率计算应纳税额。

15.4.2 操作要点。

（1）首先确认总机构和分支机构（项目部，下同）是否属于鼓励类产业企业，鼓励类产业企业指以《西部地区鼓励类产业目录》中规定的产业项目为主营业务，且其主营业务收入占企业收入总额70%（或60%）以上的企业。

自2021年1月1日至2030年12月31日，对设在西部地区的鼓励类产业企业减按15%的税率征收企业所得税，其主营业务收入占企业收入总额60%以上即可享受政策优惠。

【例】601390中国中铁（注册地：北京）（摘自2019年度年度审计报告）：中铁一局集团有限公司及其部分子公司、中铁二局集团有限公司及其部分子公司、中铁三局集团有限公司的部分子公司、中铁五局集团有限公司及其部分子公司、中铁七局集团有限公司的部分子公司、中铁八局集团有限公司及其部分子公司、中铁十局集团有限公司的部分子公司、中铁大桥局集团有限公司的部分子公司、中铁隧道局集团有限公司的部分子公司、中铁电气化局集团有限公司的部分子公司、中铁北京工程局集团有限公司的部分子公司、中铁上海工程局集团有限公司的部分子公司、中铁广州工程局集团有限公司的部分子公司、中铁二院工程集团有限责任公司及其部分子公司、中铁科学研究院有限公司的部分子公司、中铁城市发展投资有限公司的部分子公司、中铁交通投资集团有限公司的部分子公司、中铁城市发展投资有限公司及其部分子公司、中铁文化旅游投资集团有限公司的部分子公司、中铁开发投资集团有限公司、中铁高新工业股份有限公司的部分子公司、中铁物贸集团有限公司的部分子公司继续享受西部大开发税收优惠政策。

（2）总机构、二级分支机构均在区内的，全部计算确定适用。

（3）总机构区内、二级分支机构区外的，总机构单独确定适用。

（4）总机构区外、二级分支机构区内的，二级分支机构单独确定适用。

【例】某建筑服务公司总部位于北京市，分别有跨区域的甲、乙、丙3个分公司，公司适用总分公司汇总纳税政策。2019年度财务报告中，甲分公司占3个分公司营业收入、职工薪酬、资产总额的比例分别为10%、15%、20%。

甲分公司在昆明市提供城市及市域轨道交通新线建设服务，适用西部大开发15%的税率优惠政策，总机构和其他分支机构税率均为25%。

第一步：按照相关规定，总公司统一计算全部应纳税所得额4000万元。

第二步：划分各公司应纳税所得额。

1.甲、乙、丙分公司分摊50%，即应纳税所得额=4000×50%=2000

（万元）。

2.计算甲分公司分摊比例。

总机构应按照上年度分支机构的营业收入、职工薪酬和资产总额3个因素计算各分支机构分摊所得税款的比例；3个因素的权重依次为0.35、0.35、0.30。

甲分公司分摊比例=（该分支机构营业收入/各分支机构营业收入之和）×0.35+（该分支机构职工薪酬/各分支机构职工薪酬之和）×0.35+（该分支机构资产总额/各分支机构资产总额之和）×0.30＝10%×0.35+15%×0.35+20%×0.30=0.1475。

3.计算甲分公司的应纳税所得额=2000×0.1475=295（万元）。

第三步：计算不同税率地区的应纳所得税总额。

1.甲分公司应纳所得税额=295×15%=44.25（万元）。

2.总机构及其他公司应纳所得税额=（4000−295）×25%=926.25（万元）。

3.应纳所得税总额=44.25+926.25=970.5（万元）。

第四步：分摊应纳企业所得税。

1.各分公司分摊50%的应纳企业所得税=970.5×50%=485.25（万元）。

2.甲分公司分摊应纳企业所得税=485.25×0.1475=71.57（万元）。

第16章　研发费用加计扣除

中国建筑股份有限公司（代码：601668）、上海建工集团股份有限公司（代码：600170）、宁波建工股份有限公司（代码：601789）及深圳瑞和建筑装饰股份有限公司（代码：002620）等上市公司近几年都享受研发费加计扣除企业所得税优惠政策。

16.1　研发费加计扣除概述

建筑现代化、智能化是建筑业发展的必然趋势，传统建筑业不能满足于已获取的成效，必须主动向高新技术企业转变，以适应时代发展的要求。

16.1.1　研发费加计扣除政策内容。

根据《中华人民共和国企业所得税法》及其实施条例，企业开发新技术、新产品、新工艺发生的研究开发费用，可以在计算企业所得税应纳税所得额时加计扣除。上述所称研究开发费用的加计扣除，是指企业为开发新技术、新产品、新工艺发生的研究开发费用，未形成无形资产计入当期损益的，在按规定据实扣除的基础上，按照本年度实际发生额的50%，从本年度应纳税所得额中扣除；形成无形资产的，按照无形资产成本的150%在税前摊销。

根据《财政部　税务总局　科技部关于提高研究开发费用税前加计扣除比例的通知》（财税〔2018〕99号）和《财政部　税务总局关于延长部分税收优惠政策执行期限的公告》（财政部　税务总局公告2021年第6号）的有关规定，在2018年1月1日至2023年12月31日期间，企业（除符合条件的制造业企业外）开展研发活动中实际发生的研发费用，未形成无形资产计入当期损益的，在按规定据实扣除的基础上，再按照实际发生额的75%在税前加计扣除；形成无形资产的，在上述期间按照无形资产成本的175%在税前摊销。自2021年1月1日起，制造业企业开展研发活动中实际发生的研发费用，未形成无形资产计入当期损益的，在按规定据实扣除的基础上，再按照实际发生额的100%在税前加计扣除；形成无形资产的，按照无形资产成本的200%在税前摊销。

企业为获得创新性、创意性、突破性的产品进行创意设计活动而发生的相关费用，可以按照规定进行税前加计扣除。

16.1.2 建筑行业属于适用加计扣除的行业。

企业以下列六个行业业务为主营业务，其研发费用发生当年的主营业务收入占企业按《中华人民共和国企业所得税法》第六条规定计算的收入总额减除不征税收入和投资收益的余额50%（不含）以上的，不适用研发费用加计扣除政策：

（1）烟草制造业；

（2）住宿和餐饮业；

（3）批发和零售业；

（4）房地产业；

（5）租赁和商务服务业；

（6）娱乐业；

（7）财政部和国家税务总局规定的其他行业。

上述行业（本章节简称六大行业）以《国民经济行业分类与代码（GB/4754——2017）》为准，并随之更新。

【例】A建筑企业主营建筑服务等业务，2×20年度提供建筑服务收入15000万元，兼营建筑材料销售收入5000万元，投资收益300万元，收到当地政府拨付的200万元财政补贴。

2×20年度提供建筑服务收入占比15000÷（15000+5000+300+200-300-200）×100%＝75%>50%，其2×20年度主营业务不是"批发和零售业"，属

于"建筑业",即能享受研发费加计扣除优惠政策的行业。

【提醒】并不是所有行业企业发生研发活动都适用研发费用加计扣除政策,应重点关注6个行业负面清单。财税〔2015〕119号文件规定,不适用加计扣除的六大行业。上述行业以《国民经济行业分类与代码(GB/4754——2017)》为准,并随之更新。对于同时从事多种行业的纳税人,判断是否属于不适用税前加计扣除政策行业的企业,是指以六个行业业务为主营业务,其研发费用发生当年的主营业务收入占企业按《中华人民共和国企业所得税法》第六条规定计算的收入总额减除不征税收入和投资收益的余额50%(不含)以上的企业。

16.1.3 不适用加计扣除的企业。

(1)会计核算不健全、不能准确归集研发费用的企业;

(2)核定征收的企业;

(3)非居民企业。

【提醒1】公司既不是高新技术企业,也不是科技型中小企业,只要会计核算健全、实行查账征收并能够准确归集研发费用的(非负面清单行业)居民企业即可适用研发费用加计扣除。

【提醒2】现行企业所得税法第五条明确企业每一纳税年度的收入总额,减除不征税收入、免税收入、各项扣除以及允许弥补的以前年度亏损后的余额,为应纳税所得额,因此,企业发生的研发费用,不论企业当年是盈利还是亏损,都可以加计扣除。

企业经营亏损的研发费用可按规定加计扣除。企业经营亏损或研发费用加计扣除部分形成亏损的,均可用以后年度应税所得弥补,弥补亏损年限最长不得超过5年。其中,自2018年1月1日起,高新技术企业和科技型中小企业最长亏损结转年限由5年延长至10年;受疫情影响较大的困难行业企业2020年度发生的亏损,最长结转年限由5年延长至8年。

【提醒3】企业清算期间的研发费用不能加计扣除。《财政部 国家税务总局关于企业清算业务企业所得税处理若干问题的通知》(财税〔2009〕60号)第一条规定,企业清算的所得税处理,指企业在不再持续经营,发生结束自身业务、处置资产、偿还债务以及向所有者分配剩余财产等经济行为时,对清算所得、清算所得税、股息分配等事项的处理。第四条规定,企业应将整个清算期作为一个独立的纳税年度计算清算所得。因此,企业的清算所得不属于企业正常的生产经营所得,清算期间已不再持续经营,一般也不再发生研发费用的支出,清算期间企业所得税优惠政策的对象已经不存在,企业清算期间应就其清算所得申报填列缴纳企业所得税。

16.1.4　税收方面对研发活动的界定。

《财政部　国家税务总局　科学技术部关于完善研究开发费用税前扣除政策的通知》(财税〔2015〕119号)规定:研发活动是指企业为获得科学与技术新知识,创造性运用科学技术新知识,或实质性改进技术、产品(服务)、工艺而持续进行的具有明确目标的系统性活动。

【提醒】建筑行业常见:超高层建筑施工、复杂特殊地质条件下施工、填海造地、隧道施工、绿色建筑、装备式建筑、特殊建筑材料工艺、智慧建造等方面的研发活动。

16.1.5　不适用加计扣除的活动。

企业发生的以下一般性知识性、技术性活动不属于税收意义上的研发活动,其支出不适用研发费用加计扣除政策:

(1)企业产品(服务)的常规性升级;

(2)对某项科研成果的直接应用,如直接采用公开的新工艺、材料、装置、产品、服务或知识等;

(3)企业在商品化后为顾客提供的技术支持活动;

(4)对现存产品、服务、技术、材料或工艺流程进行的重复或简单改变;

(5)市场调查研究、效率调查或管理研究;

(6)作为工业(服务)流程环节或常规的质量控制、测试分析、维修维护;

(7)社会科学、艺术或人文学方面的研究。

【提醒1】个别企业将产品的常规升级或简单集成判断为研发活动,会给企业带来涉税风险。建议企业在判断其行为是否属于研发活动时,重点关注财税〔2015〕119号文件中规定的不适用加计扣除政策的一般的知识性、技术性活动。财税〔2015〕119号文件还规定，当税企双方对研发项目产生争议时，由税务机关转请科技部门提供鉴定意见。如果企业确实无法准确把握是否属于"研发活动"，可以向科技部门咨询。

【提醒2】根据《关于研发费用税前加计扣除归集范围有关问题的告》（国家税务总局公告2017年第40号）规定，失败的研发活动所发生的研发费用可享受税前加计扣除政策。

16.1.6 创意设计活动。

企业为获得创新性、创意性、突破性的产品进行创意设计活动而发生的相关费用，可按照财税〔2015〕119号文件规定进行税前加计扣除。

创意设计活动是指多媒体软件、动漫游戏软件开发，数字动漫、游戏设计制作；房屋建筑工程设计（绿色建筑评价标准为三星）、风景园林工程专项设计；工业设计、多媒体设计、动漫及衍生产品设计、模型设计等。

企业享受为获得创新性、创意性、突破性的产品进行创意设计活动而发生的相关费用加计扣除政策须留存备查以下资料：

（1）创意设计活动相关合同；

（2）创意设计活动相关费用核算情况的说明。

值得一提的是，财税〔2015〕119号文件虽将"创意设计活动"纳入了享受加计扣除优惠政策的范畴，但并不意味着此类"创意设计活动"就是研发活动。

企业留存备查资料应从企业享受优惠事项当年的企业所得税汇算清缴期结束次日起保留10年。

16.1.7 是否成立专门的研发机构。

为了准确核算研发费用、避免不必要的涉税风险，企业有必要成立专门的研究开发机构从事研发项目。如果不成立专门的研发机构，根据国税发〔2008〕116号文件第九条的规定：企业未设立专门的研发机构或企业研发机构同时承担生产经营任务的，应对研发费用和生产经营费用分开进行核算，准确、合理地计算各项研究开发费用支出，对划分不清的，不得实行加计扣除。

16.2　可加计扣除的研发费用

可加计扣除的研发费用包括人员人工费用、直接投入费用、折旧费用、无形资产摊销费用、新产品设计费、新工艺规程制定费、新药研制的临床试验费、勘探开发技术的现场试验费、其他相关费用以及财政部和国家税务总局规定的其他费用。

实务中需要关注如下事项：

（1）准确核算可加计扣除的研发费用。

由于建筑施工企业生产周期长，较大工程的工期常以年计，施工准备也需要较长时间，实务中企业若想开展研发活动则需要依托项目部在施工现场进行，与施工生产经营过程相互交叉，所以在归集可加计扣除的研发费用时，需要将涉及研发费用与工程成本进行区分，同时部分允许"共用"的可加计扣除的研发费用，比如既用于研发活动又用于工程项目的仪器、设备的折旧费，按规定的合理方法在研发费用和工程项目间分配，做好分配表等会计基础资料工作，未分配的不得加计扣除。千万不要出现研发费用由财务人员"做出来的"或"编出来的"情况。

（2）与施工成本/合同成本的关系。

根据研发支出核算原则，研发费用作为期间费用不构成建筑施工企业当期实际发生的合同成本，确认会计核算收入不参与项目完工百分比的基数的计算。

研发费用影响当期会计利润，由于研发费用不纳入合同成本，直接进入当期损益，其对利润影响程度要比纳入合同成本计算的完工百分比要大。

16.2.1　人员人工费用

可加计扣除的人员人工费用包括：直接从事研发活动人员的工资薪金、基本养老保险费、基本医疗保险费、失业保险费、工伤保险费、生育保险费和住房公积金，以及外聘研发人员的劳务费用。

16.2.1.1　直接从事研发活动人员包括研究人员（主要从事研究开发项目的专业人员）、技术人员（具有工程技术、自然科学和生命科学中一个或一个以上领域的技术知识和经验，在研究人员指导下参与研发工作的人员）、辅助人员（参与研究开发活动的技工）。外聘研发人员是指与本企业或劳务派遣企业签订劳务用工协议（合同）和临时聘用的研究人员、技术人员、辅助人员。

【提醒1】外聘人员的劳务费用应同时符合"临时性"与"签订用工合同或协议"两大条件，聘用单位在支付劳务费用时应注意取得相应的合法有效票据。

16.2.1.2 接受劳务派遣的企业按照协议（合同）约定支付给劳务派遣企业，且由劳务派遣企业实际支付给外聘研发人员的工资薪金等费用，属于外聘研发人员的劳务费用。

16.2.1.3 工资薪金包括按规定可以在税前扣除的对研发人员股权激励的支出。

【提醒】年金不属于《关于研发费用税前加计扣除归集范围有关问题的公告》（国家税务总局公告2017年第40号）中研发费用税前加计扣除费用的归集范围，因此不能加计扣除。

16.2.1.4 直接从事研发活动的人员、外聘研发人员同时从事非研发活动的，企业应对其人员活动情况做必要记录，并将其实际发生的相关费用按实际工时占比等合理方法在研发费用和生产经营费用间分配，未分配的不得加计扣除。

【提醒】实务中，项目经理及项目人员就存在同时从事研发活动和非研发活动情况，企业应对其人员活动情况做必要记录，并将其实际发生的相关费用按实际工时占比等合理方法在研发费用和施工成本分配，未分配的不得加计扣除。

16.2.1.5 会计核算口径、高新技术企业认定口径和加计扣除税收规定口径差异。

差异：本项费用的会计核算口径大于加计扣除税收规定口径。加计扣除税收规定口径中可加计扣除人员人工费用归集对象是直接从事研发活动的人员，分为研究人员、技术人员和辅助人员三类。研究开发人员既可以是本企业的员工，也可以是外聘研发人员。外聘研发人员是指与本企业或劳务派遣企业签订劳务用工协议（合同）和临时聘用的研究人员、技术人员、辅助人员。而高新技术企业认定口径中人员人工费用归集对象是直接从事研发和相关技术创新活动，以及专门从事上述活动的管理和提供直接技术服务的科技人员，并且在企业累计实际工作时间在183天以上。

表16–1　　　　　　　　人员人工费用不同口径差异对比表

会计核算	高新技术企业认定	加计扣除税收规定
企业在职研发人员的工资、奖金、津贴、补贴、社会保险费、住房公积金等人工费用以及外聘研发人员的劳务费用	企业科技人员的工资薪金、基本养老保险费、基本医疗保险费、失业保险费、工伤保险费、生育保险费和住房公积金，以及外聘科技人员的劳务费用	直接从事研发活动人员的工资薪金、基本养老保险费、基本医疗保险费、失业保险费、工伤保险费、生育保险费和住房公积金，以及外聘研发人员的劳务费用

【备注】目前研发费用归集有三个口径：一是会计核算口径，由《财政部关于企业加强研发费用财务管理的若干意见》(财企〔2007〕194号)规范；二是高新技术企业认定口径，由《科技部　财政部　国家税务总局关于修订印发〈高新技术企业认定管理工作指引〉的通知》(国科发火〔2016〕195号)规范；三是加计扣除税收规定口径，由财税〔2015〕119号文件、国家税务总局公告2015年第97号和国家税务总局公告2017年第40号规范。三个研发费用归集口径相比较，存在一定差异。（下同）

【例】发生直接从事研发人员工资30万元，"五险一金"5万元，职工福利费3万元，未参与研发项目的项目人员工资20万元。发生差旅费、会议费等其他费用5万元。

人员人工费用：直接从事研发人员工资30万元，"五险一金"5万元，允许在按规定据实扣除的基础上，按照本年度实际发生额的75%从本年度应纳税所得额中扣除。即：加计扣除的人员人工费用=（30+5）×75%=26.25（万元）。

其他相关费用：该企业发生的职工福利费3万元，差旅费、会议费等5万元属于其他相关费用，合计8万元。

不适用加计扣除的费用：加计扣除人员人工费用归集对象是直接从事研发活动人员，只包括：研究人员、技术人员、辅助人员，行政和后勤保障人员工资20万元，不属于适用加计扣除的范围。

16.2.2　直接投入费用。

直接投入费用：指研发活动直接消耗的材料、燃料和动力费用；用于中间试验和产品试制的模具、工艺装备开发及制造费，不构成固定资产的样品、样机及一般测试手段购置费，试制产品的检验费；用于研发活动的仪器、设备的运行维护、调整、检验、维修等费用，以及通过经营租赁方式租入的用于研发活动的仪器、设备租赁费。

16.2.2.1 以经营租赁方式租入的用于研发活动的仪器、设备，同时用于非研发活动的，企业应对其仪器设备使用情况做必要记录，并将其实际发生的租赁费按实际工时占比等合理方法在研发费用和生产经营费用间分配，未分配的不得加计扣除。

16.2.2.2 企业研发活动直接形成产品或作为组成部分形成的产品对外销售的，研发费用中对应的材料费用不得加计扣除。

产品销售与对应的材料费用发生在不同纳税年度且材料费用已计入研发费用的，可在销售当年以对应的材料费用发生额直接冲减当年的研发费用，不足冲减的，结转以后年度继续冲减。

16.2.2.3 会计核算口径、高新技术企业认定口径和加计扣除税收规定口径差异。

差异：本项费用几个口径的主要差异在于房屋的租赁费、运行维修等费用是否归集。对高新技术企业认定口径，房屋等固定资产的运行维护、维修等费用不计入，通过经营租赁租入的用于研发活动的固定资产租赁费计入高新技术企业认定研发费口径；房屋等固定资产的租赁费、运行维护、调整、检验、维修等费用不计入加计扣除税收规定。

表16-2 直接投入费用会计核算口径、高新技术企业认定口径和加计扣除税收规定口径差异对比表

会计核算	高新技术企业认定	加计扣除税收规定
（1）研发活动直接消耗的材料、燃料和动力费用	（1）直接消耗的材料、燃料和动力费用	（1）研发活动直接消耗的材料、燃料和动力费用
（2）用于中间试验和产品试制的模具、工艺装备开发及制造费，样品、样机及一般测试手段购置费，试制产品的检验费等	（2）用于中间试验和产品试制的模具、工艺装备开发及制造费，不构成固定资产的样品、样机及一般测试手段购置费，试制产品的检验费	（2）用于中间试验和产品试制的模具、工艺装备开发及制造费，不构成固定资产的样品、样机及一般测试手段购置费，试制产品的检验费

续表

会计核算	高新技术企业认定	加计扣除税收规定
（3）用于研发活动的仪器、设备、房屋等固定资产的租赁费，设备调整及检验费，以及相关固定资产的运行维护、维修等费用	（3）用于研发活动的仪器、设备的运行维护、调整、检验、检测、维修等费用，以及通过经营租赁方式租入的用于研发活动的固定资产租赁费	（3）用于研发活动的仪器、设备的运行维护、调整、检验、维修等费用，以及通过经营租赁方式租入的用于研发活动的仪器、设备租赁费

例如：企业以经营租赁方式租入的办公场所、实验室、试制车间等能合理分摊研发项目与非研发项目的，其租金可计入高新技术企业认定口径的研发费用范畴，但不可享受加计扣除。

16.2.3　折旧费用。

折旧费用：用于研发活动的仪器、设备的折旧费。

16.2.3.1　用于研发活动的仪器、设备，同时用于非研发活动的，企业应对其仪器设备使用情况做必要记录，并将其实际发生的折旧费按实际工时占比等合理方法在研发费用和生产经营费用间分配，未分配的不得加计扣除。

【提醒1】企业以融资租赁方式租入的固定资产，用于研发活动发生的折旧费用可以享受研发费用加计扣除。

【提醒2】对于折旧、摊销费用，企业应对用于研发的仪器、设备及无形资产做好基础数据记录。对仪器、设备及无形资产等资产既用于研发活动，又从事或用于非研发活动的，如果能准确记录工时的，则记录工时；无法用工时进行分摊的，应记录产品数量等其他基础数据。

16.2.3.2　折旧费用执行加速折旧的有关规定。

企业用于研发活动的仪器、设备，符合税法规定且选择加速折旧优惠政策的，在享受研发费用税前加计扣除政策时，就税前扣除的折旧部分计算加计扣除。

【例】A企业符合固定资产加速折旧政策条件，于2019年12月购进并投入使用一台价值120万元的研发设备，会计处理按8年折旧，残值率为0%，2020年折旧额15万元。

企业所得税税收上享受加速折旧政策2020年一次性扣除，2020年会计折旧额15万元。此时会计折旧额小于税收折旧额，则：

（1）2020年度汇算清缴申报加计扣除政策时，会计折旧额15万元，企业可就其税前扣除的120万元折旧计算加计扣除90万元（120×75%）。

（2）2021年度及以后年度汇算清缴申报加计扣除政策时，会计折旧额15万元/年，企业税前扣除的折旧部分0万元，则可加计扣除0万元。

16.2.3.3 会计核算口径、高新技术企业认定口径和加计扣除税收规定口径差异。

差异：房屋折旧费不计入加计扣除税收规定口径。此外，在用建筑物的折旧费，研发设施的改建、改装、装修和修理过程中发生的长期待摊费用等可计入高新技术企业认定口径，但不计入加计扣除税收规定口径。

表16–3 折旧费用不同口径核算差异对比表

会计核算	高新技术企业认定	加计扣除税收规定
用于研发活动的仪器、设备、房屋等固定资产的折旧费	用于研究开发活动的仪器、设备和在用建筑物的折旧费。研发设施的改建、改装、装修和修理过程中发生的长期待摊费用	用于研发活动的仪器、设备的折旧费

16.2.4 无形资产摊销。

无形资产摊销：指用于研发活动的软件、专利权、非专利技术（包括许可证、专有技术、设计和计算方法等）的摊销费用。

16.2.4.1 用于研发活动的无形资产，同时用于非研发活动的，企业应对其无形资产使用情况做必要记录，并将其实际发生的摊销费按实际工时占比等合理方法在研发费用和生产经营费用间分配，未分配的不得加计扣除。

16.2.4.2 用于研发活动的无形资产，符合税法规定且选择缩短摊销年限的，在享受研发费用税前加计扣除政策时，就税前扣除的摊销部分计算加计扣除。

具体计算方式同"折旧费用"部分。

【提醒】《财政部 国家税务总局关于进一步鼓励软件产业和集成电路产业发展企业所得税政策的通知》（财税〔2012〕27号）第七条规定：企业外购

的软件，凡符合固定资产或无形资产确认条件的，可以按照固定资产或无形资产进行核算，其折旧或摊销年限可以适当缩短，最短可为2年（含）。

16.2.4.3 会计核算口径、高新技术企业认定口径和加计扣除税收规定口径差异。

差异：高新技术企业认定口径的研发费用包含"知识产权"摊销而加计扣除，税收规定口径的研发费用包含"专利权"摊销，二者存在一定差异。

表16-4　　　　　　　无形资产摊销不同口径下核算差异对比表

会计核算	高新技术企业认定	加计扣除税收规定
用于研发活动的软件、专利权、非专利技术等无形资产的摊销费用	用于研究开发活动的软件、知识产权、非专利技术（专有技术、许可证、设计和计算方法等）的摊销费用	用于研发活动的软件、专利权、非专利技术（包括许可证、专有技术、设计和计算方法等）的摊销费用

16.2.5 设计试验等费用。

新产品设计费、新工艺规程制定费、新药研制的临床试验费、勘探开发技术的现场试验费：指企业在新产品设计、新工艺规程制定、新药研制的临床试验、勘探开发技术的现场试验过程中发生的与开展该项活动有关的各类费用。

另：会计核算口径、高新技术企业认定口径和加计扣除税收规定口径差异

差异：高新技术企业认定口径的研发费用包含装备调试费用和试验费用，而加计扣除税收规定口径的研发费用范围限于正列举范围。

表16-5　　　　　　　设计试验等费用不同口径下核算差异对比表

会计核算	高新技术企业认定	加计扣除税收规定
符合会计核算常规的设计试验费用	符合条件的设计费用、装备调试费用、试验费用（包括新药研制的临床试验费、勘探开发技术的现场试验费、田间试验费等）	新产品设计费、新工艺规程制定费、新药研制的临床试验费、勘探开发技术的现场试验费

16.2.6 其他相关费用。

其他相关费用：指与研发活动直接相关的其他费用，包括技术图书资料

费、资料翻译费、专家咨询费、高新科技研发保险费，研发成果的检索、分析、评议、论证、鉴定、评审、评估、验收费用，知识产权的申请费、注册费、代理费，差旅费、会议费，职工福利费、补充养老保险费、补充医疗保险费。其他相关费用限额＝允许加计扣除的研发费用中的第1项至第5项的费用之和×10%/（1-10%）。

16.2.6.1 注意部分费用是否属于其他费用的正列举范围，不属于则不能加计扣除。

【例1】其他相关费用正列举中包括聘请专业机构作分析、评估可纳入其他相关费用；正列举中没有研究阶段发生市场调查研究、效率调查或管理研究活动费用等项目，此类费用不适用税前加计扣除政策。

【例2】对于用于研发活动的仪器、设备的改装过程中发生的长期待摊费用，由于研发费用的归集范围以正列举的方式限定为六大类，长期待摊费用不属于这六大类中的一种，因此无法享受研发费用加计扣除政策优惠。

16.2.6.2 10%的限额计算。

加计扣除其他相关费用的简易计算方法如下：假设某一研发项目的其他相关费用的限额为X，财税〔2015〕119号文件第一条允许加计扣除的研发费用中的第1项至第5项费用之和为Y，那么X=（X+Y）×10%，即X=Y×10%/（1-10%）。

【例】假设某建筑企业2021年度进行研发项目，其中：

（1）甲项目发生研发费用80万元，其中与研发活动直接相关的其他费用9万元，则甲项目的其他相关费用限额=（80-9）×10%/（1-10%）=7.89万元，实际发生数9万元超过了限额，则甲项目"其他相关费用"项仅可按7.89万元计算，该项目允许加计扣除的研发费用合计78.89万元（80-9+7.89）。

（2）乙项目发生研发费用100万元，其中与研发活动直接相关的其他费用8万元，乙项目的其他相关费用限额=（100-8）×10%/（1-10%）=10.22万元，实际发生数8万元未超过限额，则乙项目"其他相关费用"项按实际发生额8万元计算，该项目允许加计扣除的研发费用合计100万元。

16.2.6.3　会计核算口径、高新技术企业认定口径和加计扣除税收规定口径差异。

差异： 加计扣除税收规定口径及高新技术企业认定口径的研发费用范围中对其他相关费用总额有比例限制，并且加计扣除研发费用范围限于正列举范围（见表16-6）。

表16-6　　　　　　其他相关费用不同口径下核算差异对比表

会计核算	高新技术企业认定	加计扣除税收规定
与研发活动直接相关的其他费用，包括技术图书资料费、资料翻译费、会议费、差旅费、办公费、外事费、研发人员培训费、培养费、专家咨询费、高新科技研发保险费用等。研发成果的论证、评审、验收、评估以及知识产权的申请费、注册费、代理费等费用。	与研究开发活动直接相关的其他费用，包括技术图书资料费、资料翻译费、专家咨询费、高新科技研发保险费、研发成果的检索、论证、评审、鉴定、验收费用，知识产权的申请费、注册费、代理费，会议费、差旅费、通讯费等。此项费用一般不得超过研究开发总费用的20%，另有规定的除外	与研发活动直接相关的其他费用，如技术图书资料费、资料翻译费、专家咨询费、高新科技研发保险费，研发成果的检索、分析、评议、论证、鉴定、评审、评估、验收费用，知识产权的申请费、注册费、代理费，差旅费、会议费、职工福利费、补充养老保险费、补充医疗保险费。此项费用总额不超过可加计扣除研发费用总额的10%

【例】集成电路设计企业在研究阶段的主要工作包括"芯片架构研究"和"芯片设计"。发生费用情况如下：

（1）发生直接从事研发人员工资60万元，"五险一金"10万元，职工福利费6万元，补充养老保险费5万元、补充医疗保险费5万元，外聘研发人员的劳务费用20万元，行政和后勤保障人员工资20万元。

（2）研究消耗材料费用15万元，消耗动力费用5万元，用于中间试验和产品试制的模具、工艺装备开发及制造费5万元。

（3）发生新产品设计费用5万元，同时由于技术要求较高，委托国内某大专院校进行研究设计费用20万元。

（4）企业研究实验室非自有房产，系以经营租赁方式租入，每年发生租金100万元。

（5）发生差旅费、会议费、评审费等其他费用合计10万元。

（6）发生业务招待费5万元。

分析过程：

（1）允许加计扣除的研发费用：

①人员人工费用：直接从事研发人员工资60万元，"五险一金"10万元，外聘研发人员的劳务费用20万元，允许在按规定据实扣除的基础上，按照本年度实际发生额的75%从本年度应纳税所得额中扣除，即：加计扣除的人员人工费用=（60+10+20）×75%=67.5（万元）。

②直接投入费用：研究消耗材料费用15万元，消耗动力费用5万元，用于中间试验和产品试制的模具、工艺装备开发及制造费5万元，按照本年度实际发生额的75%从本年度应纳税所得额中扣除，即：加计扣除的直接投入费用=（15+5+5）×75%=18.75（万元）。

③新产品设计费用：企业自身发生的新产品设计费5万元，按照本年度实际发生额的75%从本年度应纳税所得额中扣除，即加计扣除的新产品设计费=5×75%=3.75（万元）。

④委托研发费用：委托境内企业的研究开发费用20万元，JX集成电路设计企业作为委托方按照费用实际发生额的80%计入委托方研发费用并计算加计扣除。

即：加计扣除的委托研发费用=20×80%×75%=12（万元）。

⑤其他相关费用：根据财税〔2015〕119号，该企业发生的职工福利费6万元，补充养老保险费5万元、补充医疗保险费5万元，差旅费、会议费、评审费等10万元属于其他相关费用，合计26万元。

（2）不适用加计扣除的费用：

①根据国家税务总局公告2017年第40号，该企业发生的行政和后勤保障人员工资20万元不属于可加计扣除的范围。

②房屋租赁费和折旧费不属于加计扣除范围，因此，企业每年发生的经营租赁方式租入的实验室租赁费用不属于可加计扣除范围。

③业务招待费不在国家税务总局公告2017年第40号"其他相关费用"的列举范围，不得加计扣除。

〔上述案例摘自国家税务总局广东省税务局编写《十大重点领域企业研

发费税收政策系列指引》(2020年版)]

16.2.7 费用化和资本化。

财税〔2015〕119号文件规定，企业应按照国家财务会计制度要求对研发支出进行会计处理。

企业开展研发活动中实际发生的研发费用形成无形资产的，其税收上资本化的时点应与会计处理保持一致。《企业会计准则第6号无形资产》第七条规定，企业内部研究开发项目的支出，应当区分研究阶段支出与开发阶段支出。

16.2.7.1 研究阶段支出。

研究阶段，是指为获取新的科学或技术知识并理解它们而进行的独创性的有计划调查，主要是指为获取相关知识而进行的活动。

考虑到研究阶段的探索性及其成果的不确定性，企业无法证明其能够带来未来经济利益的无形资产的存在，因此，对于企业内部研究开发项目，研究阶段的有关支出，应当在发生时全部费用化，计入当期损益(管理费用)。

16.2.7.2 开发阶段支出。

《企业会计准则第6号——无形资产》规定，开发阶段，是指在进行商业性生产或使用前，将研究成果或其他知识应用于某项计划或设计，以生产出新的或具有实质性改进的材料、装置、产品等，包括生产前或使用前的原型和模型的设计、建造和测试、小试、中试和试生产设施等。

考虑到进入开发阶段的研发项目形成成果的可能性较大，因此，如果企业能够证明开发支出符合无形资产的定义及相关确认条件，则可将其确认为无形资产。具体来讲，对于企业内部研究开发项目，开发阶段的支出同时满足了下列条件的才能资本化，确认为无形资产，否则应当计入当期损益(管理费用)。

(1)完成该无形资产以使其能够使用或出售在技术上具有可行性。

(2)具有完成该无形资产并使用或出售的意图。

(3)无形资产产生经济利益的方式，包括能够证明运用该无形资产生产的产品存在市场或无形资产自身存在市场，无形资产将在内部使用的，应当证明其有用性。

（4）有足够的技术、财务资源和其他资源支持，以完成该无形资产的开发，并有能力使用或出售该无形资产。

（5）归属于该无形资产开发阶段的支出能够可靠地计量。

16.2.7.3　无法区分研究阶段和开发阶段的支出。

无法区分研究阶段和开发阶段的支出，应当在发生时费用化，计入当期损益（管理费用）。费用化的研发支出，按照当年费用化的金额部分加计扣除，资本化的研发费用，按照形成的无形资产当年摊销额进行加计扣除。

企业开展研发活动中实际发生的研发费用形成无形资产的，其资本化的时点与会计处理保持一致。

16.2.8　常见涉税风险点。

（1）把与研发活动无关的费用计入研发费用。

（2）把已经开发成功进入产品销售阶段发生的成本费用计入研发费用。

（3）把部分不直接从事研发活动的人员的工资津贴补贴计入研发费用。

（4）把日常生产的机器设备的折旧费租赁费计入研发费用。

（5）把生产经营中未取得合规的票据的相关支出计入研发费用。

16.3　研发形式选择

企业研发活动一般分为自主研发、委托研发、合作研发、集中研发以及以上方式的组合。

（1）自主研发：是指企业主要依靠自己的资源，独立进行研发，并在研发项目的主要方面拥有完全独立的知识产权。

（2）委托研发：是指被委托单位或机构基于企业委托而开发的项目。企业以支付报酬的形式获得被委托单位或机构的成果。

（3）合作研发：是指立项企业通过契约的形式与其他企业共同对同一项目的不同领域分别投入资金、技术、人力等，共同完成研发项目。

（4）集中研发：是指企业集团根据生产经营和科技开发的实际情况，对技术要求高、投资数额大、单个企业难以独立承担，或者研发力量集中在企业集团，由企业集团统筹管理研发的项目进行集中开发。

不同类型的研发活动对研发费用归集的要求不尽相同，企业在享受加计扣除优惠时要注意区分。

16.3.1 委托研发。

16.3.1.1 "研发活动发生费用"是指委托方实际支付给受托方的费用。无论委托方是否享受研发费用税前加计扣除政策，受托方均不得加计扣除。

16.3.1.2 加计扣除的范围。

企业委托外部机构或个人开展研发活动发生的费用，可按规定税前扣除；加计扣除时按照研发活动发生费用的80%作为加计扣除基数。

（1）企业委托境内进行研发活动所发生的费用，按照费用实际发生额的80%计入委托方研发费用并计算加计扣除。

（2）企业委托境外进行研发活动所发生的费用，按照费用实际发生额的80%计入委托方的委托境外研发费用，同时委托境外研发费用不超过境内符合条件的研发费用2/3的部分，才可以计算加计扣除。

（3）企业委托境内个人进行研发活动所发生的费用可适用加计扣除，应凭个人出具的发票等合法有效凭证在税前加计扣除。但是委托境外个人进行研发活动所发生的费用不可加计扣除，其中受托研发的境外个人是指外籍（含港澳台）个人。

【提醒】"加计扣除时按照研发活动发生费用的80%作为加计扣除基数"中的研发活动发生费用不需要考虑受托方发生的明细是否属于可加计扣除的费用，如：受托方发生用于研发活动的仪器、设备的折旧费，该仪器、设备同时用于非研发活动的，未按规定进行分配，全部算到委托方支付给受托方的"研发活动发生费用"中，委托方加计扣除时也是按照研发活动发生费用的80%作为加计扣除基数，不需要剔除没有分配部分的折旧费。

【例】A企业2021年委托其B关联企业研发，假设该研发符合研发费用加计扣除的相关条件。A企业支付给B企业100万元。B企业实际发生费用90万元（其中按可加计扣除口径归集的费用为85万元），利润10万元。2020年度，

A企业可加计扣除的金额为100×80%×75%=60万元，B企业应向A企业提供实际发生费用90万元。

16.3.1.3 备案及资料。

（1）委托非关联方研发，考虑到涉及商业秘密等情况，财税〔2015〕119号文件规定，企业委托非关联方研发的不再需要提供研发项目费用支出明细，但委托研发费用实际发生额应符合独立交易原则；委托方与受托方存在关联关系的，受托方应向委托方提供研发项目费用支出明细情况。

（2）对委托研发的项目，委托方应与受托方签订委托开发合同。其中，委托境内机构或个人研发的合同由受托方于科技主管部门进行登记，委托境外进行研发活动由委托方于科技行政主管部门登记。未申请认定登记和未予登记的技术合同，不得享受研发费用税前加计扣除的优惠政策。

由于受托方一般是享受增值税等其他税种税收优惠政策的主体，科技部门为便于管理、统计，避免双重登记，因此明确发生委托境内研发活动的，由受托方到科技部门进行登记。而委托境外进行研发活动的受托方在国外，不受我国相关法律管辖，要求受托方登记不具有操作性，因此《财政部 税务总局 科技部关于企业委托境外研究开发费用税前加计扣除有关政策问题的通知》（财税〔2018〕64号）对委托境外机构研发进行了调整，将登记方由受托方调整至委托方，以保证委托方能顺利享受政策。

合同可参照《科学技术部关于印发〈技术合同示范文本〉的通知》（国科发政字〔2001〕244号）之附件1"技术开发（委托）合同"（样式）编制，但凡企业研发项目合同具备技术合同登记的实质性要素，仅在形式上与技术合同示范文本存在差异的，也应予以登记，不得要求企业重新按照技术合同示范文本进行修改报送。

16.3.1.4 备案及资料。

企业委托境内进行研发活动所发生的费用，按照费用实际发生额的80%计入委托方研发费用并计算加计扣除。

【例】某建筑公司2021年立项研发工程技术，委托境内A公司、境外B公司、境内关联方C公司、境外个人D进行开发。该工程技术主要是在复杂的海洋环境下对跨海悬索桥主缆腐蚀机理和长效防护性能进行研究，提出主缆长效可靠防护新技术。根据合同约定，新工程技术B的所有权归建筑公司所有。其中：

向境内A公司支付研发活动发生费用共150万元；

向境外B公司支付研发活动发生费用共180万元；

向境内关联方C公司支付研发活动发生费用共100万元；

向境外个人D支付研发活动发生费用50万元。

（1）向境内A公司支付研发活动发生费用共150万元，可计算加计扣除的境内A公司研发活动发生费用=150×80%=120（万元）。

（2）向境外B公司支付研发活动发生费用共180万元；

委托境外研发费用=180×80%=144（万元）；

允许计算加计扣除的委托境外研发费用限额=（150+100）×80%×2/3=133.33（万元）。

因此，可计算税前加计扣除的委托境外研发费用为133.33万元，超出限额外的10.67万元不适用税前加计扣除。需要提醒的是，可以向境外B公司支付研发活动发生费用180万元取得合规的税前扣除，可按规定税前扣除，只是税前加计扣除基数为133.33万元。

（3）向境内关联方C公司支付研发活动发生费用共100万元，可计算加计扣除的境内关联方丁公司活动发生费用=100×80%=80（万元），需要提供研发过程中实际发生的研发项目费用支出明细情况。

（4）该公司委托境外个人D研发的相关研发费用50万元不适用税前加计扣除，需要提醒的是，可以向境外个人D支付研发活动发生费用50万元取得合规的税前扣除，可按规定税前扣除。

16.3.2　合作研发。

16.3.2.1　合作研发的定义。

合作研发是指立项企业通过契约的形式与其他企业共同对项目的某一个关键领域分别投入资金、技术、人力，共同参与产生智力成果的创作活动，共同完成研发项目。合作研发共同完成的知识产权，其归属由合同约定，如果合同没有约定的，由合作研发人共同所有。值得注意的是，这里的合作是指直接产生智力成果的创作活动，而不是其他性质的活动，如提供咨询意见、物质条件，或者进行其他辅助活动等。

涉及与外省市企业以及境外企业合作开发的情况，合作开发协议或者合同中一定要明确合作各方的权利义务和成果归属，作为享受税收研发费用加计扣除的依据和无形资产成果管理摊销的重要判断标准。

16.3.2.2 合作研发合同。

根据《企业所得税优惠政策事项办理办法》（国家税务总局公告2018年第23号）中企业享受研发费加计扣除政策的留存备查资料要求，委托研发、合作研发的合同需经科技主管部门登记。未申请认定登记和未予登记的技术合同，不得享受研发费用加计扣除优惠政策。

合作研发合同可参照《科学技术部关于印发〈技术合同示范文本〉的通知》（国科发政字〔2001〕244号）之附件2"技术开发（合作）合同"（样式）编制，但凡企业研发项目合同具备技术合同登记的实质性要素，仅在形式上与技术合同示范文本存在差异的，也应予以登记，不得要求企业重新按照技术合同示范文本进行修改报送。

16.3.2.3 加计扣除政策。

企业共同合作开发的项目，由合作各方就自身实际承担的研发费用分别计算加计扣除。

【例】2021年，甲公司、乙公司签订关于研发工程技术的合作研发合同，根据合同约定，甲、乙公司双方分别投入、各自承担费用，并共同拥有新工程技术的知识产权。

该项目发生的支出情况如下：

（1）甲公司发生符合条件的研发费用共500万元。

（2）乙公司发生符合条件的研发费用共400万元。

根据财税〔2015〕119号、国家税务总局公告2015年第97号文件，甲、乙公司双方各自就自身实际承担的研发费用分别计算加计扣除。甲、乙公司签订的合作研发项目合同须经科技行政主管部门登记。

允许加计扣除的研发费用项目归集与自主研发一致。

2021年甲公司可扣除研发费用=500×175%=875（万元）。

2021年乙公司可扣除研发费用=400×175%=700（万元）。

16.3.2.4　委托研发与合作研发的区别。

有些大型的研究开发项目，往往不是企业自身独立完成，需要与其他单位进行合作。由于委托研发和合作研发适用的加计扣除不一致，为了准确享受政策，财务人员需要明确研发项目是委托开发，还是合作开发。

委托研发指被委托人基于他人委托而开发的项目。委托人以支付报酬的形式获得被委托人的研发成果的所有权。委托项目的特点是研发经费受委托人支配，项目成果必须体现委托人的意志和实现委托人的使用目的。

合作研发是指研发立项企业通过契约的形式与其他企业共同对项目的某一个关键领域分别投入资金、技术、人力，共同参与产生智力成果的创作活动，共同完成研发项目。合作研发共同完成的知识产权，其归属由合同约定，如果合同没有约定的，由合作各方共同所有。可以享受研发费用加计扣除优惠政策的合作方应该拥有合作研发项目成果的所有权。合作各方应直接参与研发活动，而非仅提供咨询、物质条件或其他辅助性活动。

除了委托指向的具体技术指标、研发时间和合同的常规条款外，最后还有一条关于知识产权的归属问题，或规定双方共有，或规定一方拥有。只有委托方部分或全部拥有时，才可按照委托研发享受加计扣除政策。若知识产权最后属于受托方，则不能按照委托研发享受加计扣除政策。

合作开发在合同中应注明，双方分别投入、各自承担费用、知识产权双方共有或各自拥有自己的研究成果的知识产权。

16.3.2.5　委托研发和合作研发的选择。

集团公司、母子公司或者关联方之间，需要考虑委托研发和合作研发的选择，如何使双方的应纳税额之和最小。

【例】A企业2021年委托其B关联企业研发，假设该研发符合研发费用加计扣除的相关条件，A企业支付给B企业100万元，B企业实际发生费用90万元，利润10万元。A企业和B企业的企业所得税适用税率25%，无特殊情况。

情形一：B企业实际发生费用中可按加计扣除口径归集的费用为85万元

如果A企业委托其B关联企业研发，2021年度A企业可加计扣除的金额为100×80%×75%=60（万元），B企业应向A企业提供实际发生费用90万元。

如果A企业和B关联企业合作研发，2021年度A企业可加计扣除的金额为85×75%=63.75（万元）。

对比上述计算结果，企业合作研发A企业和B关联企业合计应纳税额较小。

情形二：B企业实际发生费用中可按加计扣除口径归集的费用为75万元

如果A企业委托其B关联企业研发，2021年度A企业可加计扣除的金额为100×80%×75%=60（万元），B企业应向A企业提供实际发生费用90万元。

如果A企业和B关联企业合作研发，2021年度A企业可加计扣除的金额为75×75%=56.25（万元）。

对比上述计算结果，A企业委托其B关联企业研发，A企业和B关联企业合计应纳税额较小。

【例】母公司适用企业所得税率25%，全资子公司适用企业所得优惠税率15%，两家公司都实现企业所得税税前盈利，不考虑其他情况，应选择委托研发，研发费用应该全部在母公司加计扣除。

如母公司支付给子公司委托研发费用100万元，B企业实际发生费用90万元（其中企业实际发生费用中可按加计扣除口径归集的费用为85万元），利润10万元，不考虑其他情况，支付子公司委托研发费用100万元，可加计扣除60万元（100×80%×75%），母公司可以少缴企业所得税15万元。

如果上述条件不变，选择合作研发子公司，则子公司可加计扣除63.75万元（85×75%），子公司可少缴企业所得税9.56万元。

16.3.3 集团研发

16.3.3.1 集中研发

集中研发指集团企业根据生产经营和科技开发的实际情况，对技术要求高、投资数额大，单个企业难以独立承担，或者研发力量集中在集团公司，由其统筹管理集团研发活动的研发项目进行集中研发。优点是由于可将集团中的资源、技术、人力进行整合、统筹管理，不易受业务工作的限制，开发水平较高，系统整体较为优化。

16.3.3.2 集中研发的税法规定。

集中研发在收益成员企业间合理分摊加计扣除。企业集团根据生产经营和科技开发的实际情况，对集中研发项目按照财税〔2015〕119号文规定归集的可加计扣除的研发费用，按照权利和义务相一致、费用支出和收益分享相配比的原则，合理确定研发费用的分摊方法，在受益成员企业间进行分摊，由相关成员企业分别计算加计扣除。

企业集团应提供集中研发项目的协议或合同、集中研发项目研发费决算表，集中研发项目费用分摊明细情况表和实际分享收益比例等资料。相关协议或合同应明确规定参与各方在该研发项目中的权利和义务、费用分摊方法等内容。如不能提供集中研究开发项目的决算表及分摊表等关键资料，研究开发费用不得加计扣除。

【提醒】对于集团统一进行研发，研发费用在各子公司间分摊，如何确定分配率，例如，以研发投入确定分配率。参照合作研发的模式，对集团统一发生的研发费在各个子公司之间进行分摊时，按各子公司在研发过程中的实际投入为标准分摊。一方面，按投入进行分配较易量化计算，能合理体现各子公司对研发结果的实际贡献度，符合配比原则；另一方面，也能有效解决按销售收入分配不能完全反映出研发成果使用情况的问题，便于后续管理跟踪核实。

16.3.3.3 备查资料。

遵照"谁享受、谁负责"的原则，由享受优惠政策的主体承担相关工作。集团公司在分摊费用的同时，也应将集中研发项目研发费决算表、集中研发项目费用分摊明细情况表和实际分享收益比例等资料交给各子公司，各子公司主管税务机关对分配比例有异议时，可请集团公司主管税务机关对集团公司开展后续管理，重新确认研发费金额及分配率。

企业集团根据生产经营和科技开发的实际情况，对技术要求高、投资数额大、需要集中研发的项目，其实际发生的研发费用，可以按照权利和义务相一致、费用支出和收益分享相配比的原则，合理确定研发费用的分摊方法，在受益成员企业间进行分摊，由相关成员企业分别计算加计扣除。

根据《国家税务总局关于完善关联申报和同期资料管理有关事项的公告》（国家税务总局公告2016年第42号）的规定，企业集团开发、应用无形资产及确定无形资产所有权归属的整体战略，包括主要研发机构所在地和研发管理活动发生地及其主要功能、风险、资产和人员情况等应在主体文档中披露。

16.4　特殊事项安排

16.4.1　失败的研发活动所发生的研发费用。

企业失败的研发活动所发生的研发费用也可享受加计扣除。一是企业的研发活动具有一定的风险和不可预测性，既可能成功也可能失败，政策是对研发活动予以鼓励，并非单纯强调结果；二是失败的研发活动也并不是毫无价值的，在一般情况下的"失败"是指没有取得预期的结果，但可以取得其他有价值的成果；三是许多研发项目的执行是跨年度的，在研发项目执行当年，其发生的研发费用就可以享受加计扣除，不是在项目执行完成并取得最终结果以后才申请加计扣除，在享受加计扣除时实际无法预知研发成果，如强调研发成功才能加计扣除，将极大地增加企业享受优惠的成本，降低政策激励的有效性。

【例】某建筑企业在研发过程中，部分技术因在研究过程中未能通过验证，测试失败淘汰，耗费相应研发费用200万元，上述研发费用都符合加计扣除的政策规定，则可税前扣除额（含加计扣除）=200×175%=350（万元）。

16.4.2　直接形成产品或作为组成部分形成产品对外销售。

国家税务总局公告2017年第40号规定，企业研发活动直接形成产品或作为组成部分形成的产品对外销售的，研发费用中对应的材料费用不得加计扣除。产品销售与对应的材料费用发生在不同纳税年度且材料费用已计入研发费用的，可在销售当年以对应的材料费用发生额直接冲减当年的研发费用，不足冲减的，结转以后年度继续冲减。

【例】2015年2月，C公司与客户甲公司签订合同生产某设备。该设备某项关键技术需要进行研发，C公司对该研发项目进行自主研发项目立项（X项目）。假设生产周期为3年。2016年C公司发生研发支出100万元，其中X项目领用材料30万元。假设全部费用化，不考虑其他因素。2016年C公司可加计扣除的研发费用为100万元，当期实际加计扣除额50万元。2017年C公司发生研发支出80万元，其中X项目领用材料20万元（研发成功并交付生产部门）。假设全部费用化，不考虑其他因素。2017年C公司可加计扣除研发费用为80万元，当期实际加计扣除额40万元。2018年10月完工并按合同约定交付给甲公司，取得设备价款1000万元。当年发生研发支出150万元。假设全部费用化，不考虑其他因素。2018年C公司可加计研发费用为100（150-30-20）万元，当期实际加计扣除额75万元（2018年研发费加计扣除比例从50%提升至75%）。

16.4.3 财政性资金用于研发形成研发费用的处理。

16.4.3.1 税收政策规定。

（1）国家税务总局公告2015年第97号公告规定，企业取得作为不征税收入处理的财政性资金用于研发活动所形成的费用或无形资产，不得计算加计扣除或摊销。

企业取得的政府补助，会计处理时采用直接冲减研发费用方法且税务处理时未将其确认为应税收入的，应按冲减后的余额计算加计扣除金额。

【例】A企业2021年度发生研发支出180万元，取得政府补助60万元，当年会计上的研发费用为120万元，未进行相应的纳税调整，则税前加计扣除金额为120×75%=90（万元）。

（2）企业取得财政性资金若作为应税收入处理的，用于研发活动所形成的费用或者无形资产，可以计算加计扣除或摊销。

16.4.3.2 实务处理。

企业可自行选择最适宜自身的处理方式。

【例】某建筑企业当年发生符合税前加计扣除研发支出300万元，取得政府补助60万元，不考虑其他情况。

（1）企业选择作不征税收入处理

政府补助60万元选择作不征税收入处理，税前加计扣除金额为（300-60）×75%=180（万元），税前扣除和加计扣除金额为（300-60）+180=（420万元）。

（2）企业选择作为征税收入处理

政府补助60万元选择作征税收入处理，税前加计扣除金额为300×75%=225（万元），税前扣除和加计扣除金额为300+225=525（万元）。

对比上述两种选择，"企业选择作为征税收入处理"情形比"企业选择作不征税收入处理"，虽然收入多60万元，但是可以多税前扣除105万元，整体来说，企业所得税应纳税所得额少了45（105-60）万元，即"企业选择作为征税收入处理"情形少缴更多企业所得税。

16.4.4 增值税进项税额处理。

16.4.4.1 税收政策规定。

《财政部 国家税务总局关于全面推开营业税改征增值税试点的通知》（财税〔2016〕36号）附件1：《营业税改征增值税试点实施办法》第二十七条规定，下列项目的进项税额不得从销项税额中抵扣：

（一）用于简易计税方法计税项目、免征增值税项目、集体福利或者个人消费的购进货物、加工修理修配劳务、服务、无形资产和不动产。其中涉及的固定资产、无形资产、不动产，仅指专用于上述项目的固定资产、无形资产（不包括其他权益性无形资产）、不动产。

纳税人的交际应酬消费属于个人消费。

（二）非正常损失的购进货物，以及相关的加工修理修配劳务和交通运输服务。

（三）非正常损失的在产品、产成品所耗用的购进货物（不包括固定资产）、加工修理修配劳务和交通运输服务。

（四）非正常损失的不动产，以及该不动产所耗用的购进货物、设计服务和建筑服务。

（五）非正常损失的不动产在建工程所耗用的购进货物、设计服务和建筑服务。

纳税人新建、改建、扩建、修缮、装饰不动产,均属于不动产在建工程。

(六)购进的旅客运输服务、贷款服务、餐饮服务、居民日常服务和娱乐服务。

【注:《财政部 税务总局 海关总署关于深化增值税改革有关政策的公告》(财政部 税务总局 海关总署公告2019年第39号)明确,自2019年4月1日起旅客运输服务允许抵扣。】

(七)财政部和国家税务总局规定的其他情形。

本条第(四)项、第(五)项所称货物,是指构成不动产实体的材料和设备,包括建筑装饰材料和给排水、采暖、卫生、通风、照明、通讯、煤气、消防、中央空调、电梯、电气、智能化楼宇设备及配套设施。

第三十一条规定,已抵扣进项税额的固定资产、无形资产或者不动产,发生本办法第二十七条规定情形的,按照下列公式计算不得抵扣的进项税额:

不得抵扣的进项税额=固定资产、无形资产或者不动产净值×适用税率

固定资产、无形资产或者不动产净值,是指纳税人根据财务会计制度计提折旧或摊销后的余额。

16.4.4.2 研发过程中。

(1)研发费用属于费用化支出,不属于具体某个建筑项目,不属于上述财税〔2016〕36号等文件规定不能抵扣进项税额情形,所以可以按规定抵扣进项税额。

(2)研发费用属于资本化支出,资本化之前无法确认无形资产的用途,不属于上述财税〔2016〕36号等文件规定不能抵扣进项税额情形,所以可以按规定抵扣进项税额。

形成无形资产了,根据无形资产用途决定是否要进项税额转出,仅仅专用于"用于简易计税方法计税项目、免征增值税项目、集体福利或者个人消费"的无形资产,按财税〔2016〕36号文件附件1第三十一条规定计算进项

税额转出，兼用可抵扣项目和不可抵扣项目都可以全额抵扣。

16.4.4.3 进项税额抵扣影响加计扣除额。

增值税是价外税，研发费用支出按规定抵扣进项后，计入研发费用为不含增值税成本，即研发费用"降低"，进而影响到加计抵扣额。如发生用于研发活动的仪器、设备的运行检验费用支出含增值税税额10.6万元（适用税率6%）。如果按规定抵扣进项税额，计入研发费用中检验费用为10万元，可加计扣除额7.5万元；如果不抵扣进项税额，计入研发费用中检验费用为10.6万元，可加计扣除额7.95万元。

对比税款：多抵扣进项税额0.6万元（同时少缴纳城建税及教育费附加），多缴企业所得税（0.6+0.45）×适用的企业所得税税率，不考虑特殊情况，还是抵扣进项税额少而缴税额多。

16.4.5 特殊收入的扣减。

企业取得研发过程中形成的下脚料、残次品、中间试制品等特殊收入，在计算确认收入当年的加计扣除研发费用时，应从已归集研发费用中扣减该特殊收入，不足扣减的，加计扣除研发费用按零计算。

16.4.6 追溯享受政策。

企业符合相关文件规定的研发费用加计扣除条件而在2016年1月1日以后未及时享受该项税收优惠的，可以追溯享受并履行备案手续，追溯期限最长为3年。

【例】企业2019年度发生了研发支出未享受加计扣除优惠的，最迟需在2022年度汇缴期内，也就是2023年5月31日前更正申报2019年度企业所得税汇缴申报，追溯享受研发费加计扣除政策。

16.4.7 叠加享受税收优惠的处理。

根据《国家税务总局关于发布修订后的〈企业所得税优惠政策事项办理办法〉的公告》（国家税务总局公告2018年第23号）的规定，所称优惠事项是指企业所得税法规定的优惠事项，以及国务院和民族自治地方根据企业所得税法授权制定的企业所得税优惠事项。包括免税收入、减计收入、加计扣除、加速折旧、所得减免、抵扣应纳税所得额、减低税率、税额抵免等。

按照《财政部 国家税务总局关于执行企业所得税优惠政策若干问题的通知》(财税〔2009〕69号)的规定,企业所得税法及其实施条例中规定的各项税收优惠,凡企业符合规定条件的,可以同时享受。因此,企业既符合享受研发费用加计扣除政策条件,又符合享受其他优惠政策条件的,可以同时享受有关优惠政策。

如企业在享受研发费用加计扣除政策计算企业所得税应纳税所得额后,享受西部大开发和高新技术企业等企业所得税优惠政策;再如企业在享受研发费用加计扣除政策后判断是否符合小型微利企业的条件,如果符合,在享受研发费用加计扣除政策后,按照小型微利企业优惠政策计算企业所得税应纳税额。

16.5 会计核算

16.5.1 加计扣除研发费用核算要求。

(1)企业应按照国家财务会计制度要求,对研发支出进行会计处理;同时,对享受加计扣除的研发费用按研发项目设置辅助账,准确归集核算当年可加计扣除的各项研发费用实际发生额。企业在一个纳税年度内进行多项研发活动的,应按照不同研发项目分别归集可加计扣除的研发费用。

(2)企业应对研发费用和生产经营费用分别核算,准确、合理归集各项费用支出,对划分不清的,不得实行加计扣除。

16.5.2 研发支出科目。

(1)本科目核算企业进行研究与开发无形资产过程中发生的各项支出。

(2)本科目可按研究开发项目,分别以"费用化支出""资本化支出"进行明细核算。

(3)研发支出的主要账务处理

①企业自行开发无形资产发生的研发支出,不满足资本化条件的,借记本科目(费用化支出);满足资本化条件的,借记本科目(资本化支出),贷记"原材料""银行存款""应付职工薪酬"等科目。

②研究开发项目达到预定用途形成无形资产的,应按本科目(资本化支出)的余额,借记"无形资产"科目,贷记本科目(资本化支出)。期(月)末,应将本科目归集的费用化支出金额转入"管理费用"科目,借记"管理费用"科目,贷记本科目(费用化支出)。

(4)本科目期末借方余额,反映企业正在进行无形资产研究开发项目满足资本化条件的支出。

16.5.3 具体会计分录。

(1)企业内部研究开发项目所发生的支出应区分研究阶段支出和开发阶段支出。企业自行开发无形资产发生的研发支出,不满足资本化条件的,借记"研发支出——费用化支出"科目,满足资本化条件的,借记"研发支出——资本化支出"科目,贷记"银行存款""应付账款""原材料""应付职工薪酬"等科目。编制会计分录如下:

借:研发支出——费用化支出(不满足资本化条件)
　　　　——资本化支出(满足资本化条件)
　　应交税费——应交增值税(进项税额)(按规定可抵扣进项)
　贷:银行存款/应付账款/原材料/应付职工薪酬等

如果无法可靠区分研究阶段的支出和开发阶段的支出,应将其所发生的研发支出全部费用化,计入当期损益。

(2)研究开发项目达到预定用途形成无形资产的,应按"研发支出——资本化支出"科目的余额,借记"无形资产"科目,贷记"研发支出——资本化支出"科目。编制会计分录如下:

借:无形资产
　贷:研发支出——资本化支出

(3)期末,应将"研发支出——费用化支出"科目归集的金额转入"管理费用"科目,借记"管理费用"科目,贷记"研发支出——费用化支出"科目。编制会计分录如下:

借:管理费用
　贷:研发支出——费用化支出

16.6 备查资料

企业享受研发费用加计扣除优惠政策时，采用"自行判别、申报享受、相关资料留存备查"的办理方式，企业对留存备查资料的真实性、合法性承担法律责任，在年度纳税申报及享受优惠事项前无须再履行备案手续，也无须再报送备案资料。

16.6.1 主要留存备查资料。

企业享受研发费加计扣除政策，应当在完成年度汇算清缴后，将留存备查资料归集齐全并整理完成，以备税务机关核查。

16.6.1.1 企业享受开发新技术、新产品、新工艺发生的研究开发费用加计扣除政策应留存备查以下资料。

（1）自主、委托、合作研究开发项目计划书和企业有关部门关于自主、委托、合作研究开发项目立项的决议文件；

（2）自主、委托、合作研究开发专门机构或项目组的编制情况和研发人员名单；

（3）经科技行政主管部门登记的委托、合作研究开发项目的合同；

（4）从事研发活动的人员（包括外聘人员）和用于研发活动的仪器、设备、无形资产的费用分配说明（包括工作使用情况记录及费用分配计算证据材料）；

（5）集中研发项目研发费决算表、集中研发项目费用分摊明细情况表和实际分享收益比例等资料；

（6）"研发支出"辅助账及汇总表；

（7）企业如果已取得地市级（含）以上科技行政主管部门出具的鉴定意见，应作为资料留存备查；

（8）委托境外进行研发活动发生的研究开发费用，需留存委托境外研发银行支付凭证和受托方开具的收款凭证以及当年委托研发项目的进展情况等资料。

16.6.1.2 企业享受为获得创新性、创意性、突破性的产品进行创意设计活动而发生的相关费用加计扣除政策应留存备查以下资料。

（1）创意设计活动相关合同；

（2）创意设计活动相关费用核算情况的说明。

企业留存备查资料应从企业享受优惠事项当年的企业所得税汇算清缴期结束次日起保留10年。

企业应当按照税务机关要求限期提供留存备查资料，以证明其符合税收优惠政策条件。企业不能提供留存备查资料，或者留存备查资料与实际生产经营情况、财务核算、相关技术领域、产业、目录、资格证书等不符，不能证明企业符合税收优惠政策条件的，税务机关将追缴其已享受的减免税，并按照税收征管法规定处理。

16.6.2　研发项目异议鉴定。

根据《科技部　财政部　国家税务总局关于进一步做好企业研发费用加计扣除政策落实工作的通知》（国科发政〔2017〕211号）规定，税务部门事中、事后对企业享受加计扣除优惠的研发项目有异议的，可将项目资料送科技部门进行鉴定。应及时通过县（区）级科技部门将项目资料送地市级（含）以上科技部门进行鉴定；由省直接管理的县/市，可直接由县级科技部门进行鉴定（以下统称"鉴定部门"）。鉴定部门在收到税务部门的鉴定需求后，及时组织专家进行鉴定，并在规定时间内通过原渠道将鉴定意见反馈税务部门。鉴定时，由3名以上相关领域的产业、技术、管理等专家参加。

企业承担省部级（含）以上科研项目和以前年度已鉴定的跨年度研发项目，不再需要鉴定。

第17章 工程结算涉税处理

17.1 基本规定

（1）工程造价可按以下公式计算：工程造价=税前工程造价×（1+9%）。其中，9%为建筑业拟征增值税税率，税前工程造价为人工费、材料费、施工机具使用费、企业管理费、利润和规费之和，各费用项目均以不包含增值税可抵扣进项税额的价格计算，相应计价依据按上述方法调整。[《住房城乡建设部办公厅关于做好建筑业营改增建设工程计价依据调整准备工作的通知》（建办标〔2016〕4号）]

（2）《财政部 税务总局 海关总署关于深化增值税改革有关政策的公告》（财政部 税务总局 海关总署公告2019年第39号）规定，现将《住房城乡建设部办公厅关于调整建设工程计价依据增值税税率的通知》（建办标〔2018〕20号）规定的工程造价计价依据中增值税税率由10%调整为9%。[《住房和城乡建设部办公厅关于重新调整建设工程计价依据增值税税率的通知》（建办标函〔2019〕193号）]

17.2 税率调整的影响

税金（销项税额）=销售额（税前造价）×增值税税率。实务中，如果一般计税方法项目出现开具多个税率（11%、10%或9%）发票，则：

工程造价=税前工程造价×（1+税率）

=税前工程造价+税前工程造价×税率

=税前工程造价+销项税额

=税前工程造价+各个税率开具发票的销项税额

【提醒1】千万不能用工程结算时期适用的税率直接套公式［工程造价=税前工程造价×（1+税率）］。

【例】某项目2017年10月开具不含增值税1000万适用税率11%的增值税专用发票、2018年5月开具不含增值税1500万适用税率10%的增值税专用发票、2019年12月结算开具适用税率9%的增值税专用发票。其中：

销项税额=1000×11%+1500×10%+12月结算开具9%的增值税专用发票税额

【提醒2】税率调整，也会对税前工程造价有影响，税前造价各项费用不包含可抵扣增值税进项税额的"不含增值税税金"的计算规则。

城市维护建设税、教育费附加以及地方教育费附加=各个税率开具发票的销项税额×城建税及附加税率

城市维护建设税、教育费附加以及地方教育费附加等计入企业管理费中。

17.3　保证金的结算

17.3.1　政策依据。

纳税人提供建筑服务，被工程发包方从应支付的工程款中扣押的质押金、保证金，未开具发票的，以纳税人实际收到质押金、保证金的当天为纳税义务发生时间。［《国家税务总局关于在境外提供建筑服务等有关问题的公告》（国家税务总局公告2016年第69号）］

17.3.2　实务操作。

（1）按照收保证金的时间，确定增值税纳税义务发生时间（虽企业所得税或会计口径已经确认了收入），确定适用税率/征收率，如未收到保证金提前开具增值税发票，按照开具发票的时间点确定适用税率/征收率。

【例】2017年完成的项目，采用一般计税方法，保证金是2019年10月收

取,增值税纳税义务发生的时间为2019年10月,适用税率为9%,开具税率为9%的增值税发票。

(2)如果工程结算的税率跟开具增值税发票的税率不一致,要进行保证金金额的调整,调整公式如下:

调整保证金金额=保证金÷(1+保证金结算时税率)×(1+开具发票时税率)

【接上例】调整保证金金额=保证金÷(1+9%)×(1+9%)

17.4 以房抵债的涉税管理

17.4.1 不动产产权过户到建筑企业,在"以房抵款"业务中,可以分为两个环节:

第一个是不动产抵入(购买)环节:

(1)建筑企业与业主签订"以房抵款"合同(注意事项详见后)。

(2)建筑企业与业主签订商品房买卖合同。

(3)业主开具不动产发票,缴纳土增税、增值税、印花税、企业所得税。

(4)建筑企业缴纳契税、印花税。

第二个是不动产抵出(出售)环节:建筑企业将不动产销售给第三方。

(1)建筑企业与第三方签订商品房买卖合同。

(2)建筑企业开具不动产发票,缴纳土增税(旧房)、增值税、印花税、企业所得税。

(3)第三方缴纳契税、印花税。

17.4.2 不动产产权未过户到建筑企业。

总包方抵入不动产后,直接指定第三方购买人或转抵给分包方,分包方自行购买商品房或另行指定购买人。在整个交易过程中,除最终销售环节,过程中通常不涉及商品房产权的变更。由于"以房抵款"没有明确的税收政策,对抵进商品房的会计处理也不统一,导致"以房抵款"存在税企争议。

实务处理原则:往来款抵账。

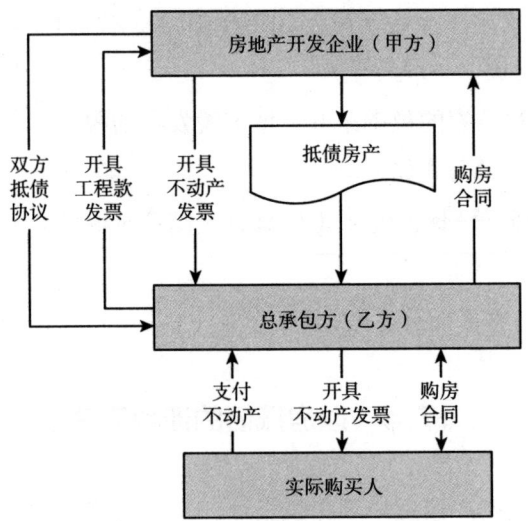

图17-1 以房抵债的环节流程图

17.5 工程政府奖励

17.5.1 增值税。

17.5.1.1 政策规定。

纳税人取得2019年12月31日以前的中央财政补贴收入，不属于增值税应税收入，不征收增值税。

纳税人取得2020年1月1日以后的财政补贴收入，与其销售货物、劳务、服务、无形资产、不动产的收入或者数量直接挂钩的，应按规定计算缴纳增值税。纳税人取得的其他情形的财政补贴收入，不属于增值税应税收入，不征收增值税。[《国家税务总局关于取消增值税扣税凭证认证确认期限等增值税征管问题的公告》(国家税务总局公告2019年第45号)]

17.5.1.2 实务判断。

（1）与提供的建筑服务的产值直接挂钩的，应按规定计算缴纳增值税，按照挂钩的建筑服务项目适用税率/征收率一致，同时需要按规定给相关部门开具增值税发票，如果适用一般计税方法，可以按规定抵扣进项税额。

（2）其他财政补贴收入不属于增值税应税收入，不征收增值税，按规定开具税率栏"不征税"的增值税普通发票，具体发票税收编码为"615 与销售行为不挂钩的财政补贴收入"。例如，开工奖励费，不属于增值税应税收入，不征收增值税。

17.5.2 企业所得税

17.5.2.1 政策规定

企业从县级以上各级人民政府财政部门及其他部门取得的应计入收入总额的财政性资金，凡同时符合政策规定的三个条件，均可作为不征税收入，在计算应纳税所得额时从收入总额中减除。三个条件分别是：

（1）企业能够提供规定资金专项用途的资金拨付文件；

（2）财政部门或其他拨付资金的政府部门对该资金有专门的资金管理办法或具体管理要求；

（3）企业对该资金以及以该资金发生的支出单独进行核算。

【提醒】不征税收入用于支出所形成的费用，不得在计算应纳税所得额时扣除；用于支出所形成的资产，其计算的折旧、摊销不得在计算应纳税所得额时扣除。

17.5.2.2 实务判断

关键把握"财政部门或其他拨付资金的政府部门对该资金有专门的资金管理办法或具体管理要求"条件，是否有相关文件规定该项补助的用途、具体范围及管理要求等。

17.5.2.3 与增值税征收范围关系

是否属于企业所得税不征税收入，与是否征收增值税无必然关系，是两个不同税种的征收范围，如：开工奖励费，不属于增值税应税收入，不征收增值税，但是按规定需要缴纳企业所得税。

17.6 相关风险点

17.6.1 未纳税义务发生时间缴纳

企业以开具增值税发票金额申报收入，未按照合同约定的付款时间及金额确认收入，计算缴纳增值税、城市维护建设税及附加，未按照工程完工进度确认收入实现，计算缴纳企业所得税，存在少缴增值税、城市维护建设税及附加、企业所得税的风险。

【例1】实务中已竣工已结算纳税时间的认定，取得竣工结算定案表时，无论是否收到工程款，总包单位已达到纳税义务发生时间，大部分项目，未按义务纳税。

【例2】提供建筑服务过程中或者完成后收到款项未开具增值税发票，未按规定缴纳增值税。

17.6.2 向分包工程企业收取分包管理费，未计收入的风险。

大型建筑企业将工程分包给部分施工企业，向分包企业收取分包款项的同时，收取一定比例的分包工程管理费，直接冲减"工程施工"成本，未按规定计算增值税收入，存在少缴增值税、城市维护建设税及附加、印花税的风险。

17.6.3 处置边角废料收入，未按规定计提销项税额的风险。

企业在施工过程中，处理建筑材料边角废料收入未申报缴纳增值税、城市维护建设税及附加。

17.6.4 税前多列支未实际支付款项的风险。

企业按照工程进度和实际发生量结转劳务成本，但后期实际支付劳务费时，由于工程质量等客观原因，可能未全额支付劳务费，也没有及时冲减劳务成本。

17.6.5 工程成本中列支业务招待费，税前未做纳税调整的风险。

企业在工程施工项目的成本中列支烟、酒、餐费等属于业务招待费性质的支出。

17.6.6 将一般计税项目改为简易计税项目，少缴增值税的风险。

企业在部分较难取得进项税抵扣凭证的项目中，将适用一般计税的项目"转变为"简易计税项目，少缴增值税。

17.6.7 取得预收工程款，未按规定预缴增值税的风险。

企业将收取的入场费等款项计入"预收账款"以外的往来科目，长期挂账不申报纳税，或账外循环，将预收款项打入个人账户，等工程完工一并结算，延迟增值税税款缴纳时间。

17.6.8 收取的与工程有关的其他收入与价外费用，未按规定计提销项税的风险。

企业取得与工程有关的额外收入如质量奖、提前竣工奖、延期付款利息等未按规定计提销项税。

17.6.9 与生产经营无关的费用支出税前扣除的风险。

企业在管理费用等科目中列支离退休职工费用、个人学历教育费用、个人车辆油修费、员工家属区物业费用、商业保险等应由个人承担的费用，税前未做纳税调整，造成少缴企业所得税、少代扣代缴个人所得税的风险。

17.6.10 企业之间资金拆借，少计利息收入的风险。

企业将贷款资金借给其他单位和个人使用，自身列支贷款利息，不收取利息或收取利息不计收入，少缴企业所得税和增值税。

17.6.11 企业提取的各项准备金税前未做纳税调增处理的风险。

企业提取准备金年终汇算清缴未做纳税调增处理。

17.6.12 税前多列支已计提但未实际缴纳的税金的风险。

企业税前列支已经计提但未实际发生的城市维护建设税及附加。

17.6.13 税前列支预提费用，未做纳税调增处理的风险。

企业设置预提费用科目，税前列支已经计提但未实际发生的预估房租、水电费等费用，年终汇算清缴未做纳税调增处理，造成少缴企业所得税的风险。

17.6.14 税前列支罚款支出未做纳税调增处理的风险。

建筑企业在施工过程中因消防、环保、工程质量等未达标，接受相关行政机构的处罚而支付的罚款或罚金，税前未做纳税调增处理，造成少缴企业所得税的风险。

17.6.15 职工工会经费的税前扣除不符合规定的风险。

企业计提的职工工会经费未实际拨缴，税前未做纳税调增处理，造成少缴企业所得税的风险。

17.6.16　未按照税法规定确认增值税收入的风险。

企业以开具增值税发票金额申报收入，未按照合同约定的付款时间及金额确认收入，计算缴纳增值税、城市维护建设税及附加，未按照工程完工进度确认收入实现，计算缴纳企业所得税，存在少缴增值税、城市维护建设税及附加、企业所得税的风险。

17.6.17　收到垫资施工利息未确认增值税收入的风险。

企业垫资从事工程施工收到对方付给的利息，未作为收入的价外费用，而是红字冲减财务费用，存在未缴纳增值税、城市维护建设税及附加的风险。

17.6.18　税率适用错误的风险。

企业销售活动板房、机器设备、钢结构件等自产货物的同时提供建筑安装服务不属于混合销售，应分别核算货物和建筑服务销售额，分别适用不同税率或者征收率。

17.6.19　合同金额增加部分未足额缴纳印花税的风险。

企业对印花税应税合同金额增加部分未足额缴纳印花税。

第18章 资金管理涉税关键点

18.1 基本规定

18.1.1 集团内单位之间的资金无偿借贷形式。

18.1.1.1 政策规定。

自2019年2月1日至2023年12月31日,对企业集团内单位(含企业集团)之间的资金无偿借贷行为,免征增值税。[《财政部 税务总局关于明确养老机构免征增值税等政策的通知》(财税〔2019〕20号)和《财政部 税务总局关于延长部分税收优惠政策执行期限的公告》(财政部 税务总局公告2021年第6号)。]

18.1.1.2 操作要点。

(1)适用对象只针对企业集团,非企业集团并不适用该优惠政策。

(2)适用对象只针对企业集团内单位间,并不适用于与企业集团外单位。

(3)资金借贷必须无偿,有偿的不适用该优惠政策,因为是无偿借款,也就不需要开具增值税发票。

(4)享受免税期间有限,自2019年2月1日至2023年12月31日。

(5)该政策与统借统还免征增值税优惠政策是两项优惠政策,不存在替代关系。

(6)无偿借贷增值税免税的适用范围:对所有中国企业集团内单位之间的资金无偿借贷行为免税。包括但不限于:集团母公司借给下属公司、下属公司借给集团母公司、下属公司间相互借贷(下属公司包括分、子公司)。

【例】(集团母公司与下属公司间)A集团是多元化企业集团,集团由母公司、子公司、参股公司以及其他成员单位组建而成,2019年2月10日集团母公司B集团有限公司用自有资金借给下属子公司C公司1000万元，年利率为0%，借款期限1年。

【例】（集团下属公司与下属公司间）A集团是多元化企业集团，集团由母公司、子公司、参股公司以及其他成员单位组建而成，2019年3月1日集团下属D公司使用银行借款借给兄弟企业E公司5000万元，年利率为0%，借款期限1年。

（7）对享受无偿借贷增值税免税的资金来源的要求：财税〔2019〕20号文所规定的适用免征增值税规定并没有对资金来源作出限制性规定，既可以是自有资金，也可以是外部资金，既可以是国内资金，也可以是国外资金。包括但不限于自有资金、银行、信托等金融机构资金、发债取得资金、其他企业资金、其他个人资金等等。

【例】A集团是多元化企业集团，集团由母公司、子公司、参股公司以及其他成员单位组建而成，2019年3月1日集团下属D公司贷给兄弟企业E公司5000万元，年利率为0%，借款期限1年，该资金为自有资金。

【例】A集团是多元化企业集团，集团由母公司、子公司、参股公司以及其他成员单位组建而成，2019年3月1日集团下属D公司贷给兄弟企业E公司5000万元，年利率为0%，借款期限1年，该资金为发债取得资金。

（8）税务机关对"企业集团"的认定：2018年8月31日前成立的"老集团"要有"企业集团登记证"，自2018年9月1日后新成立的集团（"新集团"）需要按《市场监管总局关于做好取消企业集团核准登记等4项行政许可等事项衔接工作的通知》（国市监企注〔2018〕139号）的规定进行公示。

18.1.2 统借统还。

18.1.2.1 政策规定。

统借统还业务中，企业集团或企业集团中的核心企业以及集团所属财务公司按不高于支付给金融机构的借款利率水平或者支付的债券票面利率水平，向企业集团或者集团内下属单位收取的利息，免征增值税。

统借方向资金使用单位收取的利息，高于支付给金融机构借款利率水平或者支付的债券票面利率水平的，应全额缴纳增值税。

统借统还业务，是指：

（1）企业集团或者企业集团中的核心企业向金融机构借款或对外发行债券取得资金后，将所借资金分拨给下属单位（包括独立核算单位和非独立核算单位，下同），并向下属单位收取用于归还金融机构或债券购买方本息的业务。

（2）企业集团向金融机构借款或对外发行债券取得资金后，由集团所属财务公司与企业集团或者集团内下属单位签订统借统还贷款合同并分拨资金，并向企业集团或者集团内下属单位收取本息，再转付企业集团，由企业集团统一归还金融机构或债券购买方的业务。[《财政部 国家税务总局关于全面推开营业税改征增值税试点的通知》（财税〔2016〕36号）]

18.1.2.2 操作要点。

（1）适用对象是集团企业，如果没有进行集团企业工商登记，则不适用该政策。

（2）资金来源必须是金融机构或对外发行债券。如果是从非金融机构借款，不适用该政策；如果是集团内部资金委托金融机构进行的委托贷款，也不适用该政策。

（3）融资主体（统借方）必须是集团企业，或者集团中的核心企业。该核心企业可以是集团的财务公司，也可以是集团中的某个公司。

（4）资金由融资主体（统借方）统一借入，归还时也必须由融资主体（统借方）统一归还。

（5）融资主体（统借方）借入资金后，统一调拨，且仅限一级调拨，如果二级或者多级转拨，则不适用该政策。

【例】假设融资主体为上述集团架构中的A公司，A公司融资后可以向集团公司调拨，也可以直接向B公司、C公司、D公司中的任何一个公司调拨，这种情况下A公司收取的不高于金融机构的利息是免征增值税的；但是如果A公司将资金借给B公司，B公司再借给D公司，那么B公司将资金借给D公司的行为就属于二级转拨了，此时B公司收取D公司的借款利息不适用统借统还政策，需要全额缴纳增值税。

（6）融资主体（统借方）向集团内部其他企业借出资金的利率不得超过向金融机构借入资金的利率。如果超过了，则不适用该政策，应当全额缴纳增值税。

（7）资金从金融机构流入，到最终使用方，必须有清晰的、一一对应的资金流。

（8）签订统借统还协议，并且实务操作中，建议协议中最好明确约定，按照统借统还的税收政策，资金借出方应当提供增值税免税发票。

18.2　资金管理方式及要求

1.集团所属财务公司、企业集团或集团内的核心企业向金融机构借款或对外发行债券取得资金，建议采用"统借统还"，要求：

（1）向每家金融机构借款需要有明细台账，对应子公司/孙公司的每笔借款，包括利率不能高于从金融机构的借款利率、借还的时间，特别提醒出借资金的贷款期限不得长于向金融机构的借款期限。

（2）各下属单位要直接向集团所属财务公司、企业集团或集团内的核心企业向金融机构借款，不得有中间下属单位（比如：集团借给子公司，子公司借给孙子公司）。

（3）集团所属财务公司、企业集团或集团内的核心企业收取利息，按规定办理增值税免税备案，同时开具税率栏"免税"的增值税普通发票。

2.企业集团自有资金向下属单位出借，建议采用无偿借贷形式，避免缴纳增值税销项税额不能抵扣从而产生额外的税负。

18.3　资金管理涉税安排方案

集团公司借款给下属公司，产生的利息借款，集团公司按规定缴纳增值税销项税额，但是下属公司无法抵扣进项税额，同时，税前扣除受债资比例限制，转换业务性质，从而做到抵扣进项税额和税前扣除。

18.3.1 方案一：按照利息支出（见图18-1）。

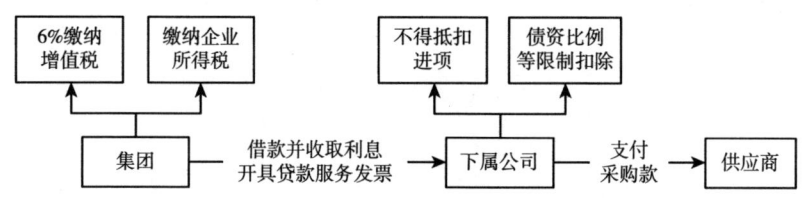

图18-1　按利息支出进行的资金管理涉税安排

18.3.2 方案二：按照采购性质支付（见图18-2）。

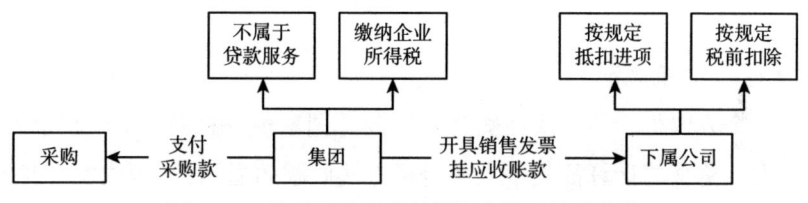

图18-2　按采购性质支付的资金管理涉税安排

第19章 个人所得税实务关键点

19.1 全年一次性奖金

19.1.1 政策规定。

居民个人取得全年一次性奖金，符合《国家税务总局关于调整个人取得全年一次性奖金等计算征收个人所得税方法问题的通知》(国税发〔2005〕9号)规定的，在2021年12月31日前，不并入当年综合所得，以全年一次性奖金收入除以12个月得到的数额，按照本通知所附按月换算后的综合所得税率表(以下简称月度税率表)，确定适用税率和速算扣除数，单独计算纳税。计算公式为：

应纳税额＝全年一次性奖金收入×适用税率－速算扣除数

居民个人取得全年一次性奖金，也可以选择并入当年综合所得计算纳税。

自2022年1月1日起，居民个人取得全年一次性奖金，应并入当年综合所得计算缴纳个人所得税。

19.1.2 操作要点。

全年一次性奖金过渡期3年，从2019年至2021年，过渡期内全年一次性奖金可以选择计入综合所得一并计税，也可以按上述计税方法单独计算纳税。自2022年开始，全年一次性奖金只能并入综合所得统一计税。

全年一次性奖金单独计税时，应注意无效区间。

19.2　全年一次性奖金之外的其他各种奖金

19.2.1　政策规定。

雇员取得除全年一次性奖金以外的其他各种名目奖金，如半年奖、季度奖、加班奖、先进奖、考勤奖等，一律与当月工资、薪金收入合并，按税法规定缴纳个人所得税。

19.2.2　操作要点。

公司给员工发放的除全年一次性奖金以外的其他各种名目奖金，应合并至员工当月工资缴纳个人所得税。

19.3　员工取得超标准的养老、失业、医疗保险及住房公积金

19.3.1　政策规定。

企事业单位和个人超过规定的比例和标准缴付的基本养老保险费、基本医疗保险费和失业保险费，应将超过部分并入个人当期的工资、薪金收入，计征个人所得税。单位和个人超过上述规定比例和标准缴付的住房公积金，应将超过部分并入个人当期的工资、薪金收入，计征个人所得税。

19.3.2　操作要点。

企业和个人超过规定比例和标准缴付的基本养老保险费、基本医疗保险费和失业保险费、住房公积金，应将超过部分并入个人当期的工资、薪金收入，计征个人所得税。

19.4　商业保险

19.4.1　政策规定。

依据《中华人民共和国个人所得税法》及有关规定，对企业为员工支付各项免税之外的保险金，应在企业向保险公司缴付时（即该保险落到被保险人的保险账户）并入员工当期的工资收入，按"工资、薪金所得"项目计征

个人所得税，税款由企业负责代扣代缴。

19.4.2 操作要点。

企业为职工购买或缴纳的各项免税之外的保险，如补充医疗保险、人身意外伤害险等，均应在缴付时并入员工当月的工资收入，按"工资、薪金所得"项目代扣代缴个人所得税。

19.5 非货币形式发放应税收入

19.5.1 政策规定。

工资、薪金所得，是指个人因任职或者受雇而取得的工资、薪金、奖金、年终加薪、劳动分红、津贴、补贴以及与任职或者受雇有关的其他所得。

个人所得的形式，包括现金、实物、有价证券和其他形式的经济利益。所得为实物的，应当按照取得的凭证上所注明的价格计算应纳税所得额；无凭证的实物或者凭证上所注明的价格明显偏低的，参照市场价格核定应纳税所得额。所得为有价证券的，根据票面价格和市场价格核定应纳税所得额。所得为其他形式的经济利益的，参照市场价格核定应纳税所得额。

19.5.2 操作要点。

企业通过非货币形式为员工发放的各类收入，如实物奖励，应并入当期工资、薪金收入，计征个人所得税。

19.6 车改、通信补贴

19.6.1 政策规定。

个人因公务用车和通讯制度改革而取得的公务用车、通讯补贴收入，扣除一定标准的公务费用后，按照"工资、薪金"所得项目计征个人所得税。按月发放的，并入当月"工资、薪金"所得计征个人所得税；不按月发放的，分解到所属月份与该月份"工资、薪金"所得合并后计征个人所得税。

公务费用的扣除标准，由省级地方税务局根据纳税人公务交通、通讯费用的实际发生情况调查测算，报经省级人民政府批准后确定，并报国家税务总局备案。

19.6.2 操作要点。

企业以现金发放的交通补贴、通讯补贴，属于个人所得税的应税所得，但各地关于交通费和通讯费有免税规定。企业应关注当地税务机关的具体规定。

19.7　生活补助费

19.7.1 福利费。

《个人所得税法》第四条规定，福利费、抚恤金、救济金免交个人所得税。

《实施条例》第十四条规定，免交个人所得税的福利费，是指根据国家有关规定，从企业、事业单位、国家机关、社会团体提留的福利费或者工会经费中支付给个人的生活补助费。

从福利费或者工会经费中支付给个人的免税生活补助费，是指由于某些特定事件或原因而给纳税人或其家庭的正常生活造成一定困难，其任职单位按国家规定从提留的福利费或者工会经费中向其支付的临时性生活困难补助。

下列收入不属于免税的福利费范围，应当并入纳税人的工资、薪金收入计征个人所得税：

（1）从超出国家规定的比例或基数计提的福利费、工会经费中支付给个人的各种补贴、补助；

（2）从福利费和工会经费中支付给单位职工的人人有份的补贴、补助；

（3）单位为个人购买汽车、住房、电子计算机等不属于临时性生活困难补助性质的支出。

19.7.2 救济金。

免税救济金是指各级人民政府民政部门支付给个人的生活困难补助费。

19.8　生育津贴和生育医疗费

生育妇女按照县级以上人民政府根据国家有关规定制定的生育保险办

法，取得的生育津贴、生育医疗费或其他属于生育保险性质的津贴、补贴，免征个人所得税。

19.9 误餐补助

不征税的误餐补助，是指按财政部门规定个人因公在城区、郊区工作，不能在工作单位或返回就餐，确实需要在外就餐的，根据实际误餐顿数，按规定的标准领取的误餐费。

一些单位以误餐补助名义发给职工的补贴、津贴，以及直接存入员工个人专用餐卡的补贴等均应当并入当月工资、薪金所得计征个人所得税。

19.10 以报销发票形式向职工支付各种个人收入

19.10.1 政策规定。

工资、薪金所得，是指个人因任职或者受雇而取得的工资、薪金、奖金、年终加薪、劳动分红、津贴、补贴以及与任职或者受雇有关的其他所得。

下列不属于工资、薪金性质的补贴、津贴，或者不属于纳税人本人工资、薪金所得项目的收入，不征税：

（1）独生子女补贴；

（2）执行公务员工资制度未纳入基本工资总额的补贴、津贴差额和家属成员的副食品补贴；

（3）托儿补助费；

（4）差旅费津贴、误餐补助。

19.10.2 操作要点。

企业通过发票报销形式为职工发放的各种收入，除政策规定的不征税收入外，应属于与任职或者受雇有关的所得，并入"工资薪金所得"计算缴纳个人所得税。

19.11 离退休人员取得的补贴、奖金、实物

19.11.1 政策规定。

离退休人员除按规定领取离退休工资或养老金外,另从原任职单位取得的各类补贴、奖金、实物,不属于可以免税的退休工资、离休工资、离休生活补助费,应在减除费用扣除标准后,按"工资、薪金所得"应税项目缴纳个人所得税。

19.11.2 操作要点。

原任职单位发放给离退休人员的节日慰问金、医药费补贴、生活补贴等离退休工资以外的奖金、补贴或实物,应在减除费用扣除标准后,按"工资、薪金所得"缴纳个人所得税。

19.12 提前退休一次性补贴收入

机关、企事业单位对未达到法定退休年龄、正式办理提前退休手续的个人,按照统一标准向提前退休工作人员支付一次性补贴,不属于免税的离退休工资收入,应按照"工资、薪金所得"项目征收个人所得税。

个人办理提前退休手续而取得的一次性补贴收入,应按照办理提前退休手续至法定离退休年龄之间实际年度数平均分摊,确定适用税率和速算扣除数,单独适用综合所得税率表,计算纳税。计算公式:

应纳税额={[(一次性补贴收入÷办理提前退休手续至法定退休年龄的实际年度数)−费用扣除标准]×适用税率−速算扣除数}×办理提前退休手续至法定退休年龄的实际年度数

19.13 因解除劳动关系支付给个人的一次性补偿费

19.13.1 政策规定。

个人与用人单位解除劳动关系取得一次性补偿收入(包括用人单位发放

的经济补偿金、生活补助费和其他补助费），在当地上年职工平均工资3倍数额以内的部分，免征个人所得税；超过3倍数额的部分，不并入当年综合所得，单独适用综合所得税率表，计算纳税。

19.13.2　操作要点。

（1）个人在正常情况下与公司解除劳动合同后又再次任职、受雇的，对个人已缴纳个人所得税的一次性经济补偿收入，不再与再次任职、受雇的工资、薪金所得合并计算补缴个人所得税。

（2）企业依照国家有关法律规定宣告破产，企业职工从该破产企业取得的一次性安置费收入，免征个人所得税。

19.14　单位低价向职工售房

根据住房制度改革政策的有关规定，国家机关、企事业单位及其他组织（以下简称单位）在住房制度改革期间，按照所在地县级以上人民政府规定的房改成本价格向职工出售公有住房，职工因支付的房改成本价格低于房屋建造成本价格或市场价格而取得的差价收益，免征个人所得税。

除以上情形外，单位按低于购置或建造成本价格出售住房给职工，职工因此而少支出的差价部分，属于个人所得税应税所得，应按照"工资、薪金所得"项目缴纳个人所得税。所称差价部分，是指职工实际支付的购房价款低于该房屋的购置或建造成本价格的差额。

单位按低于购置或建造成本价格出售住房给职工，职工因此而少支出的差价部分，符合《财政部　国家税务总局关于单位低价向职工售房有关个人所得税问题的通知》（财税〔2007〕13号）第二条规定的，不并入当年综合所得，以差价收入除以12个月得到的数额，按照月度税率表确定适用税率和速算扣除数，单独计算纳税。计算公式为：

应纳税额＝职工实际支付的购房价款低于该房屋的购置或建造成本价格的差额×适用税率－速算扣除数

第20章　房产税实务关键点

20.1　自用房产

20.1.1　房产税依照房产原值一次减除10%至30%后的余值计算缴纳，税率为1.2%，其中具体减除幅度，由省、自治区、直辖市人民政府规定。另地价应计入房产税计税依据。

20.1.1.1　政策规定。

对按照房产原值计税的房产，无论会计上如何核算，房产原值均应包含地价，包括为取得土地使用权支付的价款、开发土地发生的成本费用等。

宗地容积率低于0.5的，按房产建筑面积的2倍计算土地面积并据此确定计入房产原值的地价。

20.1.1.2　操作要点。

（1）企业自有土地，无论会计上如何核算，房产税的计税房产原值都应包含土地价值。

（2）企业生产区域内建设的房产，宗地容积率一般较低，需要计算计入房产原值的土地面积及价值，因此，企业应正确确定宗地容积率，以免影响计入房产原值的地价金额，影响房产税的缴纳金额。

（3）企业以租入、无偿使用方式占用土地并建设房产，土地价值是否要并入房产原值缴纳土地使用税，现行税法无明确规定，各地方税收政策的规定也不统一。

《常州地方税务局关于执行财税〔2010〕121号文件第三条政策相关口径的通知》（常地税一便函〔2011〕10号）规定：对租入、借入他人土地建房，且不作土地使用权核算的，不需要将地价计入房产原值征收房产税。

《厦门市地方税务局关于明确将地价并入房产原值征收房产税有关问题

的通知》（厦地税函〔2011〕8号）规定：纳税人自建的房产所占用的土地是以租入方式取得国有土地使用权的，其支付的租金应并入房产原值；如果以租入方式取得的是集体土地使用权的，其支付的租金可暂不并入房产原值，上述租金以合同约定的总金额为准。

据此，我们建议企业与主管税务机关沟通，确定租入、无偿使用土地的地价是否须并入房产原值缴纳房产税。

20.1.2 房屋附属设备和配套设施的房产税。

20.1.2.1 政策规定。

为了维持和增加房屋的使用功能或使房屋满足设计要求，凡以房屋为载体，不可随意移动的附属设备和配套设施，如给排水、采暖、消防、中央空调、电气及智能化楼宇设备等，无论在会计核算中是否单独记账与核算，都应计入房产原值，计征房产税。

对于更换房屋附属设备和配套设施的，在将其价值计入房产原值时，可扣减原来相应设备和设施的价值；对附属设备和配套设施中易损坏、需要经常更换的零配件，更新后不再计入房产原值。

对依照房产原值计税的房产，不论是否记载在会计账簿固定资产科目中，均应按照房屋原价计算缴纳房产税。房屋原价应根据国家有关会计制度规定进行核算。对纳税人未按国家会计制度规定核算并记载的，应按规定予以调整或重新评估。

20.1.2.2 操作要点。

凡以房屋为载体，不可随意移动的附属设备和配套设施，如给排水、采暖、消防、中央空调、电气及智能化楼宇设备等，无论在会计核算中是否单独记账与核算，都应计入房产原值，计征房产税。

20.2 出租房产

20.2.1 政策规定。

房产出租的，以房产租金收入为房产税的计税依据，税率为12%。从

2021年从10月1日起，对企事业单位等向个人、专业化规模化住房租赁企业出租住房，减按4%税率征收房产税。

房产出租的，计征房产税的租金收入不含增值税。

对出租房产，租赁双方签订的租赁合同约定有免收租金期限的，免收租金期间由产权所有人按照房产原值缴纳房产税。

无租使用其他单位房产的应税单位和个人，依照房产余值代缴纳房产税。

20.2.2 操作要点。

（1）若企业的同一栋房产同时包含出租和自用，应合理分摊两部分的使用面积，对自用部分面积按自用房产原值计算缴纳房产税，对出租部分按租金收入计算并缴纳房产税。

（2）出租房屋属于从租计征的房产范围，签订的是出租合同，但如果是仓储合同则属于从价计征的房产范围。在房产税从价计征的税负明显低于从租计征的情况下，出租人可以变房屋出租为仓储保管合同，但须从出租目的、保管成本和难度等多方面进行综合考虑。

（3）转租房屋，取得租金不需要缴纳房产税。

20.3 承受抵债房产

20.3.1 政策规定。

鉴于房地产开发企业开发的商品房在出售前，对房地产开发企业而言是一种产品，因此，对房地产开发企业建造的商品房，在售出前，不征收房产税；但对售出前房地产开发企业已使用或出租、出借的商品房应按规定征收房产税。

房产税由产权所有人缴纳。产权属于全民所有的，由经营管理的单位缴纳。产权出典的，由承典人缴纳。产权所有人、承典人不在房产所在地的，或者产权未确定及租典纠纷未解决的，由房产代管人或者使用人缴纳。

20.3.2 操作要点。

（1）及时将抵债过户房产登记入账，计入房产原值。

（2）计算房产税的房产原值与账务中的房产原值进行及时核对更新。

20.4 无租使用其他单位房产

20.4.1 政策规定。

无租使用其他单位房产的应税单位和个人,依照房产余值代缴纳房产税。

20.4.2 操作要点。

实务中,不论是否签订租赁协议,只要属于无租使用其他单位房产的情形,均应根据所在地地方税务机关要求按照房产余值代缴纳房产税。

20.5 房屋大修停用

20.5.1 政策规定。

纳税人因房屋大修导致连续停用半年以上的,经纳税人申请,在大修期间可免征房产税。

20.5.2 操作要点。

纳税人因房屋大修导致连续停用半年以上的,在房屋大修期间免征房产税,免征税额由纳税人在申报缴纳房产税时自行计算扣除,并在申报表附表或备注栏中作相应说明。

纳税人房屋大修停用半年以上需要免征房产税的,应在房屋大修前向主管税务机关报送相关的证明材料,包括大修房屋的名称、坐落地点、产权证编号、房产原值、用途、房屋大修的原因、大修合同及大修的起止时间等信息和资料,以备税务机关查验。具体报送材料由各省、自治区、直辖市和计划单列市地方税务局确定。

20.6 地下建筑用地

20.6.1 政策规定。

(1)凡在房产税征收范围内的具备房屋功能的地下建筑,包括与地上房屋相连的地下建筑以及完全建在地面以下的建筑、地下人防设施等,均应当依照有关规定征收房产税。

上述具备房屋功能的地下建筑是指有屋面和维护结构,能够遮风避雨,可供人们在其中生产、经营、工作、学习、娱乐、居住或储藏物资的场所。

(2)自用的地下建筑,按以下方式计税:

①工业用途房产,以房屋原价的50%–60%房产作为应税房产原值。

应纳房产税的税额=应税房产原值×[1–(10%–30%)]×1.2%

②商业和其他用途房产,以房屋原价70%–80%作为应税房产原值。

应纳房产税的税额=应税房产原值×[1–(10%–30%)]×1.2%房屋原价折算为应税房产原值的具体比例,由各省、自治区、直辖市和计划单列市财政和地方税务部门在上述幅度内自行确定。

③对于与地上房屋相连的地下建筑,如房屋的地下室、地下停车场、商场的地下部分等,应将地下部分与地上房屋视为一个整体按照地上房屋建筑的有关规定计算征收房产税。

(3)出租的地下建筑,按照出租地上房屋建筑的有关规定计算征收房产税。

20.6.2 操作要点。

(1)对于完全建在地面以下的建筑及地下人防设施,可享受应税房产原值的折算比例,即根据房屋用途,以房屋原价的50%–80%作为应税房产原值,计征房产税。这里所指的完全建在地面以下的建筑,是指独立建立的地下建筑。

(2)对于非独立的地下建筑,即与地上房屋相连的地下建筑,应将地下部分与地上房屋视为一个整体按照地上房屋建筑的有关规定计算征收房产税。如,企业自建的办公楼,与其相连的地下停车场、用作物业办公的地下室等,均应与地上部分合并按地上建筑的规定计征房产税。

(3)出租的地下建筑,按照出租地上房屋建筑的有关规定计算征收房产税。

20.7　建筑工地临时性房屋

凡是在基建工地为基建工地服务的各种工棚、材料棚和办公室、食堂、茶炉房、汽车房等临时性房屋，不论是施工企业自行建造还是由基建单位出资建造交施工企业使用的，在施工期间，一律免征房产税。但是，如果在基建工程结束以后，施工企业将这种临时性房屋交换或者估价转让给基建单位的，应当从基建单位接收的次月起，依照规定征收房产税。

20.8　房产税纳税义务发生时间

（1）纳税人自建的房屋，自建成之次月起征收房产税。

（2）纳税人委托施工企业建设的房屋，从办理验收手续之次月起征收房产税。

（3）纳税人在办理验收手续前已使用或出租、出借的新建房屋，应按规定征收房产税。自交付出租、出借房产之次月起计征房产税。

（4）购置新建商品房，自房屋交付使用之次月起计征房产税。

（5）购置存量房，自办理房屋权属转移、变更登记手续，房地产权属登记机关签发房屋权属证书之次月起计征房产税。

（6）出租、出借房产，自交付出租、出借房产之次月起计征房产税。

第21章 城镇土地使用税实务关键点

21.1 承租集体土地城镇土地使用税

在城镇土地使用税征税范围内,承租集体所有建设用地的,由直接从集体经济组织承租土地的单位和个人缴纳城镇土地使用税。

21.2 未按纳税义务时间纳税

21.2.1 政策规定。

购置新建商品房,自房屋交付使用之次月起计征房产税和城镇土地使用税。

购置存量房,自办理房屋权属转移、变更登记手续,房地产权属登记机关签发房屋权属证书之次月起计征房产税和城镇土地使用税。

出租、出借房产,自交付出租、出借房产之次月起计征房产税和城镇土地使用税。

以出让或转让方式有偿取得土地使用权的,应由受让方从合同约定交付土地时间的次月起缴纳城镇土地使用税;合同未约定交付土地时间的,由受让方从合同签订的次月起缴纳城镇土地使用税。

21.2.2 操作要点。

(1)征用的耕地,自批准征用之日起满1年时开始缴纳土地使用税;

(2)征用的非耕地,自批准征用次月起缴纳土地使用税;

(3)购置新建商品房,自房屋交付使用之次月起计征城镇土地使用税;

（4）购置存量房，自办理房屋权属转移、变更登记手续，房地产权属登记机关签发房屋权属证书之次月起计征城镇土地使用税；

（5）出租、出借房产，自交付出租、出借房产之次月起计征城镇土地使用税；

（6）通过招标、拍卖、挂牌方式取得的建设用地，不属于新征用的耕地，纳税人应按照《财政部 国家税务总局关于房产税、城镇土地使用税有关政策的通知》(财税〔2006〕186号)第二条规定，从合同约定交付土地时间的次月起缴纳城镇土地使用税；合同未约定交付土地时间的，从合同签订的次月起缴纳城镇土地使用税。

21.3 无偿使用免税单位土地

21.3.1 政策规定。

关于对免税单位与纳税单位之间无偿使用的土地应否征税问题：对免税单位无偿使用纳税单位的土地(如公安、海关等单位使用铁路、民航等单位的土地)，免征土地使用税；对纳税单位无偿使用免税单位的土地，纳税单位应照章缴纳土地使用税。

21.3.2 操作要点。

（1）区分免税和征税范围，纳税单位无偿使用免税单位土地属于征税范围。

（2）梳理土地征免税明细，定期进行复核。

【参考法规】《国家税务总局关于印发〈关于土地使用税若干具体问题的补充规定〉的通知》(国税地字〔1989〕140号)

21.4 地下建筑用地城镇土地使用税

对在城镇土地使用税征税范围内单独建造的地下建筑用地，按规定征收城镇土地使用税。其中，已取得地下土地使用权证的，按土地使用权证确认的土地面积计算应征税款；未取得地下土地使用权证或地下土地使用权证上未标明土地面积的，按地下建筑垂直投影面积计算应征税款。

对上述地下建筑用地暂按应征税款的50%征收城镇土地使用税。

21.5 土地面积确定

21.5.1 政策规定。

土地使用税以纳税人实际占用的土地面积为计税依据，依照规定税额计算征收。其中，纳税人实际占用的土地面积，是指由省、自治区、直辖市人民政府确定的单位组织测定的土地面积。

尚未组织测量，但纳税人持有政府部门核发的土地使用证书的，以证书确认的土地面积为准；尚未核发土地使用证书的，应由纳税人据实申报土地面积。

21.5.2 操作要点。

若纳税人已取得土地使用证书，则在计算应纳土地使用税额时须采用土地使用证书上标明的土地面积，而不应以估算的如厂区占用面积或其他面积作为计税土地面积。

第22章 契税实务关键点

22.1 计税依据

（1）国有土地使用权出让、土地使用权出售、房屋买卖，为成交价格。

（2）土地使用权赠与、房屋赠与，由征收机关参照土地使用权出售、房屋买卖的市场价格核定。

（3）土地使用权交换、房屋交换，为所交换的土地使用权、房屋的价格的差额。

成交价格明显低于市场价格并且无正当理由的，或者所交换土地使用权、房屋的价格的差额明显不合理并且无正当理由的，由征收机关参照市场价格核定。

22.2 计征价格

契税的应纳税额按照计税依据乘以具体适用税率计算，契税税率为百分之三至百分之五。

（1）计征契税的成交价格不含增值税。

（2）房产出租的，计征房产税的租金收入不含增值税。

（3）土地增值税纳税人转让房地产取得的收入为不含增值税收入。

《中华人民共和国土地增值税暂行条例》等规定的土地增值税扣除项目涉及的增值税进项税额，允许在销项税额中计算抵扣的，不计入扣除项目，不允许在销项税额中计算抵扣的，可以计入扣除项目。

（4）免征增值税的，确定计税依据时，成交价格、租金收入、转让房地产取得的收入不扣减增值税额。

（5）在计征上述税种时，税务机关核定的计税价格或收入不含增值税。

22.3 法院、仲裁取得土地

根据人民法院、仲裁委员会的生效法律文书发生土地、房屋权属转移，纳税人不能取得销售不动产发票的，可持人民法院执行裁定书原件及相关材料办理契税纳税申报，税务机关应予受理。购买新建商品房的纳税人在办理契税纳税申报时，由于销售新建商品房的房地产开发企业已办理注销税务登记或者被税务机关列为非正常户等原因，致使纳税人不能取得销售不动产发票的，税务机关在核实有关情况后应予受理。

22.4 以土地、房屋权属作价投资、入股方式转移土地、房屋权属

22.4.1 公司股权（股份）转让。在股权（股份）转让中，单位、个人承受公司股权（股份），公司土地、房屋权属不发生转移，不征收契税。

22.4.2 国家作价出资（入股）对以国家作价出资（入股）方式转移国有土地使用权的行为，应视同土地使用权转让，由土地使用权的承受方按规定缴纳契税。

22.5 未办理土地使用权证契税

土地使用者转让、抵押或置换土地，无论其是否取得了该土地的使用权属证书，无论其在转让、抵押或置换土地过程中是否与对方当事人办理了土地使用权属证书变更登记手续，只要土地使用者享有占有、使用、收益或处分该土地的权利，且有合同等证据表明其实质转让、抵押或置换了土地并取得了相应的经济利益，土地使用者及其对方当事人应当依照税法规定缴纳营

业税、土地增值税和契税等相关税收。

22.6　划拨方式取得土地契税

先以划拨方式取得土地使用权，后经批准改为出让方式取得该土地使用权的，应依法缴纳契税，其计税依据为应补缴的土地出让金和其他出让费用。

22.7　房屋附属设施契税

22.7.1　政策规定。

（1）对于承受与房屋有关的附属设施（包括停车位、汽车库、自行车库、顶层阁楼以及储藏室，下同）所有权或土地使用权的行为，按照契税法律、法规的规定征收契税；对于不涉及土地使用权和房屋所有权转移变动的，不征收契税。

（2）采取分期付款方式购买房屋附属设施土地使用权、房屋所有权的，应按合同规定的总价款计征契税。

（3）对承受的房屋附属设施权属单独计价的，按照当地确定的适用税率征收契税；与房屋统一计价的，适用与房屋相同的契税税率。

22.7.2　操作要点。

如果当地确定附属设施适用的契税税率高于房屋适用的税率时，对承受的房屋附属设施权属与房屋统一计价可以达到减轻税负的目的；反之，如果当地确定附属设施适用的契税税率低于房屋适用的税率时，房屋附属设施单独计价更有利于减轻税负。

第23章 环境保护税

2016年12月25日，第十二届全国人民代表大会常务委员会第二十五次会议通过了《中华人民共和国环境保护税法》（以下简称《环境保护税法》），自2018年1月1日起施行。

《环境保护税法》是我国第一部专门体现"绿色税制"、推进生态文明建设的单行税法，是推进绿色发展和生态文明建设的重要举措，也是落实税收法定原则的重要内容。环境保护税以排污费制度为基础进行税制设计，实现收费向征税制度的平稳转换。

环境保护税的税额计算初看有点专业、有点复杂，但大家只要抓住"四项指标、三个公式"，就可以快捷准确地计算出环境保护税税额。

其中"四项指标"，是指污染物排放量、污染当量值、污染当量数和税额标准，这四项指标是计算环境保护税的关键，下面为大家逐一介绍：

第一，污染物排放量。环境保护税法规定了四种计算污染物排放量的方法，按顺序使用：一是对安装使用符合国家规定和监测规范的污染物自动监测设备的，按自动监测数据计算。二是对未安装自动监测设备的，按监测机构出具的符合国家有关规定和监测规范的监测数据计算。为减轻监测负担，对当月无监测数据的，可沿用最近一次的监测数据。三是对不具备监测条件的，按照国务院生态环境主管部门公布的排污系数或者物料衡算方法计算。四是不能按照前三种方法计算的，按照省、自治区、直辖市生态环境主管部门公布的抽样测算方法核定计算。

第二，污染当量值。污染当量值是相当于1个污染当量的污染物排放数量，用于衡量大气污染物和水污染物对环境造成的危害和处理费用。

第三，污染当量数。应税大气污染物和水污染物的污染当量数，是以该污染物的排放量除以该污染物的污染当量值计算。

第四，税额标准。应税大气污染物和水污染物实行浮动税额，大气污染物的税额幅度为1.2元至12元，水污染物的税额幅度为1.4元至14元。

另"三个公式"，是指根据排放的应税污染物类别不同，税额的计算方法也有所不同，具体为：

应税大气污染物和水污染物的应纳税额 = 污染当量数 × 具体适用税额；

应税固体废物的应纳税额 = 固体废物的排放量 × 具体适用税额；

应税噪声的应纳税额 = 超过国家规定标准的分贝数对应的具体适用税额。

23.1 纳税人

《环境保护税法》第二条规定：在中华人民共和国领域和中华人民共和国管辖的其他海域，直接向环境排放应税污染物的企业事业单位和其他生产经营者为环境保护税的纳税人，应当依照本法规定缴纳环境保护税。

《环境保护税法》第三条规定：本法所称应税污染物，是指本法所附《环境保护税税目税额表》《应税污染物和当量值表》规定的大气污染物、水污染物、固体废物和噪声。

因考虑《建筑法》中建筑工程"总分包、再分包"等情形，故纳税主体确定为施工方（总包方——合法分包方），建筑工程的建筑方、施工方应与《建筑法》第三章建筑工程发包与承包中规定的合法主体资格保持一致。

即在建筑工程、市政工程和拆迁工程等活动过程中，直接向环境排放应税污染物的企业事业单位和其他生产经营者为直接施工的企业，即施工方。因此，应税污染物施工扬尘的纳税人为直接从事建筑工程、市政工程和拆迁工程等活动过程中符合《建筑法》规定的合法的施工方。

【提醒】关注各地的特殊规定。

《国家税务总局北京市税务局 北京市环境保护局 北京市住房和城乡建设

委员会 北京市城市管理综合行政执法局 关于建设施工工地扬尘征收环境保护税有关事项的通知》(京税函〔2018〕4号)第一条规定,本市行政区域内的建设工程施工扬尘应缴纳的环境保护税由建设单位(含代建方)向建设项目所在地主管税务机关申报缴纳。

23.2 征税对象

《财政部 税务总局 生态环境部关于明确环境保护税应税污染物适用等有关问题的通知》(财税〔2018〕117号)规定,排放的扬尘、工业粉尘等颗粒物,除可以确定为烟尘、石棉尘、玻璃棉尘、炭黑尘的外,按照一般性粉尘征收环境保护税。

根据上述文件规定,建筑行业的污染为建筑施工扬尘,适用一般性粉尘税目,污染当量值为4。

【提醒】建筑施工噪声未纳入《环境保护税税目税额表》,暂不需征收建筑施工噪声环境保护税。

23.3 计算应纳税额

23.3.1 计算公式。

按照环境保护税法的规定,应税大气污染物的应纳税额为污染当量数乘以具体适用税额,其中按照污染物排放量折合的污染当量数确定计税依据,计算公式为:

应税大气污染物的应纳税额=污染当量数×适用税额

应税大气污染物的污染当量数=该污染物的排放量÷该污染物的污染当量值

23.3.2 应税污染物排放量。

在建筑施工、货物装卸和堆存过程中无组织排放应税大气污染物的,按照生态环境部规定的排污系数、物料衡算方法计算应税污染物排放量;不能按照生态环境部规定的排污系数、物料衡算方法计算的，按照省、自治区、直辖市生态环境主管部门规定的抽样测算的方法核定计算应税污染物排放量。[《财政部 税务总局 生态环境部关于明确环境保护税应税污染物适用等有关问题的通知》（财税〔2018〕117号）]

【例】《广西壮族自治区生态环境厅关于发布应税污染物施工扬尘排污特征值系数及计算方法的公告》（桂环规范〔2019〕9号）规定：

扬尘排放量（千克）=（扬尘产生量系数－扬尘排放量削减系数）（千克/平方米·月）×月建筑面积或施工面积（平方米）

对于建筑工地按建筑面积计算；市政工地按施工面积计算，施工面积为建设道路红线宽度乘以施工长度，其他为三倍开挖宽度乘以施工长度，市政工地分段施工时按实际施工面积计算。

施工工地必须采取道路硬化措施、边界围挡、裸露地面（含土方）覆盖、易扬尘物料覆盖、持续洒水降尘、运输车辆冲洗装置等措施，并按控制措施达标与否，扣除削减量。

23.3.3 适用税额。

环境保护税的税率依据《环境保护税法》所附《环境保护税税目税额表》执行。环境保护税以现行大气污染物、水污染物排污费标准作为税额下限，以最低税额标准的10倍作为税额上限，即大气污染物的税额幅度为每污染当量1.2元至12元。

按照《环境保护税法》的规定，应税大气污染物的具体适用税额的确定和调整，由省、自治区、直辖市人民政府统筹考虑本地区环境承载能力、污染物排放现状和经济社会生态发展目标要求，在本法所附《环境保护税税目税额表》规定的税额幅度内提出，报同级人民代表大会常务委员会决定，并报全国人民代表大会常务委员会和国务院备案。

23.3.4 建议行业的特殊情况。

23.3.4.1 应税污染物排放量和适用税额的确定。

由于施工扬尘环境保护税的纳税地点即为工程项目所在地，所以应税污染物排放量和适用税额，按照工程项目所在地的相关政策文件规定，不是按照施工企业所在地相关政策文件规定。

【例】北京的建筑企业,其一工程项目其所在地在南宁,应税污染物排放量和适用税额应该按照昆明市(云南省)相关政策文件规定。

《云南省地方税务局 云南省环境保护厅关于环境保护税核定征收有关事项的公告(2018年第2号)》规定:

(四)建筑施工扬尘大气污染物应纳税额

大气污染物应纳税额=大气污染当量数×单位税额

大气污染当量数=排放量÷污染当量值

排放量=(扬尘产生系数−扬尘削减系数)×月建筑面积或施工面积

根据《云南省环境保护厅关于部分行业环境保护税应税污染物排放量抽样测算方法的通告》规定,结合我省实际,针对小型第三产业污水和废气污染物排放量、施工扬尘污染物排放量的计算,沿用原环境保护部2014年印发的《关于排污申报与排污费征收有关问题的通知》(环办〔2014〕80号)及相关附件作为核算依据。

根据《云南省人民代表大会常务委员会关于环境保护税云南省适用税额和应税污染物项目数的决定》(2017年11月30日云南省第十二届人民代表大会常务委员会第三十八次会议通过)规定,云南省大气污染物环境保护税适用税额为每污染当量2.8元(2019年1月起,2018年1月至12月,大气污染物每污染当量1.2元)。

23.3.4.2 总承包方和分包方纳税义务及计算。

首先,差额的概念是增值税计算应纳税额或预缴税额的概念,环境保护税没有差额计税的概念。

其次,施工方为环境保护税的纳税人,总承包方和分包方都有可能是环境保护税的纳税人。

再者,计算应税污染物排放量,需要用到建筑面积或施工面积,则需要根据施工的实际情况,分别确认总承包方和分包方建筑面积或施工面积,避免重复缴税。比如:总承包方A企业将建筑工程的土石方工程分包给分包方B企业,土石方工程建设面积或施工面积,不考虑特殊情况,应该在B企业计算缴纳环境保护税时计算，不应该在总承包方A企业计算缴纳环境保护税时计算。

【计算案例】建设方北京甲企业，在广西南宁施工，2019年2月取得"建筑工程施工许可证"，载明建设面积100000平方米，施工时间为2020年3月至2022年2月。甲企业将该建筑工程总包给乙企业（具有《建筑法》总包资格），总包合同载明的建设面积100000平方米，施工时间为2020年3月至2022年2月；同时乙企业将该建筑工程的土石方工程分包给丙企业，建设面积为40000平方米，施工时间为2020年3月至2021年1月；乙企业将桩基础工程分包给丁企业，建设面积为30000平方米，施工时间为2021年3月至2021年12月。所有降尘措施均采用。（开工之前，纳税人提供记载有施工面积等相关管理数据的合法的分包合同，可以在总包方面积的基础上减除。）

总包乙企业：整体建设面积=100000-40000-30000=30000（平方米）；

$30000 \div 24 \times (1.01-0.53) \div 4 \times 1.8 = 270$（元）；

合计：$270 \times 24 = 6480$（元）；

分包丙企业：$40000 \div 11 \times (1.01-0.53) \div 4 \times 1.8 = 785.45$（元）；

合计：$785.45 \times 11 = 8640$（元）；

分包丁企业：$30000 \div 10 \times (1.01-0.53) \div 4 \times 1.8 = 648$（元）；

合计：$648 \times 10 = 6480$（元）；

整体项目=6480+8640+6480=21600（元）。

【备注】污染物的排放量的计算公式参考：《广西壮族自治区生态环境厅关于发布应税污染物施工扬尘排污特征值系数及计算方法的公告》（桂环规范〔2019〕9号）

《广西壮族自治区人民代表大会常务委员会关于大气污染物和水污染物环境保护税适用税额的决定》（2017年12月1日广西壮族自治区第十二届人民代表大会常务委员会第三十二次会议通过）规定：广西壮族自治区大气污染物环境保护税适用税额为每污染当量1.8元。

根据《中华人民共和国环境保护税法》和各省人大会议决议，各省份环保税税额表如表23-1所示。

表23-1　　各省份环保税税额一览表

序号	地区	税目	税率（元/污染当量）	依据
1	北京	应税大气污染物	12	北京市十四届人大常委会第四十二次会议决定
		应税水污染物	14	
2	天津	应税大气污染物具体适用税额为每污染当量	10	2017年12月22日天津市第十六届人民代表大会常务委员会第四十次会议通过
		应税水污染物具体适用税额为每污染当量	12	
3	河北、北京相邻的13个县和雄安新区及相邻的12个县	大气中的主要污染物	9.6	河北省十二届人大常委会第三十三次会议表决
		水中的主要污染物	11.2	
		大气中的其他污染物	4.8	
		水中的其他污染物	5.6	
	石家庄市、保定市、廊坊市、定州市、辛集市（不含执行一档税额的区域）	大气中的主要污染物	6	
		水中的主要污染物	7	
		大气中的其他污染物	4.8	
		水中的其他污染物	5.6	
	唐山市、秦皇岛市、沧州市、张家口市、承德市、衡水市、邢台市、邯郸市（不含执行一档、二档税额的区域）	大气污染物	4.8	
		水污染物	5.6	
4	山东	二氧化硫、氮氧化物	6	山东省第十二届人民代表大会常务委员会第三十三次会议
		其他大气污染物	1.2	
		常规排放源排放的化学需氧量、氨氮和"5项主要重金属"	3	
		其他水污染物	1.4	

续表

序号	地区	税目	税率（元/污染当量）	依据
5	山西	大气污染物	1.8	山西省十二届人大常委会第四十二次会议
		水污染物	2.1	
6	辽宁	大气污染物	1.2	2017年11月21日辽宁省第十二届人民代表大会财政经济委员会第三十四次全体会议通过
		水污染物	1.4	
7	黑龙江	大气污染物	1.2	2017年12月27日黑龙江省第十二届人民代表大会常务委员会第三十七次会议通过
		水污染物	1.4	
8	吉林	大气污染物	1.2	2017年12月1日吉林省第十二届人民代表大会常务委员会第三十八次会议通过
		水污染物	1.4	
9	内蒙古	大气污染物（2020年起）	2.4	2017年11月10日内蒙古自治区第十二届人民代表大会常务委员会第三十六次会议
		水污染物（2020年起）	2.8	
10	新疆	大气污染物	1.2	新疆维吾尔自治区十二届人大常委会第三十三次会议
		水污染物	1.4	
11	宁夏	大气污染物	1.2	宁夏十一届人大常委会第三十四次会议
		水污染物	1.4	
12	西藏	大气污染物	1.2	西藏自治区第十届人民代表大会常务委员会第三十八次会议
		水污染物	1.4	
13	江西	大气污染物	1.2	江西省十二届人大常委会第三十六次会议
		水污染物	1.4	
14	江苏南京	大气污染物	8.4	江苏省十二届人大常委会第三十三次会议
		水污染物	8.4	
	无锡市、常州市、苏州市、镇江市	大气污染物	6	
		水污染物	7	
	徐州市、南通市、连云港市、淮安市、盐城市、扬州市、泰州市、宿迁市	大气污染物	4.8	
		水污染物	5.6	

续表

序号	地区	税目	税率（元/污染当量）	依据
15	上海	2018年二氧化硫	6.65	上海市十四届人大常委会第四十一次会议
		2018年氮氧化物	7.6	
		2018年其他大气污染物	1.2	
		2019年二氧化硫	7.6	
		2019年氮氧化物	8.55	
		化学需氧量	5	
		氨氮	4.8	
		第一类水污染物	1.4	
		其他类水污染物	1.4	
16	河南	应税大气污染物	4.8	河南省十二届人大常委会第三十二次会议
		应税水污染物	5.6	
17	甘肃	应税大气污染物	1.2	甘肃省十二届人大常委会第三十六次会议第一次全体会议
		应税水污染物	1.4	
18	广西	应税大气污染物	1.8	广西壮族自治区第十二届人民代表大会常务委员会第三十二次会议
		应税水污染物	2.8	
19	广东	应税大气污染物	1.8	广东省第十二届人大常委会第三十七次会议
		应税水污染物	2.8	
20	重庆	应税大气污染物（2018—2020年）	2.4	重庆市四届人大常委会第四十三次会议
		应税水污染物（2018—2020年）	3	
		应税大气污染物（2021年后）	3.5	
		应税水污染物（2021年后）	3	

续表

序号	地区	税目	税率（元/污染当量）	依据
21	海南	应税大气污染物	2.4	海南省五届人大常委会第三十三次会议
		应税水污染物	2.8	
22	安徽	大气污染物中的二氧化硫、氮氧化物、挥发性有机物	1.2	安徽省十二届人大常委会第四十二次会议
		大气污染物中其他污染因子按0.6元征收	0.6	
		水污染物中的化学需氧量、氨氮、五项重金属按照每污染当量	1.4	
		水污染物中其他污染因子按0.7元征收	0.7	
23	福建	大气污染物	1.2	福建省第十二届人民代表大会常务委员会第三十一次会议
		五项重金属、化学需氧量和氨氮	1.5	
		其他水污染物	1.4	
24	云南	应税大气污染物	1.2	云南省十二届人大常委会第三十八次会议
		应税水污染物	1.4	
		2019年起应税大气污染物	2.8	
		2019年起应税水污染物	3.5	
25	四川	应税大气污染物	3.9	12月1日召开的四川省十二届人大常委会第三十七次会议第三次全体会议
		应税水污染物	2.8	
26	湖南	应税大气污染物	2.4	2017年11月30日湖南省十二届人大常委会第三十三次会议通过
		应税水污染物	3	
27	湖北	应税大气污染物	2.8	湖北省第十二届人民代表大会常务委员会第三十一次会议
		应税水污染物	1.4	

续表

序号	地区	税目	税率(元/污染当量)	依据
28	浙江	大气污染物（除四类重金属污染物项目）	1.2	2017年11月30日浙江省十二届人大常委会第四十五次会议通过
		四类重金属污染物项目	1.8	
		水污染物（除五类重金属污染物项目）	1.4	
		五类重金属污染物项目	1.8	
29	青海	应税大气污染物	1.2	青海省第十二届人民代表大会常务委员会第三十七次会议
		应税水污染物	1.4	
30	陕西	应税大气污染物	1.2	陕西省十二届人大常委会第三十八次会议
		应税水污染物	1.4	
31	贵州	应税大气污染物	2.4	2017年9月30日贵州省第十二届人民代表大会常务委员会第三十一次会议通过
		应税水污染物	2.8	

23.4 环境保护税的纳税义务发生时间

《环境保护税法》第十六条规定，纳税义务发生时间为纳税人排放应税污染物的当日。

23.5 环境保护税的纳税地点

《环境保护税法》第十七条规定，纳税人应当向应税污染物排放地的税务机关申报缴纳环境保护税。

【提醒】施工扬尘环境保护税的纳税地点即为工程项目所在地。

23.6　环境保护税的申报

《环境保护税法》第十八条规定，环境保护税按月计算，按季申报缴纳。不能按固定期限计算缴纳的，可以按次申报缴纳。

即纳税人排放应税污染物的当日即为纳税义务发生时间，环境保护税实行按月计算，按季申报，纳税人应当自季度终了之日起十五日内，向应税污染物排放地的主管税务机关办理纳税申报并缴纳税款。同时规定，不能按固定期限计算缴纳的，可以按次申报缴纳，应当自纳税义务发生之日起十五日内，向应税污染物排放地的主管税务机关办理纳税申报并缴纳税款。

符合施工扬尘环境保护税征收条件的纳税人，按期申报的应当向主管税务机关如实填报"环境保护税基础信息采集表"，在"是否采用抽样测算法计算"一栏勾选"是"，主管税务机关据此确定纳税人适用核定计算方法申报缴纳环境保护税，纳税人采用"环境保护税纳税申报表（B类）"（附件2）申报纳税。

符合施工扬尘环境保护税征收条件的纳税人，按次申报的直接填报"环境保护税纳税申报表（B类）"（附件3）申报纳税。

第24章 印花税实务关键点

24.1 适用税率

24.1.1 政策规定。

在中华人民共和国境内书立、领受《中华人民共和国印花税暂行条例》（国务院令第11号）所列举凭证的单位和个人，都是印花税的纳税义务人，应当按照该条例规定缴纳印花税。

同一凭证，因载有两个或者两个以上经济事项而适用不同税目税率，如分别记载金额的，应分别计算应纳税额，相加后按合计税额贴花；如未分别记载金额的，按税率高的计税贴花。

24.1.2 操作要点。

（1）纳税人根据应纳税凭证的性质，分别按比例税率或按件定额计算应纳税额。应纳税额不足一角的，免纳印花税。应纳税额在一角以上，其税额尾数不满五分的不计，满五分的按一角计算缴纳。财产租赁合同，税额不足一元的按一元贴花。

（2）同一凭证，因载有两个或者两个以上经济事项而适用不同税目税率，如分别记载金额的，应分别计算应纳税额，相加后按合计税额贴花；如未分别记载金额的，按税率高的计税贴花。

24.2 印花税纳税地点

24.2.1 国家税务总局答疑口径。

建筑安装工程承包合同的印花税应在何地缴纳？

【发布时间】2008年01月11日

来源：国家税务总局网站

问题内容：我们是一家陕西省施工企业，在天津从事建筑安装工程，合同签订地为天津市，我们在西安地税开"外管证"时，西安地税要我们必须交建筑安装工程承包合同的印花税，否则不给我们开，但我们在天津市"天津市施工队伍管理站"（外地施工企业在天津施工建筑营业税由此机构收缴）备案又要我们交建筑安装工程承包合同的印花税，但税法中这部分印花税没有明确规定，造成各地争税源，增加了我们企业负担。请问我们应当在哪里缴纳印花税？

回复意见：印花税实行的是"三自"缴纳方式，印花税暂行条例中仅对纳税时间作了规定，并没有对纳税地点进行明确，这说明印花税注重的是合同是否贴花，而不强调在哪里贴花。条例第十四条规定的"合同在签订时贴花"的"签订时"不是一个点的概念，而是一个时间段的意思。例如，北京的某企业上午在上海签订了一份应税合同，下午将此合同带回北京贴花，这也应理解为"签订时贴花"。因此，贵公司在天津签订的合同只要贴花了，就已经达到"三自"纳税的目的了，而不用再追究其是否应在行为发生地还是应在机构所在地贴花。

24.2.2　实务处理。

24.2.2.1　纳税地点。

印花税一般实行就地纳税，《中华人民共和国印花税法》（自2022年7月1日起施行）第十三条规定，纳税人为单位的，应当向其机构所在地的主管税务机关申报缴纳印花税。

24.2.2.2　实务处理。

从实务涉税申报工作等方便的角度，施工合同尽量在项目所在地缴纳印花税，回到机构所在地不需要缴纳印花税。

24.3　企业应缴未缴印花税

24.3.1　政策规定。

下列凭证为应纳税凭证：

(1)购销、加工承揽、建设工程承包、财产租赁、货物运输、仓储保管、借款、财产保险、技术合同或者具有合同性质的凭证；

(2)产权转移书据；

(3)营业账簿；

(4)权利、许可证照；

(5)经财政部确定征税的其他凭证。

具有合同性质的凭证，是指具有合同效力的协议、契约、合约、单据、确认书及其他各种名称的凭证。

24.3.2 操作要点。

(1)印花税对《印花税暂行条例》列举的凭证征收，属于列举中的凭证的应按规定计算印花税。

(2)已经签订的合同即使暂不履行，也应当于合同签订时贴花。

(3)纳税人以电子形式签订的各类应税凭证应按规定征收印花税。

(4)应纳税书立或领受时即行贴花完税，不得延迟至凭证生效日期贴花。

(5)企业应当定期归集、计算、申报和缴纳印花税，如每月、每季或每半年，如果是随机选取时间申报和缴纳则较易造成漏缴。企业还应于每年年末对印花税缴纳情况进行自查，并对自查情况进行总结和分析，一方面防范风险，另一方面判断是否有多缴的情况发生。

24.4 企业多缴印花税

(1)印花税只对《印花税暂行条例》列举的凭证征收，没有列举的凭证不征税。

(2)企业应根据国税地字〔1989〕第034号文中对各类须贴花技术合同的定义，正确区分哪些技术类合同须贴花，哪些不属于技术合同不贴花。例如：

①一般的法律、法规、会计、审计等方面的咨询不属于技术咨询，其所立合同不贴印花。

②对各种职业培训、文化学习、职工业余教育等订立的合同，不属于技术培训合同，不贴印花。

③技术合同签订后，不论合同是否全额履行，都应按技术合同中所载金额贴花。

（3）由于增值税是价外税，理论上不应作为印花税的计税依据。因此，企业可改变价税合计的合同约定方式，在购销合同中分别列示货物销售价款和增值税税额，按照不含税金额计缴印花税。

（4）凡多贴印花税票者，不得申请退税或者抵用。

24.5　合同金额变动

凡修改合同增加金额的，应就增加部分补贴印花。对印花税开征前签订的合同，开征后修改合同增加金额的，亦应按增加金额补贴印花。

24.6　实际结算金额与合同所载金额不一致

《国家税务局关于印花税若干具体问题的规定》（国税地字〔1988〕第025号）规定如下："9.某些合同履行后，实际结算金额与合同所载金额不一致的，应否补贴印花？"

依照印花税暂行条例规定，纳税人应在合同签订时按合同所载金额计税贴花。因此，对已履行并贴花的合同，发现实际结算金额与合同所载金额不一致的，一般不再补贴印花。

【例】建筑企业签订了一份建筑安装合同，合同不含增值税价款为1000万元，单独列示增值税税额，不考虑其他因素。

（1）上述合同执行过程中，因工程调整等原因签订补充协议，增加不含增值税价款200万元，单独列示增值税税额，属于修改合同增加金额的，亦应按增加金额补贴印花。

（2）上述合同履行并贴花，因工程量调整等原因实际不含增值税结算金额是1200万元，属于"对已履行并贴花的合同，发现实际结算金额与合同所载金额不一致的，一般不再补贴印花"情形。

24.7 资金账簿多缴税款

24.7.1 政策规定。

生产经营单位执行"两则"后，其"记载资金的账簿"的印花税计税依据改为"实收资本"与"资本公积"两项的合计金额。

企业执行"两则"启用新账簿后，其"实收资本"和"资本公积"两项的合计金额大于原已贴花资金的，就增加的部分补贴印花。自2018年5月1日起，对按万分之五税率贴花的资金账簿减半征收印花税，对按件贴花五元的其他账簿免征印花税。

24.7.2 操作要点。

企业应按实收资本和资本公积的当年净增加金额，缴纳万分之五的印花税，且至2018年5月1日起，可适用减半征收。

24.8 以货换货/以房抵债

24.8.1 政策规定。

商品购销活动中，采用以货换货方式进行商品交易签订的合同，是反映既购又销双重经济行为的合同。对此，应按合同所载的购、销合计金额计税贴花。合同未列明金额的，应按合同所载购、销数量依照国家牌价或市场价格计算应纳税金额。

产权转移书据包括财产所有权和版权、商标专用权、专利权、专有技术使用权等转移书据。

24.8.2 操作要点。

在实施以房抵债的过程中，债务人、担保人或第三人实际上是转移了抵债资产的所有权。根据《中华人民共和国印花税暂行条例》规定，发生产权转移的，应就双方订立的产权转移书据缴纳印花税。

24.9　借贷业务

在借贷业务中凡流动资金借款先签借款合同，并在合同规定借款额度内办理借款借据的只对借款合同贴花完税；凡先办理借款借据的，应以借据作为印花税的应纳税凭证，在书立时即时贴花完税，以后补办的借款合同不再贴花。

24.10　企业重组改制

经县级以上人民政府及企业主管部门批准改制的企业，在改制过程中涉及如下印花税政策。

24.10.1　关于资金账簿的印花税。

（1）实行公司制改造的企业在改制过程中成立的新企业（重新办理法人登记的），其新启用的资金账簿记载的资金或因企业建立资本纽带关系而增加的资金，凡原已贴花的部分可不再贴花，未贴花的部分和以后新增加的资金按规定贴花。

公司制改造包括国有企业依《公司法》整体改造成国有独资有限责任公司；企业通过增资扩股或者转让部分产权，实现他人对企业的参股，将企业改造成有限责任公司或股份有限公司；企业以其部分财产和相应债务与他人组建新公司；企业将债务留在原企业，而以其优质财产与他人组建的新公司。

（2）以合并或分立方式成立的新企业，其新启用的资金账簿记载的资金，凡原已贴花的部分可不再贴花，未贴花的部分和以后新增加的资金按规定贴花。

合并包括吸收合并和新设合并。分立包括存续分立和新设分立。

（3）企业债权转股权新增加的资金按规定贴花。

（4）企业改制中经评估增加的资金按规定贴花。

（5）企业其他会计科目记载的资金转为实收资本或资本公积的资金按规定贴花。

24.10.2 关于各类应税合同的印花税。

企业改制前签订但尚未履行完的各类应税合同，改制后需要变更执行主体的，对仅改变执行主体、其余条款未作变动且改制前已贴花的，不再贴花。

24.10.3 关于产权转移书据的印花税。

企业因改制签订的产权转移书据免予贴花。

24.11 企业设立印花税

24.11.1 政策依据。

（1）"记载资金的账簿"的印花税计税依据改为"实收资本"与"资本公积"两项的合计金额。（《中华人民共和国印花税暂行条例》）

（2）自2018年5月1日起，对按万分之五税率贴花的资金账簿减半征收印花税，对按件贴花五元的其他账簿免征印花税。[《财政部 税务总局关于对营业账簿减免印花税的通知》（财税〔2018〕50号）]

（3）增值税小规模纳税人享受印花税税额减征50%的优惠政策，执行期限为2019年1月1日至2021年12月31日。

通知第三条规定，由省、自治区、直辖市人民政府根据本地区实际情况，以及宏观调控需要确定，对增值税小规模纳税人可以在50%的税额幅度内减征资源税、城市维护建设税、房产税、城镇土地使用税、印花税（不含证券交易印花税）、耕地占用税和教育费附加、地方教育附加。

通知第四条规定，增值税小规模纳税人已依法享受资源税、城市维护建设税、房产税、城镇土地使用税、印花税、耕地占用税、教育费附加、地方教育附加其他优惠政策的，可叠加享受本通知第三条规定的优惠政策。增值税小规模纳税人已依法享受资源税、城市维护建设税、房产税、城镇土地使用税、印花税、耕地占用税、教育费附加、地方教育附加其他优惠政策的，可叠加享受本通知第三条规定的优惠政策。[《财政部 税务总局关于实施小微企业普惠性税收减免政策的通知》(财税〔2019〕13号)]

24.11.2 实务操作。

建筑企业成立时，建议在转为一般纳税人前，缴纳上述印花税，同时相关的成本费用发票，建议在转为一般纳税人后取得，即开票日期为转为一般纳税人的日期后。

24.12 印花税税目表

表24-1　　　　　　　　　印花税科目表

	税目	范围	税率	纳税义务人	说明
1	购销合同	包括供应、预购、采购、购销结合及协作、调剂、补偿、易货等合同	按购销金额万分之三贴花	立合同人	
2	加工承揽合同	包括加工、定作、修缮、修理、印刷、广告、测绘、测试等合同	按加工或承揽收入万分之五贴花	立合同人	
3	建设工程勘察设计合同	包括勘察、设计合同	按收取费用万分之五贴花	立合同人	
4	建筑安装工程承包合同	包括建筑、安装工程承包合同	按承包金额万分之三贴花	立合同人	
5	财产租赁合同	包括租赁房屋、船舶、飞机、机动车辆、机械、器具、设备等	按租赁金额千分之一贴花。税额不足一元的按一元贴花	立合同人	
6	货物运输合同	包括民用航空、铁路运输、海上运输、内河运输、公路运输和联运合同	按运输费用万分之五贴花	立合同人	单据作为合同使用的，按合同贴花

续表

	税目	范围	税率	纳税义务人	说明
7	仓储保管合同	包括仓储、保管合同	按仓储保管费用千分之一贴花	立合同人	仓单或栈单作为合同使用的,按合同贴花
8	借款合同	银行及其他金融组织和借款人(不包括银行同业拆借)所签订的借款合同	按借款金额万分之零点五贴花	立合同人	单据作为合同使用的,按合同贴花
9	财产保险合同	包括财产、责任、保证、信用等保险合同	按保险费收入的千分之一贴花	立合同人	单据作为合同使用的,按合同贴花
10	技术合同	包括技术开发、转让、咨询、服务等合同	按所载金额万分之三贴花	立合同人	
11	产权转移书据	包括财产所有权和版权、商标专用权、专利权、专有技术使用权等转移书据	按所载金额万分之五贴花	立据人	
12	营业账簿生产经营用账册	生产经营用账册	记载资金的账簿,为"实收资本"与"资本公积"两项的合计金额。启用新账簿后,其"实收资本"和"资本公积"两项的合计金额大于原已贴花资金的,就增加的部分补贴印花。自2018年5月1日起,对按万分之五税率贴花的资金账簿减半征收印花税,对按件贴花五元的其他账簿免征印花税	立账簿人	
13	权利、许可证照	包括政府部门发给的房屋产权证、工商营业执照、商标注册证、专利证、土地使用证	按件贴花五元	领受人	

24.13 印花税台账（表24-2）

表24-2 印花税台账

序号	合同名称	合同签约方	合同类别	合同金额（不含税）(1)	计税比例(2)	计税基数(3)=(1)×2	印花税税率(4)	印花税税额(5)=(3)×(4)	签订时间	备注
1			借款合同			—	0.005%	—		
3			财产保险合同			—	0.100%	—		
4								—		
								—		
合计								—		

第25章 发票管理指南

25.1 电子发票

25.1.1 增值税电子发票效力。

增值税电子发票（以下简称电子发票）含增值税电子普通发票（以下简称电子普票）和增值税电子专用发票（以下简称电子专票），属于增值税发票，其法律效力、基本用途、基本使用规定等与纸质专票相同。

纳税人应当按照规定使用电子发票，采取有效措施防范虚假或重复列支等税收风险，不得虚开、骗税，并接受税务机关依法检查。

25.1.2 增值税电子专票样式。

发票样式更加简洁。电子专票将"货物或应税劳务、服务名称"栏次名称简化为"项目名称"，取消了原"销售方：（章）"栏次，进一步简化了发票票面样式。

纸质增值税专用发票的基本联次为三联：发票联、抵扣联和记账联，电子专用仅仅一联。

25.1.3 实行专票电子化的办纳税人如何开具电子专票。

实行专票电子化的新办纳税人可向税务机关免费领取税务UKey，通过电子税务局、办税服务厅等渠道申请电子专票票种核定，在国家税务总局增值税发票查验平台（https：//inv-veri.chinatax.gov.cn）上下载并安装增值税发票开票软件（税务UKey版）后，开具电子专票。开票完成后，纳税人可以通过电子邮件、二维码等方式，远程交付电子专票给受票方（见图25-1）。

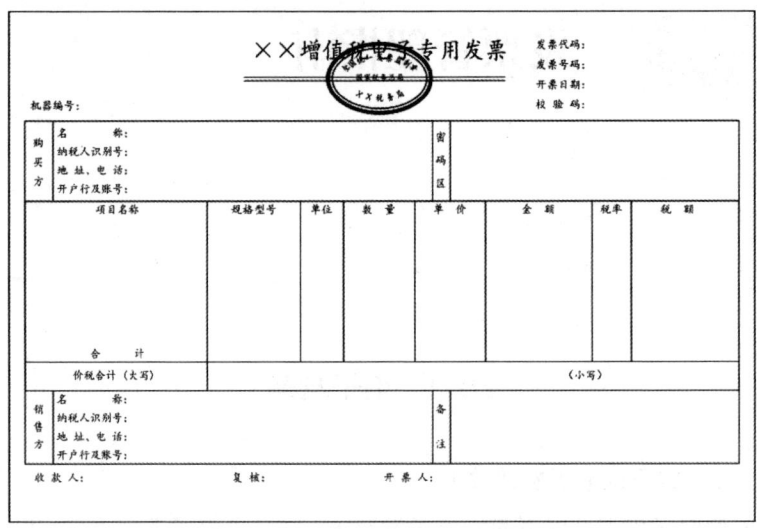

图25-1　增值税电子专用发票

25.1.4　电子签名代替原发票专用章。

纳税人通过增值税电子发票公共服务平台开具的增值税电子普通发票（票样见附件），属于税务机关监制的发票，采用电子签名代替发票专用章，其法律效力、基本用途、基本使用规定等与增值税普通发票相同。

电子专票采用电子签名代替原发票专用章，并且使用经过税务数字证书签名的电子发票监制章，纳税人可以验证电子签名的有效性，更好适应发票电子化改革的需要。

25.1.5　电子发票版式文件阅读器。

通过增值税电子发票公共服务平台开具的增值税电子普通发票和增值税电子专用发票版式文件格式为ofd格式，单位和个人可以登录全国增值税发票查验平台（https://inv-veri.chinatax.gov.cn），下载增值税电子发票版式文件阅读器，查阅增值税电子普通发票和专用发票。

25.1.6　验证电子签名具体方法。

通过增值税电子发票版式文件阅读器打开已下载的电子专票版式文件，鼠标移动到左下角"销售方"相关信息处，点击鼠标右键，再点击提示框中的"验证"按钮，即可弹出验证结果（见图25-2）。

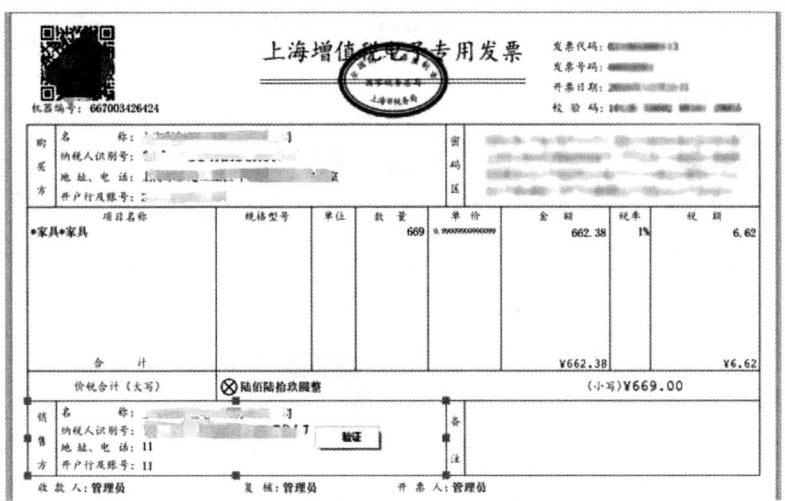

图25-2　增值税电子专用发票验证

如验证结果为"该签章有效！受该签章保护的文档内容未被修改。该签章之后的文档内容无变更"，表明销售方的电子签名有效（见图25-3）。

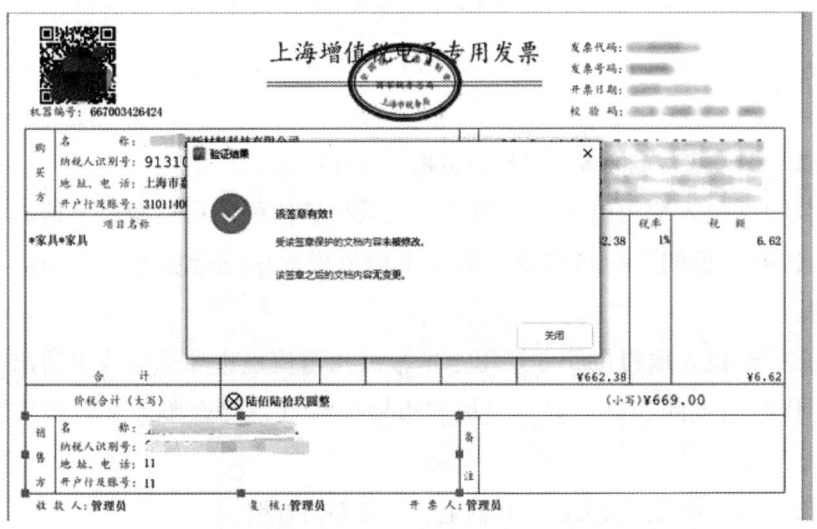

图25-3　增值税电子专用发票签章验证结果

验证电子发票监制章具体方法如下：通过增值税电子发票版式文件阅读器打开已下载的电子专票版式文件，鼠标右键点击发票上方椭圆形的发票监制章，选择"验证"，即可显示验证结果（见图25-4）。

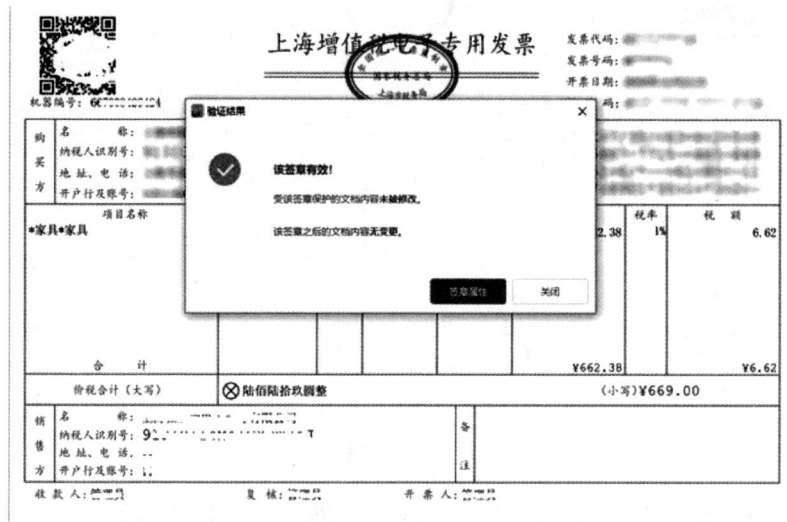

图25-4 增值税电子专用发票验证结果

此外，纳税人还可以在全国增值税发票查验平台上，通过录入发票代码、发票号码、开票日期、发票校验码等字段，对电子专票信息进行查验。

25.1.7 取得电子专票后出口退税、代办退税。

（1）纳税人取得电子专票用于申报抵扣增值税进项税额或申请出口退税、代办退税的，应当登录当地省市增值税发票综合服务平台确认发票用途。

（2）纳税人取得电子专票用于申报抵扣增值税进项税额或申请出口退税、代办退税的，应当登录当地省市增值税发票综合服务平台确认发票用途。

25.1.8 受票方丢失已开具的电子专票如何处理。

受票方如丢失或损毁已开具的电子专票，可以根据纸质打印件信息在全国增值税发票查验平台（https://inv-veri.chinatax.gov.cn）进行查验，通过后下载原电子专票。若纸质打印件一并丢失，还可以向开具增值税发票方重新索取原电子专票。

25.1.9 如何开具红字电子专票。

试点纳税人在开具红字电子专票时,无须追回已开具的电子专票及其纸质打印件。试点纳税人应当按照《国家税务总局关于红字增值税发票开具有关问题的公告》(2016年第47号)规定,在销售方或购买方正确填写《开具红字增值税专用发票信息表》并经增值税发票管理系统校验通过后,开具红字电子专票。

25.1.10 电子发票会计存档要求。

依据财会〔2020〕6号文规定,电子专票作为电子会计凭证的一种,同时满足下列条件的,可以仅使用电子专票进行报销入账归档:

(1)接收的电子会计凭证经查验合法、真实;

(2)电子会计凭证的传输、存储安全、可靠,对电子会计凭证的任何篡改能够及时被发现;

(3)使用的会计核算系统能够准确、完整、有效接收和读取电子会计凭证及其元数据,能够按照国家统一的会计制度完成会计核算业务,能够按照国家档案行政管理部门规定格式输出电子会计凭证及其元数据,设定了经办、审核、审批等必要的审签程序,且能有效防止电子会计凭证重复入账;

(4)电子会计凭证的归档及管理符合《会计档案管理办法》(财政部 国家档案局令第79号)等要求。

采用电子专票进行报销、入账且本单位财务信息系统能导出符合国家档案部门规定的电子归档格式的,应当将电子专票与其他电子会计记账凭证等一起归档保存,电子专票不再需要打印和保存纸质件;不满足上述条件的单位,采用电子专票纸质打印件进行报销、入账的,电子专票应当与其纸质打印件一并交由会计档案人员保存。

【提醒】根据财会〔2020〕6号的规定,各单位无论采用何种报销、入账方式,只要接收的是电子专票,则必须归档保存电子专票。单位如果以电子专票的纸质打印件作为报销入账归档依据的,必须同时保存打印该纸质件的电子专票。

25.1.11 如何防范电子专票的纸质打印件重复报销入账。

电子专票的纸质打印件只是承载电子专票发票信息的载体,不具备物理防伪功能,具有可复制的特点。

为避免电子专票的纸质打印件重复报销入账,各单位应建立完善的内控机制,严格按照财会〔2020〕6号文规定。如果以电子专票的纸质打印件作为报销入账归档依据的,必须同时保存打印该纸质件的电子专票。同时建议各单位在报销入账时对发票代码、号码进行查重处理。对于已经使用财务信息系统的单位,可以通过建立发票数据库的方式,升级系统功能,利用系统进行自动比对;对于尚未使用财务软件实行纯手工记账的单位,可以通过电子表格等方式,建立已入账发票手工台账,有效防范重复报销、虚假入账等风险。

25.1.12 电子发票如何归档保存。

(1)已建立电子档案管理系统的单位。

实施了会计信息系统,与电子发票相关的记账凭证、报销凭证等已全部实现电子化(不包括纸质凭证扫描,下同),可将电子发票与相关的记账凭证、报销凭证等电子会计凭证通过归档接口或手工导入电子档案管理系统进行整理、归档并长期保存,归档方法可参照《企业电子文件归档和电子档案管理指南》(档办发〔2015〕4号)。

如与电子发票相关的记账凭证、报销凭证等未实现电子化,可单独将电子发票通过归档接口或手工导入电子档案管理系统进行整理、归档并长期保存;整理、归档、长期保存方法可参照《企业电子文件归档电子档案管理指南》(档办发〔2015〕4号)。

(2)无电子档案管理系统的单位。

如实施了会计信息系统,与电子发票相关的记账凭证、报销凭证等已全部实现电子化,可将电子发票与相关的记账凭证、报销凭证等移交会计档案管理人员保存,编制档号,存储结构建议采取图25-5所示方式。

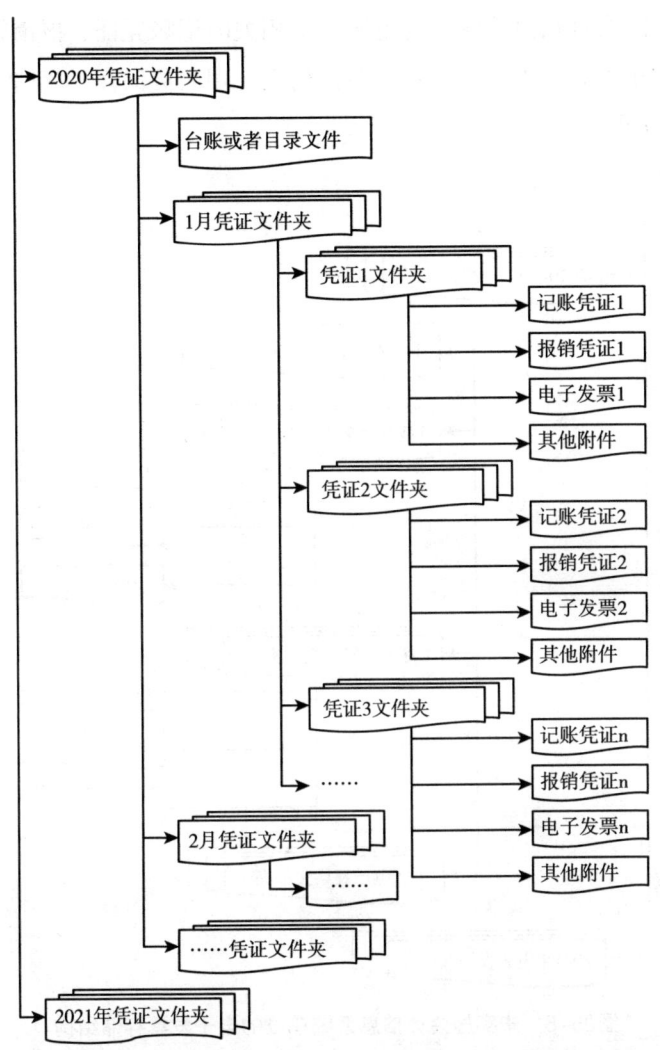

图25-5　已实施会计信息系统的单位电子发票存储结构

同时，建立电子会计档案台账或者目录，台账或者目录的结构建议如表25-1所示。

表25-1　实施会计信息系统单位的电子发票台账目录结构

序号	档号	凭证号	摘要	凭证日期	电子凭证件数	备注

如未实施会计信息系统，与电子发票相关的记账凭证、报销凭证未实现电子化，电子发票以电子形式移交会计档案管理人员保存，存储结构建议采取图25-6所示方式。

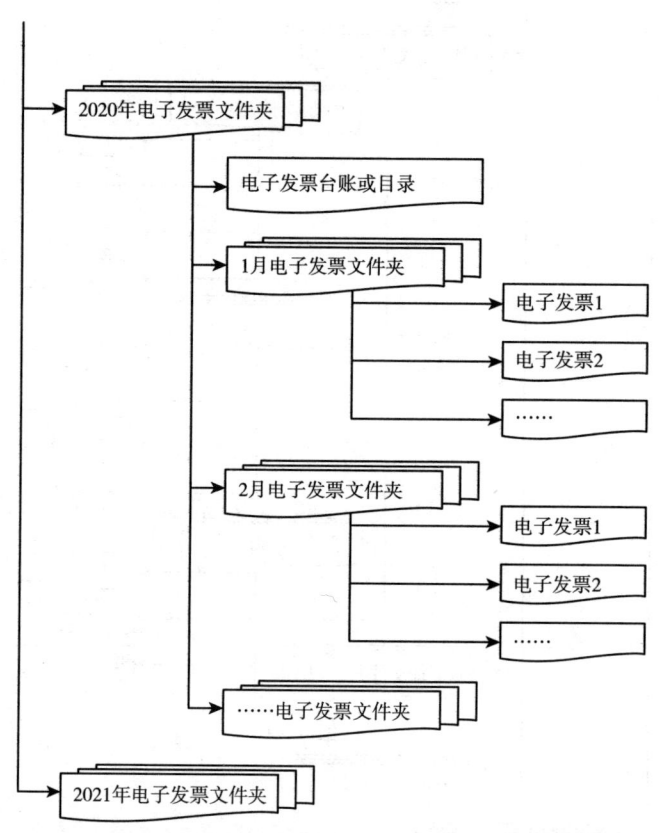

图25-6 未实施会计信息系统单位的电子发票存储结构

同时，建立电子发票台账或者目录，台账或者目录的结构建议如表25-2所示。

表25-2　　　　未实施会计信息系统的电子发票台账目录结构

序号	纳税人识别号	年度	交易事项	开票方名称	发票号码	开具日期	报销单据号	记账凭证号	文件名	备注

【提醒】保存电子发票时，应当采用多重备份、定期检测等方法，保证电子发票档案在规定的保管期限内不会丢失并能被读取。

25.2　发票的开具

25.2.1　发票开具原则。

25.2.1.1　相关单位向总部财务资金部申请开具增值税发票时，应确保经济业务的真实性；项目部负责人、相关单位及主要领导承担虚开、代开增值税发票的主要法律责任。

原则：哪个单位或个人购买货物和接受服务，给哪个单位或个人开具发票。具体要求：

（1）开具增值税发票的购买单位（甲方）与购买货物和接受服务方、项目立项书、招标方、合同方一致；

（2）合同执行过程中出现购买单位（甲方）更名，需要提供购买单位（甲方）更名的工商资料（复印件加盖其公章）；

（3）合同执行过程中出现购买单位（甲方）更改为第三方单位，需要提供项目变更政府部门备案资料，另按流程签署补充协议和营运部门确定是否符合建筑法相关规定。

25.2.1.2　发票开具时不允许有下列行为：

（1）为他人、为自己开具与实际经营业务情况不符的发票；

（2）让他人为自己开具与实际经营业务情况不符的发票；

（3）介绍他人开具与实际经营业务情况不符的发票；

（4）转借、转让、代开发票。

25.2.2　发票开具注意事项。

25.2.2.1　增值税一般纳税人一律自行开具增值税发票，不允许代开发票。

25.2.2.2　属于下列情形之一的，不得开具增值税专用发票：

（1）向消费者个人销售货物、提供应税劳务或者发生应税行为的；

（2）销售货物、提供应税劳务或者发生应税行为适用增值税免税规定的，法律、法规及国家税务总局另有规定的除外；

（3）部分适用增值税简易征收政策规定的：

①增值税一般纳税人的单采血浆站销售非临床用人体血液选择简易计税的。

②纳税人销售旧货，按简易办法依3%征收率减按2%征收增值税的。

③纳税人销售自己使用过的固定资产，适用按简易办法依3%征收率减按2%征收增值税政策的。

纳税人销售自己使用过的固定资产，适用简易办法依照3%征收率减按2%征收增值税政策的，可以放弃减税，按照简易办法依照3%征收率缴纳增值税，并可以开具增值税专用发票。

25.2.2.3 在开具发票时，必须做到按照号码顺序填开，填写项目齐全、内容真实、字迹清楚，全部联次一次打印，内容完全一致，并在发票联和抵扣联加盖发票专用章（不得加盖财务章和公章）。

开具发票应当使用中文。民族自治地方可以同时使用当地通用的一种民族文字。

开具发票具体要求：

（1）开具增值税专用发票时，须按规定填写销售方和购买方名称（不得为自然人）、纳税人识别号或统一社会信用代码、地址电话、开户行及账号信息。

（2）开具增值税普通发票时，按规定填写销售方和购买方名称（不是自然人）、纳税人识别号或统一社会信用代码、地址电话、开户行及账号信息，其中购买方名称（不是自然人）、纳税人识别号或统一社会信用代码必须填写，购买方（不是自然人）的地址电话、开户行及账号信息可填写也可不填写。

（3）开具增值税普通发票时，购买方是个人，按规定填写销售方名称、纳税人识别号或统一社会信用代码、地址电话、开户行及账号信息，填写购买方名称为"个人"或者"个人姓名"，不需要填写购买方的纳税人识别号或统一社会信用代码、地址电话、开户行及账号信息。

25.2.2.4　增值税专用发票应按下列要求开具：

（1）项目齐全，与实际交易相符；

（2）字迹清楚，不得压线、错格；

（3）发票联和抵扣联加盖发票专用章；

（4）按照增值税纳税义务的发生时间开具。

25.2.2.5　汇总开具发票。

一般纳税人销售货物、提供加工修理修配劳务和发生应税行为可汇总开具增值税专用发票。汇总开具增值税专用发票的，同时使用增值税发票开具增值税发票软件开具"销售货物或者提供应税劳务清单"，并加盖发票专用章。

25.2.2.6　对免征增值税项目开具增值税普通发票、机动车销售统一发票时，应在税率栏次填写"免税"字样，税率栏次不得填写"0"字样。

25.2.2.7　对2016年5月1日前发生的营业税涉税业务，包括已经申报缴纳营业税或补缴营业税的业务，需要补开发票的，可以开具增值税普通发票。纳税人应完整保留相关资料备查。

25.2.2.8　各单位财务部门应指定专人负责发票审核（以下简称发票审核员），开具增值税发票系统操作员和发票审核员不得由一人兼任。

发票审核员必须对开具的发票进行审核，发票审核的重点内容包括开具增值税发票日期、购货单位名称、纳税人识别号、货物或应税劳务名称、计量单位、数量、单价、金额、税率、税额价税合计等内容。

审核无误后方能在发票上加盖发票专用章。

25.2.3　发票作废。

纳税人在开具增值税专用发票当月，发生销货退回、开具增值税发票有误等情形，收到退回的发票联、抵扣联符合作废条件的，按作废处理；开具时发现有误的，可即时作废。

作废增值税专用发票须在增值税发票开具增值税发票软件中将相应的数据电文按"作废"处理，在纸质增值税专用发票（含未打印的增值税专用发票)各联次上注明"作废"字样,全联次留存。

同时具有下列情形的,为本条所称作废条件:

(1)收到退回的发票联、抵扣联,且时间未超过销售方开具增值税发票当月;

(2)销售方未抄税且未记账;

(3)购买方未认证,或者认证结果为"纳税人识别号认证不符""增值税专用发票代码、号码认证不符"。

25.2.4 红字发票开具注意事项。

25.2.4.1 开具增值税红字专用发票。

(1)红字专用发票开具流程。

纳税人开具增值税专用发票后,发生销货退回、开具增值税发票有误、应税服务中止等情形但不符合发票作废条件,或者因销货部分退回及发生销售折让,需要开具红字增值税专用发票的,按以下方法处理:

①购买方取得增值税专用发票已用于申报抵扣的,购买方可在增值税发票开具增值税发票软件中填开并上传"开具红字增值税专用发票信息表"(以下简称"信息表"),在填开"信息表"时不填写相对应的蓝字增值税专用发票信息,应暂依"信息表"所列增值税税额从当期进项税额中转出,待取得销售方开具的红字增值税专用发票后,与"信息表"一并作为记账凭证。

购买方取得增值税专用发票未用于申报抵扣,但发票联或抵扣联无法退回,购买方填开"信息表"时应填写相对应的蓝字增值税专用发票信息。

销售方开具增值税专用发票尚未交付购买方,以及购买方未用于申报抵扣并将发票联及抵扣联退回的,销售方可在增值税发票开具增值税发票软件中填开并上传"信息表"。销售方填开"信息表"时应填写相对应的蓝字增值税专用发票信息。

②主管税务机关通过网络接收纳税人上传的"信息表",系统自动校验通过后,生成带有"红字发票信息表编号"的"信息表",并将信息同步至纳税人端系统中。

③销售方凭税务机关系统校验通过的"信息表"开具红字增值税专用发票，在增值税发票开具增值税发票软件中以销项负数开具。红字增值税专用发票应与"信息表"一一对应。

④纳税人也可凭"信息表"电子信息或纸质资料到税务机关对"信息表"内容进行系统校验。

⑤纳税人填报"信息表"错误的，可网上办理撤销。

（2）是否收回增值税专用发票。

①用于抵扣增值税进项税额的专用发票应经税务机关认证相符（国家税务总局另有规定的除外）。认证相符的专用发票应作为购买方的记账凭证，不得退还销售方。

②购买方填开"信息表"时应填写相对应的蓝字增值税专用发票信息，购买方取得增值税专用发票虽未用于申报抵扣，发票联或抵扣联可以不收回。

③其他情形，要收回对应的增值税专用发票的发票联或抵扣联。

（3）风险提醒。

提供建筑服务开具增值税专用发票后，发生开具增值税发票有误、项目中止等结算金额小于开具增值税发票金额情形，不允许业主向建筑企业开具发票，应该是建筑企业向业主按规定开具红字发票。

25.2.4.2 开具增值税红字普通发票。

纳税人开具增值税普通发票后，如发生销货退回、开具增值税发票有误、应税服务中止等情形但不符合发票作废条件，或者因销货部分退回及发生销售折让，需要开红字发票的，应收回原发票并注明"作废"字样或取得对方有效证明。

纳税人需要开具红字增值税普通发票的，可以在所对应的蓝字发票金额范围内开具多份红字发票。另红字机动车销售统一发票需与原蓝字机动车销售统一发票一一对应。

25.2.5 发票传递。

（1）各单位已开具的发票，开具增值税发票系统操作员必须及时通知并督促相关业务部门及人员及时送达客户方。

增值税专用发票不得弯曲、折叠、污损，以免影响抵扣认证，由于业务人员递交发票不及时或保管不善导致的客户方发票无法抵扣或报销的，给予相关责任人处罚。

（2）发票的传递，必须建立"发票交接单"，以反映发票的传递过程，明确责任。

对已开具的发票，各单位应指定专人或由财务人员领取，领取人及交接方必须在开具增值税发票人的"发票交接单"上签收，内容包括领取发票的发票编号、领取单位、购货单位、领取日期、发票金额、领取人及交接人签字等相关信息；由相关业务人员通过邮寄方式传递的发票，应详细登记发票寄出的时间、邮局名称，并保留相关邮寄凭证（快递底单），邮寄发票必须由顺丰或邮政快递公司寄出，以确保发票的安全。

25.3 发票报销

25.3.1 发票的取得。

25.3.1.1 索取发票为增值税发票的，应确保经济业务发生的真实性，满足增值税"三流一致"的要求。

25.3.1.2 业务部门和人员在购买商品、接受服务以及从事其他经营活动对外付款时，必须取得合规发票类型或其他税前扣除凭证，否则一律拒付款项。

25.3.1.3 制作带有公司全称、税号、开户行、账号、地址、电话等开具增值税发票信息的卡片、二维码、微信发票信息，发给各部门，在取得发票时向供货商提供公司开具增值税发票信息。

25.3.1.4 收取增值税专用发票前，直接相关人员应仔细审核发票开具内容是否正确、开具项目是否与具体经济业务相符、开具金额是否正确等。具体事项包括：

（1）发票种类是否与合同约定一致（普通或专用发票等）发票套印发票监

制章；

（2）全部项目填写正确且与合同约定的业务内容一致，业务内容与对应的税率一致；

（3）公司开具增值税发票信息正确无误、票面字迹清晰，未被修改、重印，不得压线、错格；

（4）票面完整、无损毁、涂污；

（5）属于汇总开具增值税发票的，附带合规的销货（劳务、服务）清单且加盖发票专用章；

（6）专用发票的发票联、抵扣联信息一致且只能加盖一枚发票专用章；

（7）发票专用章印章清晰、正确，印章名称与销货方名称一致。

25.3.1.5 经审核不合规的发票，直接相关人员应联系开具增值税发票单位重新开具合规发票。常见不合规发票包括：

（1）加盖财务专用章或单位公章发票或加盖一个财务专用章和一个发票专用章；

（2）发票抬头开错了，将发票抬头修改，并在修改处再盖发票专用章；

（3）发票全称与公司营业执照上的全称不一致；

（4）发票信息开错：开户银行或账号错误、纳税人识别号错误等；

（5）专用发票票面信息不全；

（6）货物发票未填规格型号、单位和数量；

（7）发票查询不合规，如查询次数超过1次、查询开具增值税发票金额不一致、查询发票流向不一致；

（8）开具增值税发票内容、金额或数量与实际入库情况不一致；

（9）增值税适用税率/征收率错误（税率/征收率由发票税收编码*的前面内容决定，如*建筑服务*违约金*适用税率/征收率9%/3%/1%/免税）；

（10）字迹不清楚或压线、错格；

（11）其他不合规情形。

25.3.1.6 在向个人支付款项时，属于增值税应税范围且超过增值税起征点，应当凭个人在当地税务机关代开的发票进行结算，不得以白条入账。

属于劳务报酬支出，报销支出时，需要按照相关文件规定预扣预缴个人所得税。

25.3.1.7 红字发票处理。

财务人员应在当期进行进项税账务处理，待取得销售方开具的红字专用发票后，与"信息表"一并作为记账凭证再进行冲账处理。

25.3.2 付款要求。

相关单位对外付款时，原则上应坚持"先收票后付款"的原则。

25.4 发票丢失处理

25.4.1 丢失增值税专用发票的处理。

（1）丢失已开具的增值税专用发票或机动车销售统一发票的发票联和抵扣联：凭加盖销售方发票专用章的相应发票记账联复印件，作为增值税进项税额的抵扣凭证、退税凭证或记账凭证。

（2）丢失已开具增值税专用发票或机动车销售统一发票的抵扣联：凭相应发票的发票联复印件，作为增值税进项税额的抵扣凭证或退税凭证；

（3）丢失已开具增值税专用发票或机动车销售统一发票的发票联：凭相应发票的抵扣联复印件作为记账凭证。

专用发票丢失已经不需要出具销售方主管税务机关开具的"增值税专用发票已报税证明单"。

25.4.2 丢失增值税普通发票。

（1）从外单位取得的原始凭证如有遗失，应当取得原开出单位盖有公章的证明，并注明原来凭证的号码、金额和内容等，由经办单位会计机构负责人、会计主管人员和单位领导人批准后，才能代作原始凭证。

（2）如果确实无法取得证明的，如火车、轮船、飞机票等凭证，由当事人写出详细情况，由经办单位会计机构负责人、会计主管人员和单位领导人批准后，代作原始凭证。

25.5 建筑行业发票特殊规定

25.5.1 建筑服务预收款。

商品和服务税收分类与编码的"6 未发生销售行为的不征税项目",用于纳税人收取款项但未发生销售货物、应税劳务、服务、无形资产或不动产的情形。

"未发生销售行为的不征税项目"下设"612建筑服务预收款"。

使用"未发生销售行为的不征税项目"编码,发票税率栏应填写"不征税",不得开具增值税专用发票。

25.5.2 已申报缴纳营业税未开具增值税发票,补开具增值税发票。

商品和服务税收分类与编码的"6 未发生销售行为的不征税项目",用于纳税人收取款项但未发生销售货物、应税劳务、服务、无形资产或不动产的情形。

"未发生销售行为的不征税项目"下设"612已申报缴纳营业税未开具增值税发票补开具增值税发票"。

使用"未发生销售行为的不征税项目"编码,发票税率栏应填写"不征税",不得开具增值税专用发票。

纳税人2016年5月1日前发生的营业税涉税业务,包括已经申报缴纳营业税或补缴营业税的业务,需要补开发票的,可以开具增值税普通发票。纳税人应完整保留相关资料备查。根据上述文件规定,已申报缴纳营业税未开具增值税发票补开具增值税发票,没有时间限制。

25.5.3 建筑服务发票要求。

提供建筑服务,纳税人自行开具或者税务机关代开增值税发票时,应在发票的备注栏注明建筑服务发生地县(市、区)名称及项目名称。

如按照国家税务总局公告2019年第31号公告规定,货物发票可以按规定差额计税,则货物发票备注栏注明建筑服务发生地所在县(市、区)、项目名称。

【提醒】营改增后,土地增值税纳税人接受建筑安装服务取得的增值税发票,应按照《国家税务总局关于全面推开营业税改征增值税试点有关税收征收管理事项的公告》(国家税务总局公告2016年第23号)规定,在发票的备注栏注明建筑服务发生地县(市、区)名称及项目名称,否则不得计入土地增值税扣除项目金额。[《国家税务总局关于营改增后土地增值税若干征管规定的公告》(国家税务总局公告2016年第70号)]

25.5.4 一般纳税人提供建筑服务。

一般纳税人不管是否跨县(市、区)提供建筑服务,都自行全额开具增值税专用发票或普通发票,不能申请代开增值税发票。

一般纳税人提供建筑服务选择适用简易计税方法计税,全额开具增值税专用发票或普通发票。

【例】一般纳税人以清包工方式或者甲供工程提供建筑服务,适用简易计税方法,文件规定以收到的款项减去分包款为销售额,开具增值税发票是总金额的还是分包之后的?例如总包收到100万元,分包款50万元,购货方要求开具100万元发票,纳税人实际缴纳50万元的税款,如何开具增值税发票?

答:可以全额开具增值税发票,总包开具100万元发票,发票上注明的金额为100/(1+3%),税额为100/(1+3%)×3%,下游企业全额抵扣。纳税人申报时,填写附表3,进行差额扣除,实际缴纳的税额为(100-50)/(1+3%)×3%。(《国家税务总局纳税服务司关于下发营改增热点问题答复口径和营改增培训参考材料的函》)

25.5.5 小规模纳税人提供建筑服务。

小规模纳税人跨县(市、区)提供建筑服务,自行全额开具增值税专用发票或普通发票,不能自行开具增值税发票的,可向建筑服务发生地主管税务机关按照其取得的全部价款和价外费用申请代开增值税发票。

为跨县(市、区)提供建筑服务的小规模纳税人(不包括其他个人)代开增值税发票时,在发票备注栏中自动打印"YD"字样。

25.5.6 其他个人提供建筑服务。

其他个人提供建筑服务,向建筑服务发生地主管税务机关按照其取得的全部价款和价外费用申请代开增值税发票。

25.5.7 劳务派遣服务发票开具。

纳税人提供劳务派遣服务,选择差额纳税的,向用工单位收取用于支付给劳务派遣员工工资、福利和为其办理社会保险及住房公积金的费用,不得开具增值税专用发票，可以开具增值税普通发票。

纳税人提供安全保护服务，比照劳务派遣服务政策执行。

25.5.8　人力资源外包服务发票开具。

纳税人提供人力资源外包服务，按照经纪代理服务缴纳增值税，其销售额不包括受客户单位委托代为向客户单位员工发放的工资和代理缴纳的社会保险、住房公积金。纳税人提供人力资源外包服务，向委托方收取并代为发放的工资和代理缴纳的社会保险、住房公积金，不得开具增值税专用发票，可以开具增值税普通发票。

25.5.9　销售不动产发票开具。

销售不动产，纳税人自行开具或者税务机关代开增值税发票时，应在发票"货物或应税劳务、服务名称"栏填写不动产名称及房屋产权证书号码（无房屋产权证书的可不填写），"单位"栏填写面积单位，备注栏注明不动产的详细地址。

25.5.10　不动产租赁业务发票开具。

个人出租住房，应按照5%的征收率减按1.5%计算应纳税额。

纳税人自行开具或者税务机关代开增值税发票时，通过增值税发票软件中征收率减按1.5%征收开具增值税发票功能，录入含税销售额，系统自动计算税额和不含税金额，发票开具不应与其他应税行为混开。

25.6　善意取得虚开增值税专用发票处理

25.6.1　善意取得虚开的增值税专用发票定义。

《国家税务总局关于纳税人善意取得虚开的增值税专用发票处理问题的通知》（国税发〔2000〕187号）规定，纳税人善意取得虚开的增值税专用发票指购货方与销售方存在真实交易，且购货方不知取得的增值税专用发票是以非法手段获得的。

【例】某建筑企业从A企业购买建筑材料，后A企业找各种原因，与某建筑企业签订三方开具增值税发票协议，由另外一家B企业开具建筑材料增值税专用发票，后证实B企业开具建筑材料增值税专用发票属于虚开的增值税专用发票。虽然建筑企业从A企业购买建筑材料存在真实交易，但是建筑企业明知取得的增值税专用发票是以非法手段获得的，所以不属于"善意取得虚开的增值税专用发票"情形。

25.6.2 进项税额处理。

（1）纳税人善意取得虚开的增值税专用发票，如能重新取得合法、有效的专用发票，准许其抵扣进项税款；如不能重新取得合法、有效的专用发票，不准其抵扣进项税款或追缴其已抵扣的进项税款。

（2）《国家税务总局关于异常增值税扣税凭证管理等有关事项的公告》（国家税务总局2019年第38号）文件第三条第（四）项规定：纳税信用A级纳税人取得异常凭证且已经申报抵扣增值税、办理出口退税或抵扣消费税的，可以自接到税务机关通知之日起10个工作日内，向主管税务机关提出核实申请。经税务机关核实，符合现行增值税进项税额抵扣、出口退税或消费税抵扣相关规定的，可不作进项税额转出、追回已退税款、冲减当期允许抵扣的消费税税款等处理。

（3）对于善意取得增值税专用发票的纳税人补缴增值税金额较大的，企业资金比较困难的，可以在5年内分期缴纳，并且不征收滞纳金。

25.6.3 满足条件可以在企业所得税税前列支。

对于善意取得虚开增值税专用发票的纳税人，对应的购进货物成本可以在企业所得税税前列支，需要提供符合规定的税前扣除凭证。

税前扣除凭证在管理中应当遵循真实性、合法性、关联性原则。真实性是基础，若企业的经济业务及支出不具备真实性，自然就不涉及税前扣除的问题。合法性和关联性是核心，只有当税前扣除凭证的形式、来源符合法律、法规等相关规定，并与支出相关联且有证明力时，才能作为企业支出在税前扣除的证明资料。

《国家税务总局关于发布〈企业所得税税前扣除凭证管理办法〉的公告》（国家税务总局公告2018年第28号）第十三条规定："企业应当取得而未取得发票、其他外部凭证或者取得不合规发票、不合规其他外部凭证的，若支出真实且已实际发生，应当在当年度汇算清缴期结束前，要求对方补开、换开发票、其他外部凭证。补开、换开后的发票、其他外部凭证符合规定的，可以作为税前扣除凭证。"

第十四条规定："企业在补开、换开发票、其他外部凭证过程中，因对方注销、撤销、依法被吊销营业执照、被税务机关认定为非正常户等特殊原因无法补开、换开发票、其他外部凭证的，可凭以下资料证实支出真实性后，其支出允许税前扣除：

（一）无法补开、换开发票、其他外部凭证原因的证明资料（包括工商注销、机构撤销、列入非正常经营户、破产公告等证明资料）；

（二）相关业务活动的合同或者协议；

（三）采用非现金方式支付的付款凭证；

（四）货物运输的证明资料；

（五）货物入库、出库内部凭证；

（六）企业会计核算记录以及其他资料。

前款第一项至第三项为必备资料。"

4.补缴税金金额较大的，企业资金比较困难的，可以在5年内分期缴纳，并且不征收滞纳金

《中华人民共和国税收征收管理法》（中华人民共和国主席令第49号）第三十一条规定，纳税人、扣缴义务人按照法律、行政法规规定或者税务机关依照法律、行政法规的规定确定的期限，缴纳或者解缴税款。纳税人因有特殊困难，不能按期缴纳税款的，经省、自治区、直辖市国家税务局、地方税务局批准，可以延期缴纳税款，但是最长不得超过三个月。第三十二条规定，纳税人未按照规定期限缴纳税款的，扣缴义务人未按照规定期限解缴税款的，税务机关除责令限期缴纳外，从滞纳税款之日起，按日加收滞纳税款万分之五的滞纳金。

25.7 取得异常凭证处理

25.7.1 异常凭证包括：

（1）走逃（失联）企业存续经营期间发生下列情形之一的，所对应属期开

具的增值税专用发票。

①商贸企业购进、销售货物名称严重背离的。

②生产企业符合以下特征之一的：

A.生产企业无实际生产加工能力且无委托加工；

B.生产企业生产能耗与销售情况严重不符；

C.生产企业购进货物并不能直接生产其销售的货物且无委托加工的。

③直接走逃失踪不纳税申报的。

④虽然申报但通过不实填列增值税纳税申报表相关栏次，规避税务机关审核比对，进行虚假申报的。

（2）纳税人丢失、被盗税控专用设备中未开具或已开具未上传的增值税专用发票。

（3）非正常户纳税人未向税务机关申报或未按规定缴纳税款的增值税专用发票。

（4）增值税发票管理系统稽核比对发现"比对不符""缺联""作废"的增值税专用发票。

（5）经税务总局、省税务局大数据分析发现，纳税人开具的增值税专用发票存在涉嫌虚开、未按规定缴纳消费税等违法违规情形的。

（6）增值税一般纳税人申报抵扣异常凭证，同时符合下列情形的，其对应开具的增值税专用发票列入异常凭证范围：

①异常凭证进项税额累计占同期全部增值税专用发票进项税额70%（含）以上的。

②异常凭证进项税额累计超过5万元的。

纳税人尚未申报抵扣、尚未申报出口退税或已作进项税额转出的异常凭证，其涉及的进项税额不计入异常凭证进项税额的计算。

25.7.2 异常凭证的税务处理。

（1）尚未申报抵扣增值税进项税额的，暂不允许抵扣。已经申报抵扣增值税进项税额的，除另有规定外，一律在纳税人收到"税务事项通知书"的当期（税款所属期）作进项税额转出，于次月（季）申报期申报。

（2）尚未申报出口退税或者已申报但尚未办理出口退税的，除另有规定外，暂不允许办理出口退税。适用增值税免抵退税办法的纳税人已经办理出口退税的，应根据列入异常凭证范围的增值税专用发票上注明的增值税额作进项税额转出处理；适用增值税免退税办法的纳税人已经办理出口退税的，税务机关应按照现行规定将列入异常凭证范围的增值税专用发票对应的已退税款追回。

纳税人因骗取出口退税停止出口退（免）税期间取得的增值税专用发票列入异常凭证范围的，按照本条第一项规定执行。

（3）消费税纳税人以外购或委托加工收回的已税消费品为原料连续生产应税消费品，尚未申报抵扣原料已纳消费税税款的，暂不允许抵扣；已经申报抵扣的，冲减当期允许抵扣的消费税税款，当期不足冲减的应当补缴税款。

（4）纳税信用A级纳税人取得异常凭证且已经申报抵扣增值税、办理出口退税或抵扣消费税的，可以自接到税务机关通知之日起10个工作日内，向主管税务机关提出核实申请。经税务机关核实，符合现行增值税进项税额抵扣、出口退税或消费税抵扣相关规定的，可不作进项税额转出、追回已退税款、冲减当期允许抵扣的消费税税款等处理。纳税人逾期未提出核实申请的，应于期满后按照本条第一项、第二项、第三项规定作相关处理。

（5）纳税人对税务机关认定的异常凭证有异议，可以向主管税务机关提出核实申请。经主管税务机关核实，符合现行增值税进项税额抵扣或出口退税相关规定的，纳税人可继续申报抵扣或者重新申报出口退税；符合消费税抵扣规定且已缴纳消费税税款的，纳税人可继续申报抵扣消费税税款。

25.7.3 接收异常凭证企业涉税处理。

（1）接收异常凭证的纳税人，核实经营业务是否真实；

（2）如所对应的经营业务真实，应自收到《税务事项通知书》之日起10个工作日内向主管税务机关提出核实申请，并提供相关证明材料。

证明材料包括：

①相关业务的详细说明，提供相关业务经办人员的身份信息和联系

方式；

②采用非现金方式支付的凭证；

③涉及货物运输、保险、仓储、装卸的，提供货物运输、保险、仓储、装卸的凭证；

④涉及能源消耗的，提供能耗支出凭证；

⑤涉及委托加工的，提供委托加工相关材料；

⑥业务合同、协议等材料；

⑦证明相关业务真实性的其他材料。

主管税务机关应在收到纳税人提出的核实申请后60个工作日内完成核实工作，对纳税人申请核实相关业务的合理性进行判断。

25.7.4 经税务机关核实后，按以下不同情况分别处理：

（1）未发现异常情形，符合增值税进项抵扣、出口退税或消费税抵扣有关规定的，主管税务机关出具《税务事项通知书》，允许纳税人按照规定继续申报抵扣增值税、办理出口退税或抵扣消费税税款。

（2）发现异常情形，主管税务机关出具《税务事项通知书》，纳税人取得的异常凭证暂不能办理增值税进项税额抵扣、出口退税或消费税抵扣等涉税事项。

（3）纳税人未能提供相关证明材料，主管税务机关无法对申请核实的事项进行合理性判断，主管税务机关出具《税务事项通知书》，纳税人取得的异常凭证暂不能办理增值税进项税额抵扣、出口退税或消费税抵扣等涉税事项。

（4）涉嫌虚开发票、虚抵增值税进项或者消费税税款、骗取出口退税以及其他需要稽查立案的，移交稽查部门查处。

25.7.5 发生税款损失补救措施。

《最高法院专家法官阐释民商疑难案件问题》在"因销售方未给付增值税发票导致购买方不能抵扣进项税款，或销售方给付的增值税发票无效导致购买方被税务机关依法追缴所抵扣进项税款，购买方是否可以要求销售方赔偿？"中解答道："销售方未给付增值税发票或给付发票无效，属销售方未全面履行合同义务,购买方可以要求销售方给付有效的增值税发票。由于销售方的原因不能给付增值税发票的,购买方可以此作为损失要求销售方赔偿。"

【案例】买卖合同中,向买方开具真实有效可供依法抵扣税款的增值税专用发票,是卖方的法定义务。现因A××公司开具增值税专用发票后未履行申报纳税义务,所开具的发票经主管税务机关列入异常扣税凭证范围,导致海康公司已抵扣的进项税额328928.44元被税务机关要求转出。B××公司不能依法享受抵扣税款产生的相应损失,是A××公司未履行约定及法定义务造成,应由A××公司承担赔偿责任。B××公司相应诉讼请求应予支持。[摘自《杭州B××公司、宁夏A××公司买卖合同纠纷二审民事判决书》[浙江省杭州市中级人民法院民事判决书(2019)浙01民终××××号]]

25.7.6 如何申报

《国家税务总局关于简并税费申报有关事项的公告》(国家税务总局公告2021年第9号)规定:

(1)试点地区(自2021年5月1日起,海南、陕西、大连和厦门开展增值税、消费税分别与城市维护建设税、教育费附加、地方教育附加申报表整合试点,下同)增值税一般纳税人,在2021年4月份及之后属期收到主管税务机关送达的《税务事项通知书》,告知其已申报抵扣的增值税专用发票为异常增值税扣税凭证。纳税人在办理纳税申报时应当如何处理?

按照《增值税及附加税费申报表(一般纳税人适用)》及其附列资料的填写说明,《增值税及附加税费申报表附列资料(二)》第23a栏"异常凭证转出进项税额"栏次,填写本期异常增值税扣税凭证转出的进项税额。

如果纳税人的纳税信用等级不为A级,按照《国家税务总局关于异常增值税扣税凭证管理等有关事项的公告》(国家税务总局公告2019年第38号,简称38号公告)第三条第(一)项规定,应当在纳税人办理收到相关税务事项通知书对应属期的增值税及附加税费申报时,按照《增值税及附加税费申报表附列资料(二)》填写说明的要求,将对应专用发票已抵扣税额计入《增值税及附加税费申报表附列资料(二)》第23a栏。

如果纳税人的纳税信用等级为A级，则可以按照38号公告第三条第（四）项的规定，自接到税务机关通知之日起10个工作日内，向主管税务机关提出核实申请，在税务机关出具核实结果之前暂不作进项税额转出处理，也不需要将对应专用发票已抵扣税额计入《增值税及附加税费申报表附列资料（二）》第23a栏。

若纳税人逾期未提出核实申请，或者提出核实申请但经核实确认相关发票不符合现行增值税进项税额抵扣相关规定的，应当继续作进项转出处理。

（2）试点地区增值税一般纳税人，在2021年4月份及之后属期收到主管税务机关送达的《税务事项通知书》，告知其已作进项税额转出的异常增值税扣税凭证，被税务机关解除异常，对应增值税专用发票可按照现行规定继续抵扣。纳税人在办理纳税申报时应当如何处理？

按照《增值税及附加税费申报表（一般纳税人适用）》及其附列资料填写说明，《增值税及附加税费申报表附列资料（二）》第23a栏"异常凭证转出进项税额"栏次，填写本期异常增值税扣税凭证转出的进项税额。异常增值税扣税凭证转出后，经核实允许继续抵扣的，且纳税人重新确认用于抵扣的，在本栏填入负数。

对于试点地区纳税人，在2021年4月及之后属期作进项转出处理的异常凭证，在解除异常凭证后，纳税人应先通过增值税发票综合服务平台对相关发票再次进行抵扣勾选，然后在办理抵扣勾选属期增值税及附加税费申报时，按照《增值税及附加税费申报表附列资料（二）》填写说明的要求，将允许继续抵扣的税额以负数形式计入《增值税及附加税费申报表附列资料（二）》第23a栏。在2021年4月属期之前已作进项转出处理的异常凭证，不需要再次进行抵扣勾选，可以经税务机关核实后，直接将允许继续抵扣的税额以负数形式计入《增值税及附加税费申报表附列资料（二）》第23a栏。

第26章 跨境行为增值税管理

26.1 适用退(免)税政策的出口货物、劳务和服务

26.1.1 享受范围。

26.1.1.1 "营改增"试点开展后,我国对境内单位和个人提供国际运输服务、向境外单位提供的研发服务和设计服务,适用增值税零税率,从这时起,出口退税范围扩大到了货物、劳务和服务出口。

26.1.1.2 目前我国出口货物退(免)税的税种仅限于增值税和消费税。

26.1.1.3 具体范围。

——出口货物[财税(2012)39号]

(1)实际出口:向海关报关后实际离境并销售给境外单位或个人的货物。分为自营出口货物和委托出口货物两类。

(2)视同出口:进入的特殊监管区域并销售给区域内单位或境外单位、个人的货物等。

——出口服务包括[财税(2016)36号]

(1)国际运输服务、航天运输服务

(2)向境外单位提供的完全在境外消费的下列服务:

①研发服务。

②合同能源管理服务。

③设计服务。

④广播影视节目作品的制作和发行服务。

⑤软件服务。

⑥电路设计及测试服务。

⑦信息系统服务。

⑧业务流程管理服务。

⑨离岸服务外包业务。

⑩转让技术。

——出口劳务［财税（2012）39号］

对外提供加工修理修配劳务是指对进境复出口货物或从事国际运输的运输工具进行的加工修理修配。

26.1.2 享受主体。

依法办理工商登记、税务登记、对外贸易经营者备案登记，自营或委托出口货物的单位或个体工商户，以及依法办理工商登记、税务登记但未办理对外贸易经营者备案登记，委托出口货物的生产企业。其中：

（1）出口货物，是指向海关报关后实际离境并销售给境外单位或个人的货物，分为自营出口货物和委托出口货物两类。

（2）生产企业，是指具有生产能力（包括加工修理修配能力）的单位或个体工商户。

26.1.3 享受条件。

26.1.3.1 出口企业出口货物：向海关报关后实际离境并销售给境外单位或个人。

26.1.3.2 对出口的凡属于已征或应征增值税、消费税的货物，除国家明确规定不予退（免）税的货物和出口企业从小规模纳税人购进并持普通发票的货物外，都可以向税务机关申请退（免）税。可以退（免）税的出口货物一般应具备以下四个条件：

一必须是属于增值税、消费税征税范围的货物；

二必须是报关离境的货物；

三必须是在财务上作销售处理的货物；

四必须是出口收汇并已核销的货物。

此外，参照国际惯例，对一些特定货物虽不完全符合上述四个条件，也准予退(免)税。

26.1.3.3 出口企业或其他单位视同出口货物。

(1)属于对外援助、对外承包、境外投资的货物。

(2)经海关报关进入国家批准的出口加工区、保税物流园区、保税港区、综合保税区、珠澳跨境工业区(珠海园区)、中哈霍尔果斯国际边境合作中心(中方配套区域)、保税物流中心(B型)(统称特殊区域)并销售给特殊区域内单位或境外单位、个人的货物。

(3)属于免税品经营企业销售的货物。

(4)属于出口企业或其他单位销售给用于国际金融组织或外国政府贷款国际招标建设项目的中标机电产品。中标机电产品,包括外国企业中标再分包给出口企业或其他单位的机电产品。

(5)属于生产企业向海上石油天然气开采企业销售的自产的海洋工程结构物,且购买方须为按实物征收增值税的中外合作油(气)田开采企业。

(6)属于出口企业或其他单位销售给国际运输企业用于国际运输工具上的货物。

(7)销售给特殊区域内生产企业生产耗用且不向海关报关而输入特殊区域的水(包括蒸汽)、电力、燃气。

26.1.3.4 出口企业对外提供加工修理修配劳务:对进境复出口货物或从事国际运输的运输工具进行加工修理修配。

26.1.4 退(免)税办法。

适用增值税退(免)税政策的出口货物劳务,按照下列规定实行增值税免抵退税或免退税办法。

26.1.4.1 免抵退税办法。

生产企业出口自产货物和视同自产货物(视同自产货物的具体范围见附件4)及对外提供加工修理修配劳务,以及列名生产企业(具体范围见附件5)出口非自产货物,免征增值税,相应的进项税额抵减应纳增值税额(不包括适用增值税即征即退、先征后退政策的应纳增值税额),未抵减完的部分予以退还。

26.1.4.2 免退税办法。

不具有生产能力的出口企业（以下称外贸企业）或其他单位出口货物劳务，免征增值税，相应的进项税额予以退还。

（1）"免"税，是指对生产企业自营出口或委托外贸企业代理出口的自产货物，免征本企业生产销售环节增值税。

（2）"抵"税，是指生产企业自营出口或委托外贸企业代理出口的自产货物，应予免征或退还所耗用外购货物的进项税额抵扣内销货物的应纳税款。

（3）"退"税是指生产企业出口的自产货物在当月内应抵顶的进项税额大于应纳税额时，对未抵顶完成的部分予以退税。

26.1.5 出口退税率。

出口货物的退税率是出口货物的应退税额与计税依据之间的比例。除财政部和国家税务总局根据国务院决定而明确的增值税出口退税率外，出口货物的退税率为其适用税率。

（1）我国现行的增值税出口退税率一般为：13%、10%、9%、6%，具体出口货物退税率按国家税务总局正式发布的《出口货物退税率文库》确定。

其中：增值税零税率应税服务的退税率为对应服务提供给境内单位适用的增值税税率。

（2）从属于增值税小规模纳税人的生产企业购进准予退税的货物，出口退税率为3%。

（3）消费税的退税率按《中华人民共和国消费税暂行条例规定的征税率（税额）》确定。

出口货物劳务的增值税退（免）税的计税依据，按出口货物劳务的出口发票（外销发票）、其他普通发票或购进出口货物劳务的增值税专用发票、海关进口增值税专用缴款书确定。

26.1.6 出口货物退（免）税的计税依据。

（1）生产企业出口货物劳务（进料加工复出口货物除外）增值税退（免）税的计税依据，为出口货物劳务的实际离岸价（FOB）。实际离岸价应以出口发票上的离岸价为准，但如果出口发票不能反映实际离岸价，主管税务机关有权予以核定。

（2）生产企业进料加工复出口货物增值税退（免）税的计税依据，按出口货物的离岸价（FOB）扣除出口货物所含的海关保税进口料件的金额后确定。

（3）外贸企业出口货物（委托加工修理修配货物除外）增值税退（免）税的计税依据，为购进出口货物的增值税专用发票注明的金额或海关进口增值税专用缴款书注明的完税价格。

（4）外贸企业出口委托加工修理修配货物增值税退（免）税的计税依据，为加工修理修配费用增值税专用发票注明的金额。外贸企业应将加工修理修配使用的原材料（进料加工海关保税进口料件除外）作价销售给受托加工修理修配的生产企业，受托加工修理修配的生产企业应将原材料成本并入加工修理修配费用开具发票。

（5）设计服务（除国际运输服务和航天运输服务）等增值税零税率应税服务，为提供增值税零税率应税服务取得的收入。

26.1.7　免抵退税计算。

26.1.7.1　当期应纳税额的计算。

当期应纳税额＝当期销项税额－（当期进项税额－当期不得免征和抵扣税额）

当期不得免征和抵扣税额＝当期出口货物离岸价×外汇人民币折合率×（出口货物适用税率－出口货物退税率）－当期不得免征和抵扣税额抵减额

当期不得免征和抵扣税额抵减额＝当期免税购进原材料价格×（出口货物适用税率－出口货物退税率）

26.1.7.2　当期免抵退税额的计算。

当期免抵退税额＝当期出口货物离岸价×外汇人民币折合率×出口货物退税率－当期免抵退税额抵减额

当期免抵退税额抵减额＝当期免税购进原材料价格×出口货物退税率

26.1.7.3　当期应退税额和免抵税额的计算。

（1）当期期末留抵税额≤当期免抵退税额，则

当期应退税额＝当期期末留抵税额

当期免抵税额＝当期免抵退税额－当期应退税额

（2）当期期末留抵税额＞当期免抵退税额，则

当期应退税额＝当期免抵退税额

当期免抵税额＝0

当期期末留抵税额为当期增值税纳税申报表中"期末留抵税额"

26.1.8　备案信息报告。

出口退（免）税企业备案信息报告事项是指享受出口退（免）税政策的出口企业，在申报出口退（免）税前向主管税务机关申请办理出口退（免）税企业备案以及后续的备案变更、备案撤回事项。具体包括：出口退（免）税备案、生产企业委托代办退税备案、外贸综合服务企业代办退税备案。

26.1.8.1　出口退（免）税备案。

出口企业或其他单位首次向税务机关申报出口退（免）税，应向主管税务机关办理出口退（免）税备案。

出口企业或其他单位备案登记的内容发生变更的，需自变更之日起30日内办理备案变更，须清税注销或撤回备案的应向主管税务机关申请办理撤回出口退（免）税备案手续。

经营融资租赁货物出口业务的企业应在首份融资租赁合同签订之日起30日内，向主管税务机关办理经营融资租赁退税备案手续。融资租赁业务出租方退税备案内容变更或撤回的，须向主管税务机关办理备案变更或备案撤回手续。

出口企业进行首次启运港退（免）税申报时，即视为出口企业完成启运港退（免）税备案。

横琴、平潭区内从区外购买货物的企业、区内水电气企业适用增值税和消费税退税政策的，应当向主管税务机关办理出口退（免）税备案手续。

退税代理机构首次申报境外旅客离境退税结算时，应先向主管税务机关办理退税代理机构备案。

26.1.8.2　生产企业委托代办退税备案。

符合条件的生产企业在已办理出口退（免）税备案后，首次委托综服企

业代办退税前,应当向主管税务机关办理委托代办出口退税备案。

委托代办退税的生产企业的"代办退税情况备案表"中的内容发生变更的,委托代办退税的生产企业应自变更之日起30日内,向主管税务机关申请办理备案内容的变更。

委托外贸综合服务企业代办退税的转登记纳税人,应在综服企业主管税务机关按规定向综服企业结清该转登记纳税人的代办退税款后,按照规定办理委托代办退税备案撤回。

生产企业办理撤回委托代办退税备案事项的,应在综服企业主管税务机关按规定向综服企业结清该生产企业的代办退税款后办理。

委托代办退税的生产企业办理撤回出口退(免)税备案事项的,应按规定先办理撤回委托代办退税备案事项。

26.1.8.3 外贸综合服务企业代办退税备案。

符合条件的外贸综合服务企业办理出口退(免)税备案后,在为每户生产企业首次代办退税前,应当向主管税务机关办理代办退税备案。

外贸综合服务企业的"代办退税情况备案表"中的内容发生变更的,外贸综合服务企业应自变更之日起30日内,向主管税务机关申请办理备案内容的变更。

26.1.9 备案信息注意事项。

26.1.9.1 备案表中的"退税开户银行账户"须从税务信息报告的银行账号中选择一个填报。

26.1.9.2 符合以下条件的出口企业,可向税务机关申请无纸化退税申报:

①自愿申请开展出口退(免)税无纸化管理工作,且向主管税务机关承诺能够按规定将有关申报资料留存企业备查;

②出口退(免)税企业分类管理类别为一类、二类、三类;

③有税控数字签名证书或主管税务机关认可的其他数字签名证书;

④能够按规定报送经数字签名后的出口退(免)税全部申报资料的电子数据。

26.1.9.3 纳税人报送的融资租赁合同应为有法律效力的中文版。

26.1.9.4 生产企业与外贸综合服务企业签订的外贸综合服务合同（协议）留存备查。

26.1.9.5 外贸综合服务企业在办理代办退税备案后，应将下列资料留存备查：

（1）与生产企业签订的外贸综合服务合同（协议）。

（2）每户委托代办退税生产企业的"代办退税情况备案表"。

（3）外贸综合服务企业代办退税内部风险管控信息系统建设及应用情况。

26.1.9.6 按规定须结清出口退（免）税款后才能办理的出口退（免）税备案变更、撤回事项，应结清退（免）税款后办理。

26.1.10 政策依据。

（1）《财政部 国家税务总局关于出口货物劳务增值税和消费税政策的通知》（财税〔2012〕39号）

（2）《财政部 国家税务总局关于全面推开营业税改征增值税试点的通知》（财税〔2016〕36号）

（3）《关于明确金融房地产开发教育辅助服务等增值税政策的通知》（财税〔2016〕140号）

（4）《国家税务总局关于发布〈适用增值税零税率应税服务退（免）税管理办法〉的公告》（国家税务总局公告2014年第11号）

（5）《国家税务总局关于〈适用增值税零税率应税服务退（免）税管理办法〉的补充公告》（国家税务总局公告2015年第88号）

26.2 跨境应税行为适用增值税免税政策

26.2.1 享受条件。

26.2.1.1 提供下列服务：

（1）工程项目在境外的建筑服务。

（2）工程项目在境外的工程监理服务。

（3）工程、矿产资源在境外的工程勘察勘探服务。

（4）会议展览地点在境外的会议展览服务。

（5）存储地点在境外的仓储服务。

（6）标的物在境外使用的有形动产租赁服务。

（7）在境外提供的广播影视节目（作品）的播映服务。

（8）在境外提供的文化体育服务、教育医疗服务、旅游服务。

26.2.1.2　为出口货物提供的邮政服务、收派服务、保险服务。

26.2.1.3　向境外单位提供的完全在境外消费的下列服务和无形资产：

（1）电信服务。

（2）知识产权服务。

（3）物流辅助服务（仓储服务、收派服务除外）。

（4）鉴证咨询服务。

（5）专业技术服务。

（6）商务辅助服务。

（7）广告投放地在境外的广告服务。

（8）无形资产。

26.2.1.4　以无运输工具承运方式提供的国际运输服务。

26.2.1.5　为境外单位之间的货币资金融通及其他金融业务提供的直接收费金融服务，且该服务与境内的货物、无形资产和不动产无关。

26.2.1.6　未按规定取得相关资质的国际运输服务项目。

26.2.1.7　符合增值税零税率政策，但适用简易计税方法的服务或者无形资产。

26.2.1.8　声明放弃适用增值税零税率，选择免税服务或者无形资产。

26.2.2　政策关键点。

（1）纳税人向国内海关特殊监管区域内的单位或者个人销售服务、无形资产，不属于跨境应税行为，应照章征收增值税。

（2）纳税人向境外单位销售服务或无形资产，按规定免征增值税的，该项销售服务或无形资产的全部收入应从境外取得，否则，不予免征增值税。

（3）纳税人发生跨境应税行为免征增值税的，应单独核算跨境应税行为的销售额，准确计算不得抵扣的进项税额，其免税收入不得开具增值税专用发票。

（4）纳税人原签订的跨境销售服务或无形资产合同发生变更，或者跨境销售服务或无形资产的有关情况发生变化，变化后仍属于规定的免税范围的，纳税人应向主管税务机关重新办理跨境应税行为免税备案手续。

（5）纳税人发生跨境应税行为享受免税的，应当按规定进行纳税申报。纳税人享受免税到期或实际经营情况不再符合规定的免税条件的，应当停止享受免税，并按照规定申报纳税。

（6）纳税人发生实际经营情况不符合规定的免税条件、采用欺骗手段获取免税，或者享受减免税条件发生变化未及时向税务机关报告，以及未按照规定履行相关程序自行减免税的，税务机关依照《中华人民共和国税收征收管理法》有关规定予以处理。

（7）纳税人发生的与香港、澳门、台湾有关的应税行为，参照执行。

（8）纳税人发生符合规定的免税跨境应税行为，未办理免税备案手续但已进行免税申报的，按照规定补办备案手续；未进行免税申报的，按照规定办理跨境服务备案手续后，可以申请退还已缴税款或者抵减以后的应纳税额；已开具增值税专用发票的，应将全部联次追回后方可办理跨境应税行为免税备案手续。

26.2.3　跨境应税行为免征增值税报告。

纳税人发生向境外单位销售服务或无形资产等跨境应税行为符合免征增值税条件的，在首次享受免税的纳税申报期内或在税务规定的申报征期后的其他期限内，到主管税务机关办理跨境应税行为免税备案手续。

26.2.4　政策依据。

《财政部　国家税务总局关于全面推开营业税改征增值税试点的通知》（财税〔2016〕36号）

《国家税务总局关于发布〈营业税改征增值税跨境应税行为增值税免税管理办法（试行）〉的公告》（国家税务总局公告2016年第29号）

第27章　土地增值税

27.1　房地产各个环节涉税业务

27.1.1　土地一级开发设施环节。

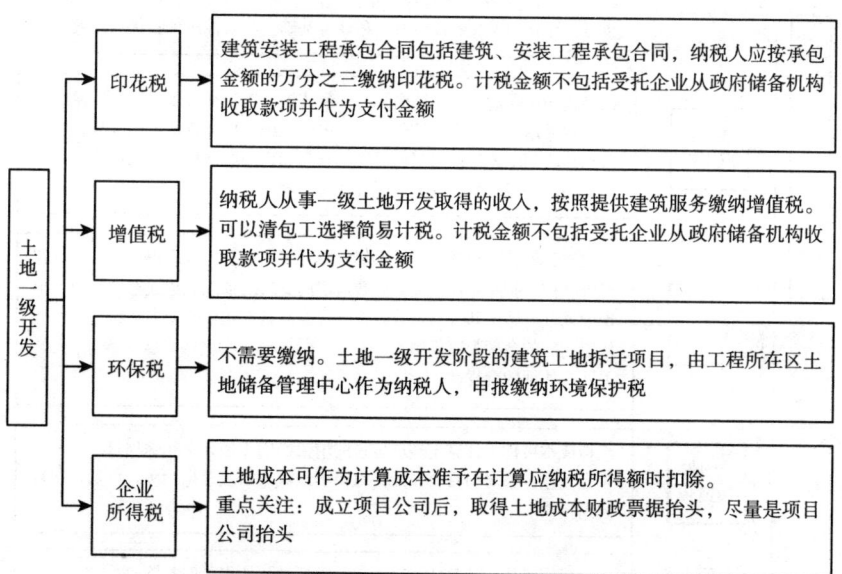

图27-1　土地一级开发设施环节图

27.1.2 取得土地使用权环节。

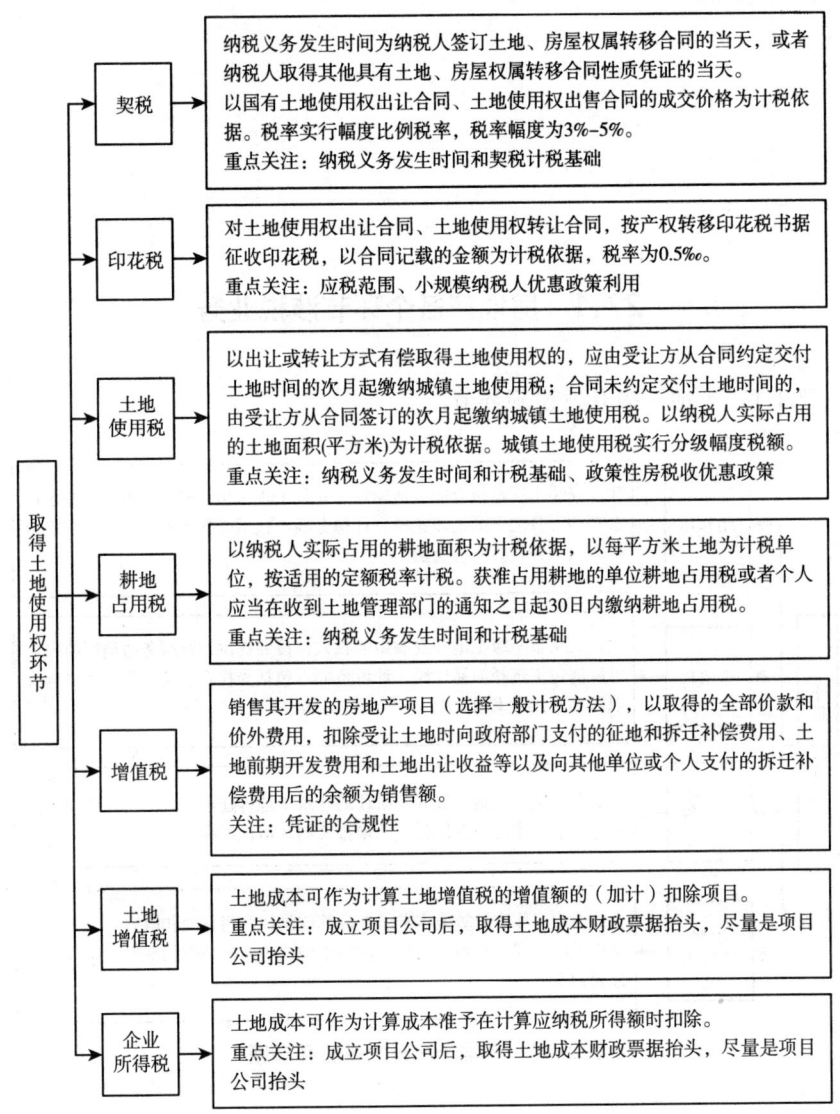

图27-2 取得土地使用权环节图

27.1.3 设计施工环节。

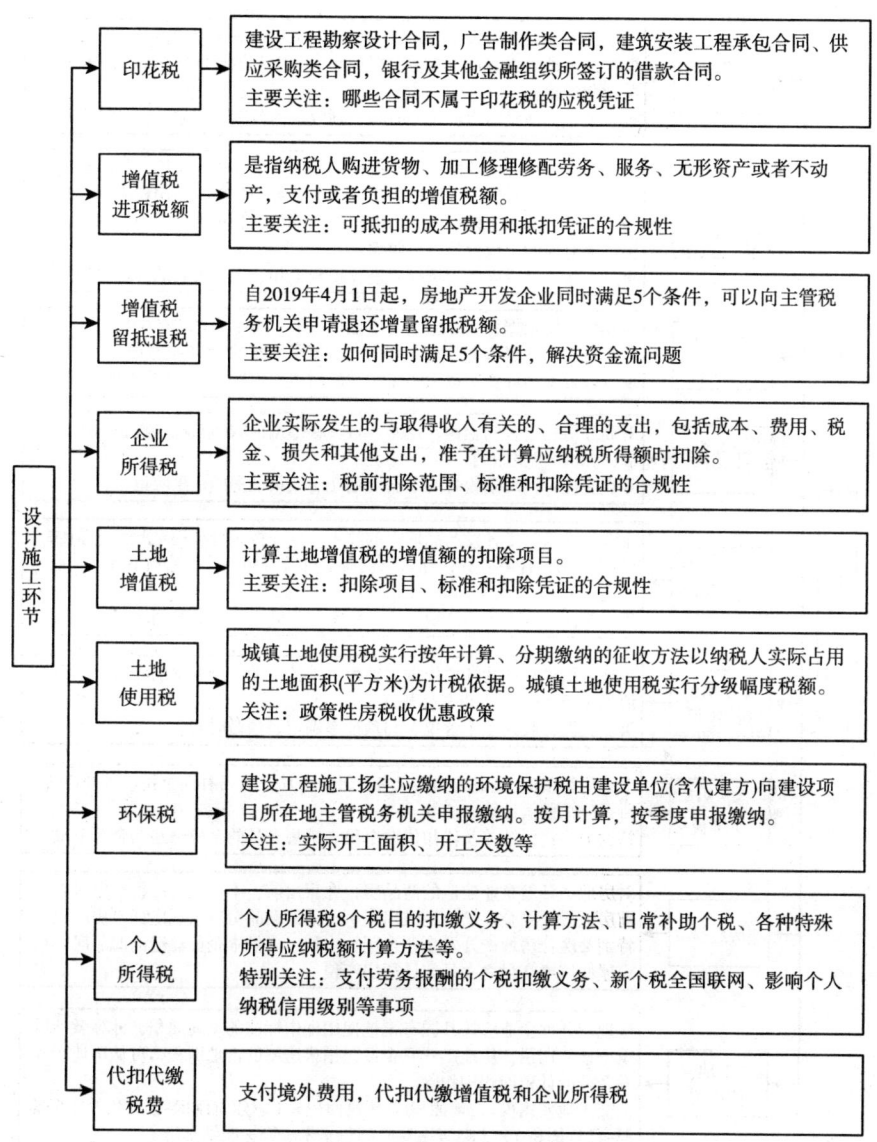

图27-3 设计施工环节图

27.1.4 预售及销售环节。

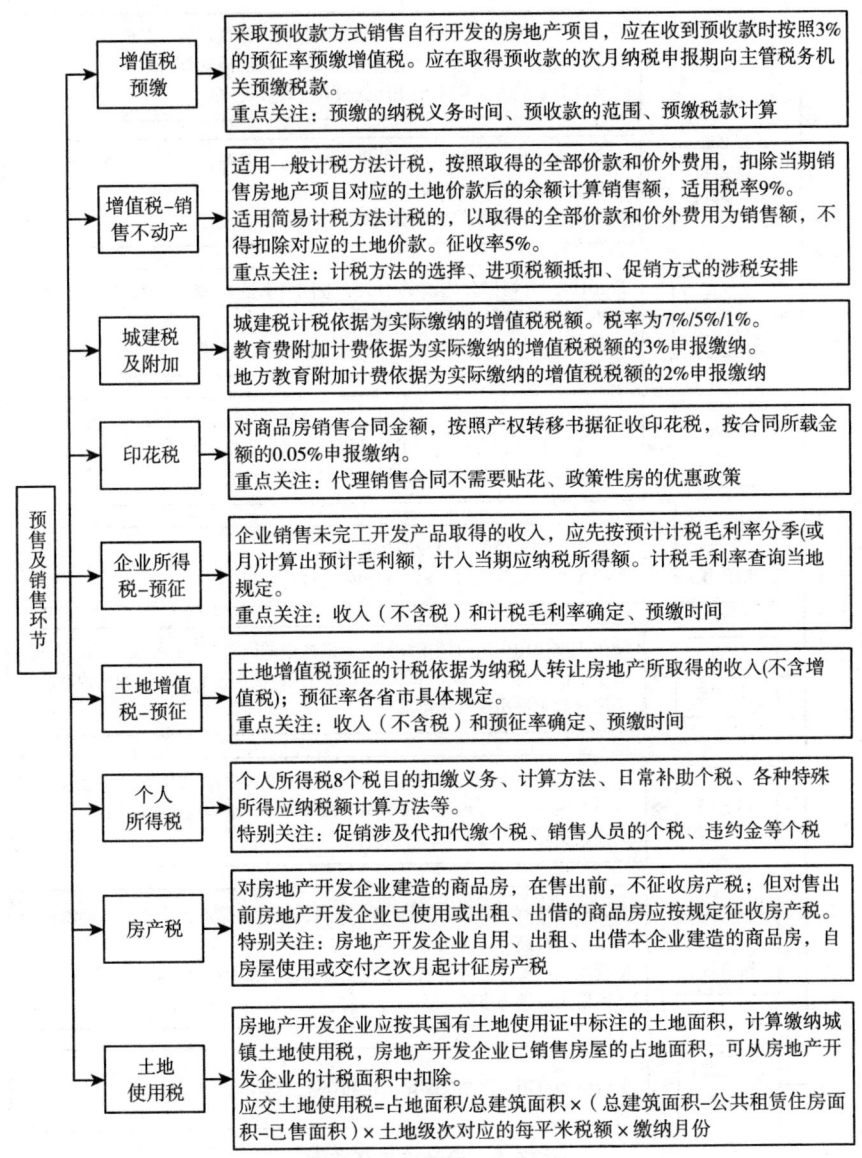

图27-4 预售及销售环节

27.1.5 清算及自持环节。

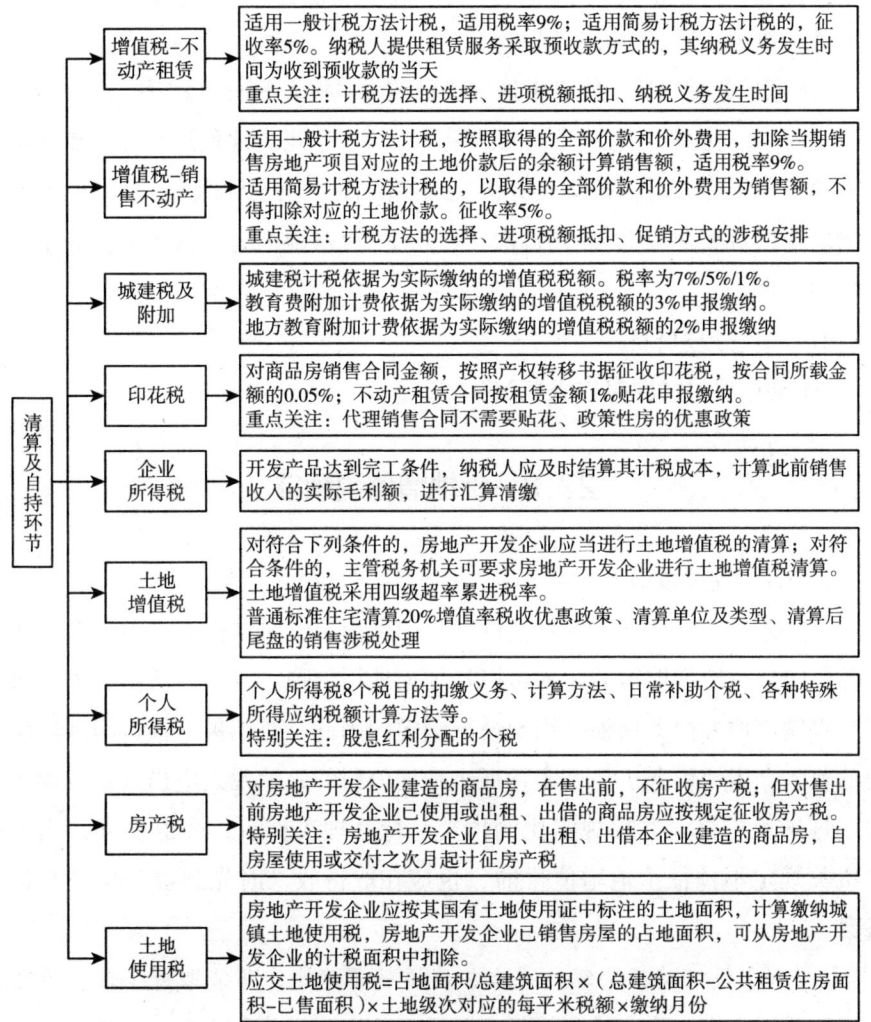

图27-5 清算及自持环节

27.2 不动产项目信息登记

27.2.1 政策指引。

根据《全国税务机关纳税服务规范(3.0版)》,房地产开发企业销售不动产的，应在取得《建设工程规划许可证》30日内，向不动产所在地税务机关办理不动产项目报告。不动产项目登记以规划部门签发的《建设工程规划许可证》作为项目登记的依据。

《国家税务总局关于修订土地增值税纳税申报表的通知》（税总函〔2016〕309号）规定，从事房地产开发的纳税人，应在取得土地使用权并获得房地产开发项目开工许可后，根据税务机关确定的时间，向主管税务机关报送《土地增值税项目登记表》，并在每次转让（预售）房地产时，依次填报表中规定栏目的内容。

27.2.2 办理材料。

"不动产项目情况报告表"2份。

27.3 土地增值税预征

27.3.1 政策指引。

（1）财税字〔1995〕48号文件第十四条规定，对纳税人在项目全部竣工结算前转让房地产取得的收入可以预征土地增值税。具体办法由各省、自治区、直辖市地方税务局根据当地情况制定。因此，对纳税人预售房地产所取得的收入，当地税务机关规定预征土地增值税的，纳税人应当到主管税务机关办理纳税申报，并按规定比例预交，待办理决算后，多退少补；当地税务机关规定不预征土地增值税的，也应在取得收入时先到税务机关登记或备案。

【提醒】没有竣工决算，成本、费用就不确定，不能取得全部扣除项目的支付凭证，没办法分摊和计算实际应缴的土地增值税税额。简单点讲，就是成本不清楚，算不出来要缴多少土地增值税。注意在项目全部竣工结算前转让房地产取得的收入，才需要预征土地增值税，与预缴增值税（只要是采取预收款方式销售自行开发的房地产项目，均需预缴增值税）不一样，所以预征土地增值税的计算基数"预收款"，既包括未完工开发产品的预收款，也包括已完工但不符合清算条件的开发产品预收款。

（2）土地增值税预征税额的确定。《国家税务总局关于营改增后土地增值税若干征管规定的公告》（国家税务总局公告2016年第70号）规定：为方便纳税人、简化土地增值税预征税款计算，房地产开发企业采取预收款方式销售自行开发的房地产项目的，可按照以下方法计算土地增值税预征计征依据：

土地增值税预征的计征依据=预收款−应预缴增值税税款

具体计算公式：

①对于简易项目，土地增值税预征的计征依据=预收款−应预缴增值税税款=预收款−预收款÷（1+5%）×3%=预收款÷（1+5%）×1.02

②对于一般项目，土地增值税预征的计征依据=预收款−应预缴增值税税款=预收款−预收款÷（1+9%）×3%=预收款÷（1+9%）×1.06

【提醒1】预收款须是房地产开发企业销售自行开发的房地产的预收款，包括定金、分期取得的预收款（含首付款、按揭款和尾款）和全款，如房地产企业向购房者收取的诚意金、购房者取消合同的违约金，向新/原购房者收取的转名手续费，都不属于销售自行开发的房地产的预收款，均暂不预缴土地增值税。

另外，地下人防车位（未能办理产权证）的使用权收入，应按照开具增值税发票税目的情况与当地税务机关的规定确定是否预缴土地增值税。如果按照销售不动产开具增值税发票，很多省市需要预缴土地增值税；如果按照不动产租赁开具增值税发票，很多省市不需要预缴土地增值税

【提醒2】预收款是含增值税预收款，与增值税预缴方面不一样。另外，房地产企业已与购房者签约，但因购房者缘故解除合同，企业取得的"挞定"收入，应冲回以前已预缴的土地增值税。

【例】北京某房地产企业2019年7月销售A项目取得普通住宅预收款10900万元，开工许可证在2016年5月1日后，适用增值税一般计税方法，该项目的土地增值税预征率为2%。

预缴增值税=10900÷（1+9%）×3%=300（万元）

预缴土地增值税=（10900−300）×2%=212（万元）

【提醒3】实务中，时刻关注项目的变化，对于盈利能力不佳的项目，项目财税人员应及时关注土地增值税预缴税款与清算税款的差异，与当地税务机关探讨可行的减少预征税额的方法。

【提醒4】虽然此项规定的政策原文是"可按照……"，但应注意这并非房地产开发企业可以自行选择按预收款的不含税价来进行预征。对此，吉林省税务局12366呼叫中心曾作出回复。

问：财税〔2016〕43号和国家税务总局公告2016年第70号规定的土地增值税预缴计算公式不一致，计算结果也不同，请明确告知：企业是按43号计算对还是按70号计算对，还是可以自行选择两个文件中的一个？

吉林省税务局12366呼叫中心2020-04-22答复：根据国家税务总局2016年第70号公告第一条规定，为方便纳税人，简化土地增值税预征计算，房地产开发企业采取预收款方式销售自行开发的房地产项目的，可按照以下方法计算土地增值税预征计征依据：土地增值税预征的计征依据＝预收款－应预缴增值税税款。

根据总局解释，纳税人不得随意选择土地增值税计税依据的口径，预收款并未结转收入，不应作为土地增值税的应税收入处理，为确保土地增值税税收收入均衡入库，企业先行预缴，预征土地增值税不得直接参照增值税的预缴口径，客观上存在土地增值税和增值税两者预缴计税依据的不一致。纳税人、主管税务机关要准确理解，按照国家税务总局2016年第70号公告的规定，及时、准确申报土地增值税预征税款。

【例】云南省土地增值税预征规定：除经济适用住房外，其他房地产开发项目，均应实行预征。

经济适用住房，是指政府提供政策优惠，限定建设标准、供应对象和销售价格，具有保障性质的政策性商品住房。

27.3.2 申报期限。

（1）纳税人应在转让房地产合同签订后的七日内，到房地产所在地主管税务机关办理纳税申报，并向税务机关提交房屋及建筑物产权、土地使用权证书，土地转让、房产买卖合同，房地产评估报告及其他与转让房地产有关的资料。

纳税人因经常发生房地产转让而难以在每次转让后申报的,经税务机关审核同意后,可以定期进行纳税申报,具体期限由税务机关根据情况确定。

(2)土地增值税预征申报期限目前有按季申报和按月申报两种。

27.3.3 预征率。

国税发〔2010〕53号文件第二条规定,为了发挥土地增值税在预征阶段的调节作用,各地须对目前的预征率进行调整。除保障性住房外,东部地区省份预征率不得低于2%,中部和东北地区省份不得低于1.5%,西部地区省份不得低于1%,各地要根据不同类型房地产确定适当的预征率(地区的划分按照国务院有关文件的规定执行)。

【附】云南省房地产开发企业土地增值税的预征率

(1)昆明市的预征率:普通住宅为1%;非普通住宅为2%;写字楼、营业用房、车库等商品房为3%。

单纯开发土地使用权转让的为4%,然后按土地增值税有关规定进行清算。

(2)除昆明市以外的其他州、市的预征率为:普通住宅为1%—1.5%;非普通住宅为1.5%—2.5%;写字楼、营业用房、车库等商品房为2.5%—3.5%;单纯开发土地使用权转让的为3%—4%,然后,按土地增值税有关规定进行清算。具体预征率由各州、市地方税务局在上述幅度内自行确定,并于8月15日前报省局备案。

(3)对房地产开发企业既建普通住宅,又搞其他房地产开发的,应分别核算销售收入,未分别核算或不能准确核算的,从高适用预征率预征。

27.3.4 预征截止时间。

对土地增值税预征截止时间,国家层面没有明确规定。土地增值税进入清算程序,一般不须再预征土地增值税。有的地区执行口径是房地产开发企业自收到《土地增值税清算通知书》起可不再预征土地增值税。也有地区明确规定,对已受理进入土地增值税清算程序的清算项目,自《土地增值税清算受理通知书》送达之日起,不再预征土地增值税,如海南。

【涉税安排】房地产开发企业在启动清算后如再销售房地产，可关注当地土地增值税预征截止口径，积极与主管税务机关协调确认争取有利的方法，有利的方法即"自《土地增值税清算受理通知书》送达之日起，不再预征土地增值税"。

27.3.5　注意事项。

（1）纳税人对报送材料的真实性和合法性承担责任。

（2）文书表单可在省（自治区、直辖市和计划单列市）税务局网站"下载中心"栏目查询下载或到办税服务厅领取。

（3）税务机关提供"最多跑一次"服务。纳税人在资料完整且符合法定受理条件的前提下，最多只需要到税务机关跑一次。

（4）纳税人使用符合电子签名法规定条件的电子签名，与手写签名或者盖章具有同等法律效力。

（5）房地产所在地，是指房地产的坐落地。纳税人转让房地产坐落在两个或两个以上地区的，应按房地产所在地分别申报纳税。

（6）纳税人在纳税期内没有应纳税款的，也应当按照规定办理申报纳税。纳税人享受减税、免税待遇的，在减税、免税期间应当按照规定办理申报纳税。

27.3.6　申报风险提示。

（1）未按照规定的期限办理纳税申报和报送纳税资料的，将影响纳税信用评价结果，并依照《中华人民共和国税收征收管理法》有关规定承担相应法律责任。

（2）加收滞纳金。《财政部　国家税务总局关于土地增值税若干问题的通知》（财税〔2006〕21号）第三条第二款规定，对未按预征规定期限预缴税款的，应根据《税收征管法》及其实施细则的有关规定，从限定的缴纳税款期限届满的次日起，加收滞纳金。

27.3.7　申报工作。

国家税务总局公告2016年第70号文件规定，土地增值税预征的计征依据=预收款−应预缴增值税，申报工作最关键点是统计预收款和应预缴增值税，应该做好计税依据预收款与账面数据复核，按照单位预收账款及其他应付款等往来科目，进行每个月统计。

【例】以某房企申报为例。统计各项目回款，按房地产类型分不同预征率计算填报，汇总各项目季度回款，分项目扣除各自预交增值税款后，计算季度应缴纳税款，按季申报。

表27-1　　　　　　　　　　　项目回款表

项目名称	科目	本季度含税收入（1）	已预缴增值税（2）	不含预缴增值税收入（3）=（1）-（2）	2%土增税（4）=（3）×2%	3%土增税（5）=（3）×3%	5%土增税（6）=（3）×5%	合计
项目1	预收账款							
	其他应付款							
	小计							
项目2	预收账款							
	其他应付款							
	小计							
合计								

27.3.8　办理材料。

"土地增值税纳税申报表（一）（从事房地产开发的纳税人预征适用）"。

27.4　土地增值税清算

27.4.1　政策指引。

27.4.1.1　土地增值税清算含义。

土地增值税清算，是指纳税人在符合土地增值税清算条件后，依照税收法律、法规及土地增值税有关政策规定，计算房地产开发项目应缴纳的土地增值税税额，并填写"土地增值税清算申报表"，向主管税务机关提供有关资料，办理土地增值税清算手续，结清该房地产项目应缴纳土地增值税税款的行为。

凡从事房地产开发的企业开发销售的房地产开发项目,包括未预征土地增值税税款的房地产开发项目(经济适用住房项目除外),均应按规定办理土地增值税的清算手续。

27.4.1.2 清算单位的确定。

土地增值税以纳税人房地产成本核算的最基本的核算项目或核算对象为单位计算。

《国家税务总局关于房地产开发企业土地增值税清算管理有关问题的通知》(国税发〔2006〕187号)规定,土地增值税以国家有关部门审批的房地产开发项目为单位进行清算,对于分期开发的项目,以分期项目为单位清算。

【提醒1】以国家有关部门审批的房地产开发项目为单位进行清算,各地对清算单位的确定标准不一致。有的地区按"建设工程规划许可证"为划分标准,有的地区以发展改革委下发的立项文件为划分标准,有的地区允许以开工或竣工时间相近的若干"建设工程规划许可证"项下的组合作为一个清算单位。

【提醒2】对于分期开发的项目,可以结合项目实际情况及相关材料进行判定,以确定的分期建设项目作为清算单位。如查看项目批文、建设工程规划许可证及建筑工程施工许可证等确定清算单位。

【涉税安排】房地产开发企业须参考当地对土地增值税清算单位的具体规定,进行不同清算单位的土地增值税税负测算,在适当时机与税务机关沟通进行土地增值税清算的具体单位,清算单位不一样的选择,土地增值税清算应缴纳税款存在很大差异。

27.4.1.3 清算单位的分类。

开发项目中同时包含普通住宅和非普通住宅的,应分别计算增值额。

【提醒】根据修订后的土地增值税申报表单,很明确地将房产类型分为3个类型,即普通住宅、非普通住宅、其他类型房地产。目前全国大部分地区都是分三种类型进行清算,但也存在允许放弃"纳税人建筑普通标准住宅出售,增值额未超过扣除项目金额的20%的"免税优惠而不分别核算增值额的情况。

言外之意，如果不享受优惠，那应该是可以不用分开计算增值额的。在实际工作中，建议房地产开发企业还是需要关注当地规定，避免税企争议。

27.4.1.4　普通住宅的认定标准。

《中华人民共和国土地增值税暂行条例》第八条中"普通标准住宅"和《财政部 国家税务总局关于调整房地产市场若干税收政策的通知》（财税字〔1999〕210号）第三条中"普通住宅"的认定，一律按各省、自治区、直辖市人民政府根据《国务院办公厅转发建设部等部门关于做好稳定住房价格工作意见的通知》（国办发〔2005〕26）制定并对社会公布的"中小套型、中低价位普通住房"的标准执行。

为了合理引导住房建设与消费，大力发展省地型住房，在规划审批、土地供应以及信贷、税收等方面，对中小套型、中低价位普通住房给予优惠政策支持。享受优惠政策的住房原则上应同时满足以下条件：住宅小区建筑容积率在1.0以上、单套建筑面积在120平方米以下、实际成交价格低于同级别土地上住房平均交易价格1.2倍以下。各省、自治区、直辖市要根据实际情况，制定本地区享受优惠政策普通住房的具体标准。允许单套建筑面积和价格标准适当浮动，但向上浮动的比例不得超过上述标准的20%。

【例】云南省当地规定普通标准住宅：

（1）住宅小区建筑容积率在1.0以上；

（2）单套建筑面积在144平方米以下；

（3）实际成交价格低于同级别土地上住房平均交易价格1.44倍以下。

【提醒】高级公寓、别墅、度假村等不属于普通住宅。

27.4.1.5　应当清算情形。

（1）全部竣工并销售完毕的房地产开发项目。

（2）整体转让未竣工的房地产开发项目。

（3）直接转让土地使用权的项目。

【提醒】竣工是指除土地开发之外，房地产开发项目竣工证明材料已报房地产管理部门备案，或已开始投入使用，或已取得了初始产权证明。开发产品开始投入使用是指房地产开发企业开始办理开发产品交付手续（包括入住手续）或已开始实际投入使用。

【例】云南省规定：应在满足清算条件之日起90日内到主管地方税务机关办理清算手续，并据实填写"土地增值税清算申请表"。经主管地方税务机关核准后，即可办理清算税款手续。对纳税人申请不符合受理条件的，应将不予核准的理由在"土地增值税清算申请表"中注明并退回纳税人。

27.4.1.6 要求清算情形。

纳税人开发的房地产开发项目已竣工，且已转让的房地产建筑面积（含视同销售房地产）占整个项目可售建筑面积在85%以上的，或该比例虽未超过85%，但剩余的可售建筑面积已经出租或自用的。具体要看项目所在地省市税务机关的要求。

【例】云南省规定：

（1）其中"已转让的房地产建筑面积"包括房地产开发企业将开发产品用于职工福利、奖励、对外投资、分配给股东或投资人、抵偿债务、换取其他单位和个人的非货币性资产等，发生所有权转移时应视同销售的房地产的建筑面积；"85%以上"包含85%及以上。

（2）取得销售（预售）许可证满三年仍未销售完毕的。

（3）纳税人申请注销税务登记但未办理土地增值税清算手续的，应在办理注销登记前进行土地增值税清算。

【例】云南省规定：凡主管地方税务机关要求纳税人办理土地增值税清算手续的房地产开发项目，主管地方税务机关应出具《土地增值税清算通知书》（附件2（略））并送达纳税人。纳税人应在接到《土地增值税清算通知书》之日起30日内，填写"土地增值税清算申请表"报送主管地方税务机关。经主管地方税务机关核准后，即可办理土地增值税清算税款手续。

【例】云南省规定：房地产开发企业建造商品房，已自用或出租使用年限在2年以上（不含2年）再出售的，应按照转让旧房及建筑物的政策规定缴纳土地增值税，不再列入土地增值税清算的范围。

【涉税安排】对达到"要求清算"条件的项目，房地产开发企业应根据项目开发销售进度及结算和发票取得情况，考虑对企业所得税影响后与税务机关沟通落实"要求清算"项目的具体清算时间节点。

《国家税务总局关于房地产开发企业土地增值税清算涉及企业所得税退税有关问题的公告》（国家税务总局公告2016年第81号）规定，企业按规定对开发项目进行土地增值税清算后，当年企业所得税汇算清缴出现亏损，有其他后续开发项目（是指正在开发以及中标的项目）的，该亏损应按照税法规定向以后年度结转，用以后年度所得弥补；没有后续开发项目的，可以按照规定的防范，计算出该项目由于土地增值税原因导致的项目开发各年度多缴企业所得税税款，并申请退税。实务中，对于要求清算土地增值税情形，当年企业所得税汇算清缴出现亏损，要尽量将退税项目的清算时点往后延，延到没有后续项目时清算土增税并退所得税。

【提醒】收到土地增值税清算通知书或主管税务机关要求进行土增清算的项目公司，应在收到通知书××日内，统计土增清算项目未取得发票等合法合规凭证明细和清算项目结算情况，督促项目相关业务部门及时完成清算单位（分期、楼栋）的结算工作，在收到清算通知书××日内（不得超过主管税务机关允许土增税扣除的期限内）全额取得成本发票等合法合规凭证，保证清算单位成本能足额扣除，避免因结算滞后及未取得成本发票导致土增清算缴纳大额土地增值税的情况。

27.4.1.7 土地增值税的计算过程。

土地增值税应按清算单位及房地产类型分别计算。

（1）确定清算收入（转让房地产收入总额）。

涉及货币收入、实物收入及其他收入、视同销售收入。

（2）确定扣除项目金额合计。

①取得土地使用权所支付的金额。

②房地产开发成本：土地征用及拆迁补偿费、前期工程费、建筑安装工程费、基础设施费、公共配套设施费、开发间接费用。

③房地产开发费用：利息支出、其他房地产开发费用。

④与转让房地产有关的税金等。

⑤财政部规定的其他扣除项目。

⑥代收费用。

（3）计算增值额。

增值额=转让房地产收入总额-扣除项目金额合计

（4）计算增值率。

增值率=增值额÷扣除项目金额合计

（5）选择适用税率与速算扣除系数。

（6）计算应缴税额。

应缴土地增值税税额=增值额×适用税率-扣除项目金额×速算扣除系数

（7）减免税额（减免性质代码：11011704）。

（8）已缴土地增值税税额（以完税凭证为准）。

（9）计算应补（退）土地增值税税额。

27.4.1.8 清算收入确定。

纳税人转让房地产的收入（清算收入）包括转让房地产的全部价款及有关的经济收益。转让房地产所取得的收入为外国货币的，以取得收入当天或当月1日国家公布的市场汇价折合成人民币，据以计算应纳土地增值税税额。

土地增值税纳税人转让房地产取得的收入为不含增值税收入。主管税务机关应根据纳税人报送的清算资料，结合发票、普通住宅明细表和其他类型房地产明细表、商品房预售（销售）许可证、测绘成果资料，核实房地产转让收入。具体确认方式如下：

（1）土地增值税清算时，已全额开具发票的，按照发票所载金额确认收入；未开具发票或未全额开具发票的，以交易双方签订的销售合同所载的售房金额及其他收益确认收入。销售合同所载商品房面积与有关部门实际测量面积不一致，在清算前已发生补、退房款的，应在计算土地增值税时予以调整。

【提醒】实务操作中，有些房地产开发企业按合同金额全额开具发票，此时发票上注明的商品房销售面积可能存在与不动产登记面积不一致。此种情况下即使已全额开具发票，也应当根据销售合同约定单价与实际产权面积计算房价来调整清算收入，如销售合同中注明的计价方式为套（单元）的情形除外。

（2）纳税人将开发的房地产用于职工福利、奖励、对外投资、分配给股东或投资人、抵偿债务、换取其他单位和个人的非货币性资产等，发生所有权转移时应视同销售房地产，其视同销售收入按下列方法和顺序确认：

①纳税人按本企业在同一地区、同一年度销售的同类房地产的平均价格确定；

②由主管税务机关参照当地当年、同类房地产的市场价格或评估价值确定。

【提醒】《土地增值税清算鉴证业务准则》规定，有视同销售房地产情形的，应当先按本企业当月销售的同类房地产的平均价格核定，再按上述方法的顺序确定。

（3）纳税人安置回迁户，其拆迁安置用房应税收入的确认，应按照以下规定执行：

①房地产企业用建造的本项目房地产安置回迁户的，安置用房视同销售处理，并按照《国家税务总局关于纳税人土地增值税清算管理有关问题的通知》（国税发〔2006〕187号）第三条第（一）款规定确认收入。

②开发企业采取异地安置，异地安置的房屋属于自行开发建造的，房屋价值按《国家税务总局关于纳税人土地增值税清算管理有关问题的通知》（国税发〔2006〕187号）第三条第（一）款的规定计算。

（4）对于纳税人转让房地产的成交价格明显偏低的，税务机关应要求纳税人提供书面说明。若成交价格明显偏低又无正当理由的，税务机关参照视同销售房地产的方法或房地产评估价值确定。

【提醒】《最高人民法院关于适用〈中华人民共和国合同法〉若干问题的解释（二）》（法释〔2009〕5号）规定，对于合同法规定的"明显不合理的低价"，人民法院应当以交易当地一般经营者的判断，并参考交易当时交易地的物价部门指导价或者市场交易价，结合其他相关因素综合考虑予以确认。转让价格达不到交易时交易地的指导价或者市场交易价百分之七十的，一般可以视为明显不合理的低价；对转让价格高于当地指导价或者市场交易价百分之三十的，一般可以视为明显不合理的高价。

【涉税安排】房地产开发企业对于方位差、有质量瑕疵、楼层低、团购、清尾盘以及其他正常促销而产生的、符合经营常规的低价销售，应及时取得相应书面材料，事前向税务机关进行沟通，规避事后清算审核纳税调整风险。

（5）纳税人将房地产转为企业自用或用于出租时，如果产权未发生转移，不征收土地增值税，在税款清算时不列收入，不扣除相应的成本和费用。

【涉税安排】房地产转为企业自用或用于出租的，应及时关注当地"旧房"的标准，测算按"新房"清算方案与按"旧房"清算方案的土地增值税税负，在"旧房"条件成就前，择优向税务机关进行土地增值税清算。

（6）转让房地产的有关经济利益的确认。

纳税人因转让房地产收取的违约金、滞纳金、赔偿金、分期付款（延期付款）利息以及其他各种性质的经济收益，应当确认为房地产转让收入。

因房地产购买方违约，导致房地产未能转让，转让方收取的该项违约金不作为与转让房地产有关的经济利益，不确认为房地产转让收入。

【提醒】关键看双方交易的经济实质。

27.4.1.9 营改增后土地增值税的应税收入。

（1）营改增后，纳税人转让房地产的土地增值税应税收入不含增值税。适用增值税一般计税方法的纳税人，其转让房地产的土地增值税应税收入不含增值税销项税额；适用简易计税方法的纳税人，其转让房地产的土地增值税应税收入不含增值税应纳税额。

【例】A房地产开发企业对B开发项目进行土地增值税清算，B项目取得的收入总额为10900万元，土地价款为4000万元，适用9%税率。

销项税额=（10900-4000）÷（1+9%）×9%=569.72（万元）

土地增值税应税收入=10900-569.72=10330.28（万元）

若该项目为老项目，选择简易计税方式，则：

土地增值税应税收入=10900÷（1+5%）=10380.95（万元）

（2）房地产开发企业在营改增后进行土地增值税清算时，按下列方法确定应税收入：

土地增值税应税收入=营改增前转让房地产的收入+营改增后转让房地产取得的不含增值税收入

27.4.1.10　土地增值税清算扣除项目包括：

（1）取得土地使用权所支付的金额。

包括纳税人为取得土地使用权所支付的地价款和按国家统一规定交纳的有关费用。

（2）房地产开发成本，包括：土地征用及拆迁补偿费、前期工程费、建筑安装工程费、基础设施费、公共配套设施费、开发间接费用。

（3）房地产开发费用。

（4）与转让房地产有关的税金。

（5）财政部规定的其他扣除项目。

27.4.1.11　扣除项目金额的计算分摊。

《土增税暂行条例实施细则》规定，"纳税人成片受让土地使用权后，分期分批开发、转让房地产的，其扣除项目金额的确定，可按转让土地使用权的面积占总面积的比例计算分摊，或按建筑面积计算分摊，也可按税务机关确认的其他方式计算分摊"。

【提醒】扣除项目的分摊，全国性土地增值税法规里面，对扣除项目的分摊并未做明细、限制性的约束，仅列举了占地面积和建筑面积，并没有明确规定必须采用哪一种方法，给予税务机关较大的自由裁量权。目前大部分地区要求采用建筑面积法分摊，也有允许参考企业所得税相关的口径分摊，或当地认可的其他合理方法。

《国家税务总局关于印发〈房地产开发经营业务企业所得税处理办法〉的通知》（国税发〔2009〕31号）第二十九条规定：

企业开发、建造的开发产品应按制造成本法进行计量与核算。其中，应计入开发产品成本中的费用属于直接成本和能够分清成本对象的间接成本，直接计入成本对象，共同成本和不能分清负担对象的间接成本，应按受益的原则和配比的原则分配至各成本对象，具体分配方法可按以下规定选择其一：

（一）占地面积法。指按已动工开发成本对象占地面积占开发用地总面积的比例进行分配。

1.一次性开发的，按某一成本对象占地面积占全部成本对象占地总面积的比例进行分配。

2.分期开发的，首先按本期全部成本对象占地面积占开发用地总面积的比例进行分配，然后再按某一成本对象占地面积占期内全部成本对象占地总面积的比例进行分配。

期内全部成本对象应负担的占地面积为期内开发用地占地面积减除应由各期成本对象共同负担的占地面积。

（二）建筑面积法。指按已动工开发成本对象建筑面积占开发用地总建筑面积的比例进行分配。

1.一次性开发的，按某一成本对象建筑面积占全部成本对象建筑面积的比例进行分配。

2.分期开发的，首先按期内成本对象建筑面积占开发用地计划建筑面积的比例进行分配，然后再按某一成本对象建筑面积占期内成本对象总建筑面积的比例进行分配。

（三）直接成本法。指按期内某一成本对象的直接开发成本占期内全部成本对象直接开发成本的比例进行分配。

（四）预算造价法。指按期内某一成本对象预算造价占期内全部成本对象预算造价的比例进行分配。

第三十条 企业下列成本应按以下方法进行分配：

（一）土地成本，一般按占地面积法进行分配。如果确需结合其他方法进行分配的，应经税务机关同意。

土地开发同时连结房地产开发的，属于一次性取得土地分期开发房地产的情况，其土地开发成本经税务机关同意后可先按土地整体预算成本进行分配，待土地整体开发完毕再行调整。

（二）单独作为过渡性成本对象核算的公共配套设施开发成本，应按建筑面积法进行分配。

（三）借款费用属于不同成本对象共同负担的，按直接成本法或按预算造价法进行分配。

（四）其他成本项目的分配法由企业自行确定。

27.4.1.12 在土地增值税清算中，扣除项目金额应当符合下列要求：

（1）经济业务应当是真实发生的，且是合法、相关的。

（2）扣除项目金额中所归集的各项成本和费用，必须实际发生并取得合法有效凭证。纳税人办理土地增值税清算时计算与清算项目有关的扣除项目金额，应根据土地增值税暂行条例第六条及其实施细则第七条的规定执行。

合法有效凭证一般是指：

①支付给境内单位或者个人的款项，且该单位或者个人发生的行为属于增值税征收范围的，以开具的发票为合法有效凭证。

②支付的行政事业性收费或者政府性基金，以开具的财政票据为合法有效凭证。

③支付给境外单位或者个人的款项，以该单位或者个人的签收单据为合法有效凭证，税务机关对签收单据有疑义的，可以要求纳税人提供境外公证机构的确认证明。属于境内代扣代缴税款的，按税务机关相关规定执行。

④财政部、国家税务总局规定的其他合法有效凭证。

（3）营改增后，土地增值税纳税人接受建筑安装服务取得的增值税发票，应按照《国家税务总局关于全面推开营业税改征增值税试点有关税收征收管理事项的公告》（国家税务总局公告2016年第23号）规定，在发票的备注栏注明建筑服务发生地县（市、区）名称及项目名称，否则不得计入土地增值税扣除项目金额。

（4）纳税人的预提费用，除另有规定外，不得扣除。

（5）扣除项目金额应当准确地在各扣除项目中分别归集，不得混淆。

（6）对同一类事项，应当采取相同的会计政策或处理方法。会计核算与税务处理规定不一致的，以税务处理规定为准。

（7）纳税人分期开发房地产项目的，各分期项目清算方式与扣除项目金额计算分摊方法应当保持一致。

（8）纳税人支付的罚款、滞纳金、资金占用费、罚息以及与该类款项相关的税金和因逾期开发支付的土地闲置费等罚没性质款项，不允许扣除。

27.4.1.13　扣除项目金额应符合下列规定：

（1）取得土地使用权所支付的金额。

①同一宗土地有多个开发项目，是否予以分摊，分摊办法是否合理、合规，具体金额的计算是否正确。

②纳税人为取得土地使用权所支付的契税计入"取得土地使用权所支付的金额"准予扣除。

③对纳税人因容积率调整等原因补缴的土地出让金及契税，准予扣除。

（2）土地征用及拆迁补偿费。

①纳税人用建造的本项目房地产安置回迁户的，安置用房按视同销售处理，并按照《国家税务总局关于纳税人土地增值税清算管理有关问题的通知》(国税发〔2006〕187号)第三条第（一）款规定确认收入，同时将此确认为房地产开发项目的拆迁补偿费。纳税人支付给回迁户的补差价款，计入拆迁补偿费；回迁户支付给纳税人的补差价款，应抵减本项目拆迁补偿费。

②纳税人采取异地安置，异地安置的房屋属于自行开发建造的，房屋价值按《国家税务总局关于纳税人土地增值税清算管理有关问题的通知》(国税发〔2006〕187号)第三条第（一）款的规定计算，计入本项目的拆迁补偿费；异地安置的房屋属于购入的，以实际支付的购房支出计入拆迁补偿费。

③货币安置拆迁的，房地产开发企业凭合法有效凭据计入拆迁补偿费。

【提醒】货币安置拆迁的合法有效凭据是指拆迁协议、拆迁双方支付和取得拆迁补偿费用凭证等能够证明拆迁补偿费用真实性的材料，尤其是支付给个人的拆迁补偿款、拆迁（回迁）合同和签收花名册或签收凭证应一一对应。

（3）前期工程费及基础设施费。

①前期工程费、基础设施费应真实发生，且无虚列情形。

②多个(或分期)项目共同发生的前期工程费、基础设施费,应按项目合理分摊。

③纳税人委托其他单位进行规划、设计、项目可行性研究和水文、地质、勘察、测绘的,提供服务的单位应当符合相关法律、法规的要求。

(4)建筑安装工程费。

①建筑安装工程费用应与决算报告、审计报告、工程结算报告、工程施工合同等记载的内容相符。

②采用自营方式自行施工建设的,应准确核算施工人工费、材料费、机械台班使用费等。

③在工程竣工验收后,根据合同约定扣留的质量保证金,在清算截止日已取得建筑安装施工企业发票的,按发票所载金额予以扣除;未取得发票的,扣留的质保金不得计算扣除。

④应确保所取得相关发票的真实性和所载金额的准确性,以及所提供建筑安装工程费与其施工方登记的建安项目开具发票信息保持一致。

(5)装修成本。

房地产开发企业销售已装修的房屋,其装修费用可以计入房地产开发成本。

为了维持和增加房屋的使用功能或使房屋满足设计要求,凡以房屋为载体,不可随意移动,或者拆除后影响或丧失其使用功能的附属设备和配套设施,如给排水、采暖、消防、中央空调、电气、智能化楼宇设备及固定式衣柜橱柜等所发生的成本,并在销售合同或补充合同中明确了包含了该成本的,各地做法基本一致,允许作为房地产开发成本予以扣除。

【提醒】房地产开发企业如有销售装修房的,其装修费用的支出须构建成建筑物或附着物,同时应在销售合同(或补充合同)中明确约定交房标准,尤其是不可移动的硬装部分。

(6)公共配套设施费。

①公共配套设施包括纳税人开发建造的与清算项目配套的居委会和派出所用房、会所、停车场(库)、物业管理场所、变电站、热力站、水厂、文体场馆、学校、幼儿园、托儿所、医院、邮电通讯、人防等为公共事业建造,

不可销售的公共设施。

【提醒】公共配套设施为人防工程的,应当提供人防工程竣工验收备案证、人民防空(民防)办公室出具的该项目建设人防工程批复及人防接收证明等相关材料。

②建成后产权属于全体业主所有的,其成本、费用可以扣除。其中"建成后产权属于全体业主所有的",可以按照以下原则之一确认:

A.政府相关文件中明确规定属于全体业主所有;

B.经人民法院裁决属于全体业主共有;

C.商品房销售合同、协议或合同性质凭证中注明有关公共配套设施归业主共有,或相关公共配套设施移交给业主委员会。

【提醒】移交业主委员会的相关证明材料,可以是公证部门公证、主流媒体公示或在房地产项目显著位置公告并被全体业主知晓。

③建成后无偿移交给政府、公用事业单位用于非营利性社会公共事业的,其成本、费用可以扣除。

A.纳税人建设的公共配套设施产权无偿移交给政府、公用事业单位用于非营利性社会公共事业的,应当提供政府、公用事业单位书面接收文件。

B.纳税人建设的公共配套设施应由政府、公用事业单位接收,但因政府、公用事业单位原因不能接收或未能及时接收的,经接收单位或者政府主管部门出具书面材料证明相关设施确属公共配套设施,且说明不接收或未及时接收具体原因的,经主管税务机关审核确定后,其成本、费用予以扣除。

④建成后有偿转让的,应计算收入,并准予扣除成本、费用。

⑤纳税人预提的公共配套设施费不得扣除。纳税人分期开发房地产项目但公共配套设施滞后建设的,在部分公共配套设施已建设、费用已实际发生并已取得合法有效凭证的情况下,可按照各分期清算项目可售建筑面积占项目总可售建筑面积的比例计算清算项目可扣除的公共配套设施费,但不得超过已实际发生的金额。

⑥纳税人未移交的公共配套设施转为企业自用或用于出租等商业用途时,不予扣除相应的成本、费用。

（7）开发间接费用。

①开发间接费用是纳税人直接组织、管理开发项目实际发生的费用，包括工资、职工福利费、折旧费、修理费、办公费、水电费、劳动保护费、周转房摊销等。行政管理部门、财务部门或销售部门等发生的管理费用、财务费用或销售费用以及企业行政管理部门（总部）为组织和管理生产经营活动而发生的管理费用不得列入开发间接费。

②开发间接费用与纳税人的期间费用应按照现行企业会计准则或企业会计制度的规定分别核算。划分不清、核算混乱的期间费用，全部作为房地产开发费用扣除。

【提醒】实务中，部分地区在执行政策时，主要以税法中未明确规定为由，将《土地增值税暂行条例实施细则》中没有列举的开发间接费用（如工程监理费）排除在扣除项目之外，其实是不合理的。《土地增值税暂行条例实施细则》对开发间接费用的解释是"……等"，从字面理解，这应该是列举未完。参照企业所得税上"税收规定不明确的，在没有明确规定之前，暂按国家统一会计制度计算"的立法精神，工程监理费等必须发生且与为项目施工服务直接相关的支出，应该可以作为开发成本扣除。

（8）《中华人民共和国土地增值税暂行条例》等规定的土地增值税扣除项目涉及的增值税进项税额，允许在销项税额中计算抵扣的，不计入扣除项目，不允许在销项税额中计算抵扣的，可以计入扣除项目。

27.4.1.14　房地产开发费用。

（1）财务费用中的利息支出，凡能够按转让房地产项目计算分摊并提供金融机构证明的，允许据实扣除，但最高不能超过按商业银行同类同期贷款利率计算的金额。其他房地产开发费用，按照"取得土地使用权所支付的金额"与"房地产开发成本"金额之和的5%计算扣除。

【提醒1】这一条中的"能够按转让房地产项目计算分摊"，《广州市地方税务局关于印发2013年土地增值税清算工作有关问题的处理指引的通知》（穗地税函〔2013〕179号）明确，"能够按转让房地产项目计算分摊"按以下顺序确定：

①能够按照转让房地产项目准确分摊。准确分摊是指以该房地产项目名义取得的金融机构资金，直接全部用于该项目的开发。该部分资金从取得到归还的流向清晰，没有和自有资金、企业间拆借资金等其他资金发生混合。

②能够按照转让房地产项目合理分摊。合理分摊是指在一个独立企业法人范围内，可以合理方法对从金融机构取得并实际用于广州市范围内开发项目的项目开发贷款资金在不同开发项目之间进行分摊。合理方法是指按照不同的开发项目占用上述项目开发贷款金额和时间（即积数）进行合理分配。

【提醒2】向非金融机构或个人借款，即使可以取得资金提供者开具的不高于同期贷款利率的利息发票，也不能据实扣除。

金融机构应为经政府有关部门批准成立的可以从事贷款业务的企业，包括银行、财务公司、信托公司等金融机构。"同期同类贷款利率"是指在贷款期限、贷款金额、贷款担保以及企业信誉等条件基本相同下，金融企业提供贷款的利率。既可以是金融企业公布的同期同类平均利率，也可以是金融企业对某些企业提供的实际贷款利率。

【提醒3】实务中，有些地方口径规定据实扣除的利息支出应当与项目相关，非用于项目开发的利息支出不可以扣除，并且该利息支出的终止时间应该与竣工的时间节点一致，如《山东省青岛市地方税务局关于发布〈房地产开发项目土地增值税管理办法〉的公告》（青岛市地方税务局公告2016年第1号，2017年9月21日全文废止）曾明确，房地产开发企业为建造房地产开发项目向金融机构借款发生的利息支出，属于取得建设工程竣工验收备案证书前发生的，计入房地产开发费用的利息支出中按规定予以扣除。《辽宁省大连市地方税务局关于土地增值税征收管理若干问题的公告》（大连市地方税务局公告2014年第1号）也曾规定，据实扣除利息的终止时间为企业按规定首次开始清算的上个月（此条款于2015年10月29日失效）。

不过，土地增值税清算相关规定仅要求能够按照房地产项目计算分摊，并未规定利息支出的截止时点，况且竣工后项目所需资金基本来源与销售，发生的利息支出也不大，所以不管是竣工前后，只要是能够归属到房地产项目的利息支出，均应据实扣除。

【提醒4】关于统借统还利息支出能否扣除的问题，根据《国家税务总局关于印发〈房地产开发经营业务企业所得税处理办法〉的通知》(国税发〔2009〕31号)规定，企业集团或其成员企业统一向金融机构借款分摊集团内部其他成员企业使用的，借入方凡能出具从金融机构取得借款的证明文件，可以在使用借款的企业间合理地分摊利息费用，使用借款的企业分摊的合理利息准予在税前扣除。显然，房地产开发企业统借还贷款利息可以在企业所得税税前扣除，但这并不表示统借统还利息支出也能作为土地增值税的扣除项目。

（2）凡不能按转让房地产项目计算分摊利息支出或不能提供金融机构证明的，房地产开发费用在按"取得土地使用权所支付的金额"与"房地产开发成本"金额之和的10%计算扣除。全部使用自有资金，没有利息支出的，按照本款扣除。

【提醒】在国税函〔2010〕220号文之前，税法规定的扣除比例都是5%"以内"或者10%"以内"，在国税函〔2010〕220号文件中才又要求"上述具体适用的比例按省级人民政府此前规定的比例执行"。因此，在实际进行土增税清算时还应注意所在省份规定的具体扣除比例。

（3）纳税人既向金融机构借款，又有其他借款的，其房地产开发费用计算扣除时不能同时适用国税函〔2010〕220号第三条（一）（二）项所述两种办法。

（4）清算时已经计入房地产开发成本的利息支出，应调整至财务费用中计算扣除。

（5）纳税人据实列支利息支出的，应当提供贷款合同、利息结算单据或发票。

【提醒】"营改增"后，扣除的利息支出应当取得税务机关监制的增值税发票。

（6）纳税人向金融机构支付的财务咨询费等非利息性质的款项，不得作为利息支出扣除。

（7）纳税人向金融机构借款，因逾期还款，金融机构收取的超过贷款期限的利息、罚息等款项,不得作为利息支出扣除。

【例】某房地产开发项目取得土地使用权所支付的金额为10000万元,开发成本20000万元,其中开发成本(开发间接费用)中列支利息支出500万元。项目开发期间财务费用中列支利息支出300万元,其中向个人支付的利息支出为50万元,向金融机构支付的逾期利息为50万元。该项目除向个人支付的利息之外,其余均为向金融机构支付的利息,借款利率未超过同期同类银行贷款利率,开发费用计算扣除比例分别为5%或10%。

可扣除的开发成本=20000−500=19500(万元)

如选择利息支出据实扣除,可扣除的开发费用

=(500+300−50−50)+(10000+20000−500)×5%=2175(万元)

如未选择利息支出据实扣除,可扣除的开发费用

=(10000+20000−500)×10%=2950(万元)

该房地产开发项目计算扣除的开发费用要么是2175万元,要么是2950万元,不能同时适用上述两种方法。

【涉税安排】房地产开发企业发生向金融机构支付不高于商业银行同类同期贷款利率计算的利息时,如利息支出大于取得土地使用权所支付的金额与房地产开发成本之和的5%,应提供金融机构证明,选择据实扣除。如利息支出小于取得土地使用权所支付的金额与房地产开发成本之和的5%,可不提供金融机构证明,选择按10%比例扣除。

27.4.1.15 与转让房地产有关的税金。

(1)《土地增值税暂行条例实施细则》规定,与转让房地产有关的税金是指在转让房地产时缴纳的营业税、城市维护建设税、印花税。因转让房地产缴纳的教育费附加,也可视同税金予以扣除。

【提醒】细则中规定允许扣除的印花税,是指在转让房地产时缴纳的印花税。房地产开发企业按照《施工、房地产开发企业财产制度》的有关规定,其缴纳的印花税列入管理费用,已按房地产开发费用予以扣除。全面"营改增"后,根据《财政部关于印发〈增值税会计处理规定〉的通知》(财会〔2016〕22号)的规定,印花税在"税金及附加"中核算,不再列入管理费用。

因此，房地产企业转让不动产缴纳的产权转移书据印花税，纳入税金及附加核算的，应可作为"与转让房地产有关的税金"予以扣除。

（2）"营改增"后，计算土地增值税增值额的扣除项目中"与转让房地产有关的税金"不包括增值税。

（3）"营改增"后，房地产开发企业实际缴纳的城市维护建设税、教育费附加，凡能够按清算项目准确计算的，允许据实扣除。凡不能按清算项目准确计算的，则按该清算项目预缴增值税时实际缴纳的城建税、教育费附加扣除。

（4）地方教育附加比照教育费附加扣除。

27.4.1.16 财政部规定的其他扣除。

（1）对从事房地产开发的纳税人可按"取得土地所支付的金额"和"开发成本"规定计算的金额之和，加计20%的扣除。

（2）转让"生地"或"熟地"。

①为抑制"炒"买"炒"卖地皮的行为，对取得土地或房地产使用权后，未进行开发即转让的，计算其增值额时，只允许扣除取得土地使用权时支付的地价款、缴纳的有关费用，以及在转让环节缴纳的税金，即：

转让"生地"的扣除项目金额

=地价款+有关费用+转让环节税金（不含增值税）

②为鼓励投资者将更多的资金投向房地产开发，对取得土地使用权后投入资金，将生地变为熟地转让的，计算其增值额时，允许扣除取得土地使用权时支付的地价款、缴纳的有关费用，和开发土地所需成本再加计开发成本的20%以及在转让环节缴纳的税金，即：

转让"熟地"的扣除项目金额

=地价款+有关费用+开发成本×1.2+转让环节税金（不含增值税）

【提醒】熟地主要指经过征地、拆迁和市政基础设施投入，达到"三通一平"的施工条件，具备基本建设条件的土地。

（3）计入开发成本的利息支出不允许加计扣除。

（4）购买在建项目进行继续建设再转让的扣除。

关于购买在建工程的成本能否在土地增值税清算时加计扣除，各地把握口径不一，要及时关注当地政策，充分与税务机关沟通。

27.4.1.17　代收费用。

对于县级及县级以上人民政府要求纳税人在售房时代收的各项费用，如果计入房价中向购买方一并收取的，可作为转让房地产所取得的收入计税；如果代收费用是在房价之外单独收取的，可以不作为转让房地产的收入。

对于代收费用作为转让收入计税的，在计算扣除项目金额时，可予以扣除，但不允许作为加计20%扣除的基数；对于代收费用未作为转让房地产的收入计税的，在计算扣除项目金额时不允许扣除代收费用。

27.4.1.18　清算审核期间转让房地产。

纳税人在清算审核期间转让的房地产，纳税人按照清算后再转让房地产的规定汇总申报缴纳土地增值税，多退少补。

27.4.1.19　增值税差额对土地增值税清算影响。

财税〔2016〕36号文件规定，房地产开发企业中的一般纳税人销售其开发的房地产项目（选择简易计税方法的房地产老项目除外），以取得的全部价款和价外费用，扣除受让土地时向政府部门支付的土地价款后的余额为销售额。

《国家税务总局关于营改增后土地增值税若干征管规定的公告》（国家税务总局公告2016年第70号）规定，适用简易计税方法的房地产开发企业纳税人，其转让房地产的土地增值税清算收入不含增值税应纳税额。

采用一般计税方法计税的房地产开发企业纳税人，其转让房地产的土地增值税清算收入不含增值税销项税额，即：

土地增值税清算收入=含增值税销售收入−销项税额=含税销售收入−销售额×税率=含税销售收入−（全部价款和价外费用−土地价款以及拆迁补偿费用）÷（1+9%）×9%

根据上述分析，按规定允许土地价款扣减销售额而减少的销项税额，应调增土地增值税清算收入，不是调减纳税人在土地增值税清算时确认的土地成本。

采用一般计税方法，计算缴纳土地增值税的影响分析。

（1）按照《土地增值税暂行条例实施细则》规定，对从事房地产开发的纳税人，可按取得土地使用权所支付的金额与房地产开发成本之和加计20%扣除。按规定选择"允许以本项目土地价款扣减销售额而减少的销项税额，应调增土地增值税清算收入"，而不是选择"调减纳税人在土地增值税清算时确认的土地成本"，虽收入调增和土地成本调减数额大小一样，但是计算"其他扣除项目"时，土地成本可以加计20%扣除，进而放大土地成本调减数额为原数额的120%。

（2）根据《国家税务总局关于土地增值税清算有关问题的通知》（国税函〔2010〕220号）第三条第（一）项规定，财务费用中的利息支出，凡能够按转让房地产项目计算分摊并提供金融机构证明的，允许据实扣除，但最高不能超过按商业银行同类同期贷款利率计算的金额。其他房地产开发费用，在按照"取得土地使用权所支付的金额"与"房地产开发成本"金额之和的5%以内计算扣除。

第（二）项规定，凡不能按转让房地产项目计算分摊利息支出或不能提供金融机构证明的，房地产开发费用在按"取得土地使用权所支付的金额"与"房地产开发成本"金额之和的10%以内计算扣除。

因此，按规定允许以本项目土地价款扣减销售额而减少的销项税额，应调增土地增值税的清算收入，而不是选择调减纳税人在土地增值税清算时确认的土地成本，进而影响"房地产开发费用"或"其他房地产开发费用"的计算基数，选择"调增土地增值税清算收入"比选择"调减纳税人在土地增值税清算时确认的土地成本"，在计算土地增值税时，"房地产开发费用"或"其他房地产开发费用"扣除金额大。

（3）通过上述两项分析，按规定允许以本项目土地价款扣减销售额而减少的销项税额，应调增土地增值税的清算收入，而不是选择调减纳税人在土地增值税清算时确认的土地成本，既影响了房地产开发企业一般计税方法计税项目在计算土地增值税的可扣除成本，又影响了土地增值税计算的增值额。

同时考虑到土地增值税实行四级超率累进税率,以增值额与扣除项目金额的比例确定企业适用的税率,所以上述因素还影响了土地增值税清算适用的税率。

对于这个问题,《广州市地方税务局关于印发2016年土地增值税清算工作有关问题处理指引的通知》(穗地税函〔2016〕188号)中明确,纳税人选用增值税一般计税方法计税的,土地增值税清算收入按"(含税销售收入+本项目土地价款×11%)/(1+11%)"确认,即:纳税人按规定允许以本项目土地价款扣减销售额而减少的销项税金,应调增土地增值税清算收入(此文件下发时销售不动产税率为11%)。

【例】甲房地产开发企业为增值税一般纳税人,开发的A项目是按一般计税方法计税,土地增值税清算时,取得项目销售收入(含增值税)87.2亿元。假设增值税允许扣除的土地价款和拆迁补偿费用为27.25亿元,房地产开发成本15亿元,甲企业不能按转让房地产项目计算分摊利息支出或不能提供金融机构证明,房地产开发费用按"取得土地使用权所支付的金额"与"房地产开发成本"金额之和的10%以内计算扣除,增值税税率为9%,不考虑其他情况,则:

(1)土地增值税清算收入=87.2-(87.2-27.25)÷(1+9%)×9%=87.2-4.95=82.25(亿元)。

(2)计入取得土地使用权所支付的金额和房地产开发成本(开发土地和新建房及配套设施的成本)中土地价款和拆迁补偿费用为27.25亿元,不是25亿元[27.25-(27.25÷1.09×9%)],则:

其他扣除项目=(取得土地使用权所支付的金额+开发成本)×20%=(27.25+15)×20%=8.45(亿元),并不是8亿元[(25+15)×20%]。

(3)房地产开发费用=(27.25+15)×10%=4.225(亿元)。

其他需要关注的事项:

(1)在计算土地增值税清算收入(不含税销售额)时,含税销售额减除的不是销售发票上注明的增值税额,而是根据含税销售额减去上述差额计税办法计算出的销项税额,换算为不含税销售额。

（2）《财政部关于印发〈增值税会计处理规定〉的通知》（财会〔2016〕22号）明确，增值税差额纳税的，按照规定土地价款等允许抵扣的税额，冲减房地产企业存货成本（即土地成本），实务中需要注意土地增值税清算时的税务处理和会计处理的差异。

【例】A房地产开发企业对B开发项目进行土地增值税清算，B项目取得的收入总额为10900万元，土地价款为4000万元，适用9%税率。

销项税额=（10900-4000）÷（1+9%）×9%=569.72（万元）

土地增值税应税收入=10900-569.72=10330.28（万元）

该项目企业所得税收入=10900÷（1+9%）=10000（万元）

选用一般计税方式的会计处理为：

借：银行存款/预收账款　　　　　　　　　10900

　　贷：主营业务收入　　　　　　　　　　10000

　　　　应交税费——应交增值税（销项税额）　900

因扣除土地价款抵减的销项税额：

借：应交税费——应交增值税（销项税额抵减）　330.28

　　贷：主营业务成本　　　　　　　　　　330.28

27.4.1.20　人防工程。

城市新建民用建筑，按照国家有关规定修建战时可用于防空的地下室，人民防空工程平时由投资者使用管理，收益归投资者所有。人防工程产权属于人防办，房地产开发企业无法对外销售，平时可以对外出租。

人防工程作为公共配套设施处理，其成本费用可以扣除。县级以上人防主管部门按标准收取的人防工程易地建设费或人防设施建造费是必要且合理的支出，作为公共设施费处理。经审批建设以及验收的人防工程面积可以作为公共配套设施的建筑面积。

27.4.1.21　地下停车位。

（1）有产权车位。

地下停车位所有权发生转移的，按照有关规定征收土地增值税。

【提醒】有产权车位需要预征土地增值税。

（2）无产权车位。

无产权车位包括利用地下人防设施建造的车位和其他无产权车位。目前各地对无产权车位处理的基本原则是不征收土地增值税，但也存在一些差异，如广东只针对人防车位进行规范，并未明确非人防车位如何处理。

【提醒】房地产开发企业可在前期按地下停车位的不同处理方式测算项目税负，尽早规避税收风险。

27.4.1.22 地下建筑土地成本的分摊。

地下建筑物是否分摊土地成本，全国大部分地区把握的原则是能否办理产权或是否计算容积率。如可办理产权或计容，则应分摊土地成本；不能办理产权或不计算容积率，则不分摊土地成本。

27.4.1.23 营销设施的处理。

房地产开发企业建设的临时售楼部、样板房等营销设施如果销售结束后拆除，不作为土地增值税前扣除项目，作为销售费用处理；如果建成后有偿转让的，应计算收入并准予扣除成本；如果建成后无偿移交的，可以扣除成本。

【提醒】营销设施成本能否扣除关键看该营销设施是否可转让，是不是临时性的。

27.4.1.24 合作建房。

对于一方出地，一方出资金，双方合作建房，建成后按比例分房自用的，暂免征收土地增值税；建成后转让的，应征收土地增值税。

合作建房是指一方出资金，一方出土地，共同修建房屋，双方共同投资、共担风险、共享利润的行为。如一方只收取固定利益，不承担责任和风险，不能视为合作建房。

"一方出土地"，包括一方提供有关土地使用权益的行为，如取得规划局批准的"建设用地规划许可证"、国土局核发的"建设用地批准书""建设用地通知书""土地使用证"，以及通过土地行政主管部门核发的其他建设用地文件中当事人享有的土地使用权益。

27.4.2 清算自查表

表27-2　　　　　　　　　　　　　清算自查表

项目	是否存在	处理情况	备注
一、收入			
1.开发产品用于职工福利、奖励、对外投资、分配给股东或投资人、抵偿债务、换取其他单位和个人的非货币性资产等非直接销售业务的发生情况			
2.将开发的部分房地产转为企业自用或用于出租等商业用途的发生情况			
3.自用房地产的所有权转移情况			
4.按县级以上人民政府的规定售房时代收的各项费用是否计入房价并向购买方一并收取			
5.按县级以上人民政府的规定售房时代收的各项费用计入房价时，有无将代收费用计入加计扣除以及房地产开发费用计算基数的情形			
6.房地产企业用建造的本项目房地产安置回迁户的，安置用房视同销售处理情形			
二、扣除项目			
1.计算扣除项目金额时，实际发生的支出应当取得但未取得合法凭据的，不得扣除			
2.扣除项目金额中所归集的各项成本和费用，是否实际发生			
3.扣除项目金额应当准确地在各扣除项目中分别归集，是否混淆			
4.扣除项目金额中所归集的各项成本和费用，必须是在清算项目开发中直接发生的或应当分摊的			
5.分期开发项目或者同时开发多个项目的，或者同一项目中建造不同类型房地产的，应按照受益对象，采用合理的分配方法，分摊共同的成本费用			
6.对同一类事项，应当采取相同的会计政策或处理方法。会计核算与税务处理规定不一致的，以税务处理规定为准			
7.接受建筑安装服务取得的增值税发票，备注栏是否注明建筑服务发生地县(市、区)名称及项目名称			
三、取得土地使用权所支付的金额			
1.同一宗土地有多个开发项目的分摊方法与金额计算			

续表

项目	是否存在	处理情况	备注
2.是否含有关联方费用			
3.是否将房地产开发销售费用、管理费用、财务费用记入取得土地使用权支付金额			
4.是否与市场价格存在明显异常			
5.土地闲置费等不得扣除项目是否已经剔除			
6.是否获取合法凭证			
7.是否存在土地出让收益返还的情况			
四、土地征用及拆迁补偿费			
1.实际支出金额与概(预)算是否存在明显差异			
2.拆迁补偿费是否实际发生			
3.由政府或者他人承担已征用和拆迁好的土地等相关扣除项目是否符合税法规定			
4.开发企业采取异地安置成本费用处理情形			
5.货币安置拆迁的，房地产开发企业是否取得合法有效凭据计入拆迁补偿费			
五、前期工程费、基础设施费			
1.实际支出额与概预算是否存在明显异常，是否存在虚列情形			
2.是否将房地产开发项目销售费用、管理费用、财务费用记入前期工程费、基础设施费			
3.多个(或分期)项目共同发生的前期工程费、基础设施费，是否按项目合理分摊			
4.报建时缴纳的相关费用是否有退还的情况			
六、建筑安装工程费			
1.是否与决算报告、审计报告、工程结算报告、工程施工合同记载的内容相符			
2.自购建材费用是否重复扣除			

续表

项目	是否存在	处理情况	备注
3.单位定额成本是否存在异常			
4.自行施工建设有无虚列、多列施工人工费、材料费、机械使用费等情况			
5.是否取得项目所在地税务机关监制的建筑安装发票			
七、公共配套设施费			
1.公共配套设施的界定是否准确、产权是否明确、是否真实发生、有无预提情况			
2.是否将房地产开发销售费用、管理费用、财务费用记入公共配套设施费			
3.多个(或分期)项目共同发生的公共配套设施费,是否按项目合理分摊			
4.是否含有其他企业的费用			
八、开发间接费用			
1.是否将企业行政管理部门(总部)为组织和管理生产经营活动而发生的管理费用记入开发间接费用			
2.开发间接费用是否真实发生,取得的凭证是否合法有效			
3.多个开发项目是否分项目核算或分摊,是否将其他项目的开发间接费用记入了清算项目			
4.是否含有其他企业的费用			
5.是否将房地产开发项目销售费用、管理费用、财务费用记入开发间接费用			
6.有无预提开发间接费用的情况			
九、利息支出			
1.据实申报时是否将利息支出从开发成本中调整至开发费用			
2.分期开发项目或同时开发多个项目的一般性贷款利息支出,是否按项目合理分摊			
3.利用闲置专项借款对外投资取得的收益是否冲减利息支出			

续表

项目	是否存在	处理情况	备注
4.借款合同相应条款是否符合有关规定			
5.是否超过按商业银行同类同期贷款利率计算的金额			
6.超过贷款期限和挪用贷款的罚息是否扣除			
7.是否剔除借款手续费、咨询费、顾问费等利息支出以外的费用			
8.对不能按转让房地产项目计算分摊利息支出或不能提供金融机构证明的，计提利息是否符合税法规定			
十、与转让房地产有关的税金			
1.扣除范围和金额计算是否符合税法有关规定，是否与收入相关，复核税金及附加与收入是否配比，企业是否缴纳			
2.不属于清算范围、不属于转让环节发生的税金是否违规扣除			
3.与本次清算收入无关的，按照预售收入（不包括已经结转销售收入部分）计算并缴纳的税金及附加等，是否违规扣除			
4.印花税的扣除是否符合税法规定			
十一、财政部规定的其他扣除项目			
1.对取得土地（不论是生地还是熟地）使用权后，未进行任何形式的开发即转让的，审核是否按税收规定计算扣除项目金额，核实有无违反税收规定加计扣除的情形			
2.对于取得土地使用权后，仅进行土地开发（如"三通一平"等），不建造房屋即转让土地使用权的，审核是否按税收规定计算扣除项目金额，是否按取得土地使用权时支付的地价款和开发土地的成本之和计算加计扣除			
3.对于取得了房地产产权后，未进行任何实质性的改良或开发即再行转让的，审核是否按税收规定计算扣除项目金额，核实有无违反税收规定加计扣除的情形			
4.代收费用是否计入房价并向购买方一并收取，有无将代收费用作为加计扣除的基数的情形			
5.计算加计扣除基数时是否剔除已计入开发成本的利息支出			
十二、成片受让土地使用权后，分期分批开发、转让房地产的，扣除项目金额是否按主管税务机关确定的分摊方法计算分摊扣除			

27.4.3 清算期限。

（1）对于符合应进行土地增值税清算条件的项目，纳税人应当在满足条件之日起90日内到主管税务机关办理清算手续。对于符合可要求纳税人进行土地增值税清算的项目，由主管税务机关确定是否进行清算；对于确定需要进行清算的项目，由主管税务机关下达清算通知，纳税人应当在收到清算通知之日起90日内办理清算手续。

（2）纳税人应以满足应清算条件之日起90日内或者接到主管税务机关清算通知书之日起90日内的任意一天，确认为清算收入和归集扣除项目金额的截止时间（以下简称清算截止日），并将清算截止日明确告知主管税务机关。

27.4.4 注意事项。

（1）纳税人对报送材料的真实性和合法性承担责任。

（2）文书表单可在省（自治区、直辖市和计划单列市）税务局网站"下载中心"栏目查询下载或到办税服务厅领取。

（3）纳税人使用符合电子签名法规定条件的电子签名，与手写签名或者盖章具有同等法律效力。

（4）纳税人提供的各项资料为复印件的，均须注明"与原件一致"并签章。

（5）对经审核需要补缴土地增值税的，由纳税人通过申报错误更正环节进行更正申报并补缴税款；对需要退还土地增值税的，由纳税人更正申报后办理多缴税款的退还。

（6）纳税人在纳税期内没有应纳税款的，也应当按照规定办理申报纳税。纳税人享受减税、免税待遇的，在减税、免税期间应当按照规定办理申报纳税。

27.4.5 申报风险提示。

纳税人未按照规定的期限办理纳税申报和报送纳税资料的，将影响纳税信用评价结果，并依照《中华人民共和国税收征收管理法》有关规定承担相应法律责任。

未按规定进行清算申报的，税务机关可按照《中华人民共和国税收征收管理法》第三十五条采取核定征收方式核定其应纳税额,也可以按照第六十二、六十四等条款对违法的纳税人实施行政处罚、追缴税款滞纳金及罚款。

27.4.6 税率和征收率。

表27-3 税率和征收率表

档次	级距	税率	速算扣除系数	税额计算公式	说明
1	增值额未超过扣除项目金额50%的部分	30%	0	增值额30%	扣除项目指取得土地使用权所支付的金额;开发土地的成本、费用;新建房及配套设施的成本、费用或旧房及建筑物的评估价格;与转让房地产有关的税金;财政部规定的其他扣除项目
2	增值额超过扣除项目金额50%,未超过100%的部分	40%	5%	增值额40%-扣除项目金额5%	
3	增值额超过扣除项目金额100%,未超过200%的部分	50%	15%	增值额50%-扣除项目金额15%	
4	增值额超过扣除项目金额200%的部分	60%	35%	增值额60%-扣除项目金额35%	

27.5 清算后尾盘销售

27.5.1 政策指引。

在土地增值税清算时未转让的房地产,清算后销售或有偿转让的,纳税人应按规定进行土地增值税的纳税申报,扣除项目金额按清算时的单位建筑面积成本费用乘以销售或转让面积计算。

单位建筑面积成本费用=清算时的扣除项目总金额÷清算的总建筑面积。

清算后再转让房地产(清算后尾盘销售)应当区分不同房屋类型分别计算增值额、增值率,缴纳土地增值税。计算方式应与项目的清算方式保持一致,对于以核定征收方式进行清算的项目,按再转让房地产所取得的收入,乘以该项目清算审核时确定的核定征收率计算。

尾盘销售清算时扣除项目金额按清算时的单位建筑面积成本费用乘以清算后转让的面积再加上清算后转让时缴纳的与转让房地产有关的税金计算,即:

扣除项目金额=单位建筑面积成本费用×清算后转让的面积+再转让房地产有关的税金

【提醒】清算时的扣除项目总金额不包括纳税人进行清算时扣除的与转让房地产有关的税金。计算的单位建筑面积成本费用已包含开发费用与财政部规定的其他扣除金额,与清算前单位建筑面积成本(取得土地使用权所支付的金额与开发成本之和)不同,所以清算后尾盘销售不能再扣除开发费用与财政部规定的其他扣除金额。

27.5.2 申报期限。

在土地增值税清算时未转让的房地产,清算后再转让的,纳税人应按月汇总,并在次月15日内申报缴纳土地增值税。

27.6 核定征收

27.6.1 政策指引。

27.6.1.1 核定征收的情形。

房地产开发企业有下列情形之一的,税务机关可以参照与其开发规模和收入水平相近的当地企业的土地增值税税负情况,按不低于预征率的征收率核定征收土地增值税:

(1)依照法律、行政法规的规定应当设置但未设置账簿的;

(2)擅自销毁账簿或者拒不提供纳税资料的;

(3)虽设置账簿,但账目混乱或者成本资料、收入凭证、费用凭证残缺不全,难以确定转让收入或扣除项目金额的;

(4)符合土地增值税清算条件,未按照规定的期限办理清算手续,经税务机关责令限期清算,逾期仍不清算的;

(5)申报的计税依据明显偏低,又无正当理由的。

【提醒】对核定征收的房地产开发项目，不得享受任何土地增值税减免税优惠。纳税人直接转让国有土地使用权的，原则上不得核定征收。

27.6.1.2 核定征收方式。

（1）核定扣除项目。

房地产开发企业办理土地增值税清算所附送的前期工程费、建筑安装工程费、基础设施费、开发间接费用的凭证或资料不符合清算要求或不实的，税务机关可参照当地建设工程造价管理部门公布的建安造价定额资料，结合房屋结构、用途、区位等因素，核定上述四项开发成本的单位面积金额标准，并据以计算扣除。具体核定方法由省税务机关确定。

（2）核定征收率。

按照征收率核定的，纳税人应按主管税务机关确定的不同类型的核定征收率分别计算土地增值税。

核定征收土地增值税的，纳税人应当按照取得的转让房地产收入（不含增值税）和核定征收率计算缴纳土地增值税。计算公式如下：

应缴税款=转让房地产收入（不含增值税）×核定征收率。

核定征收率原则上不得低于5%，各地核定征收率相关规定见附表。

【提醒】云南省规定：土地增值税按销售收入的一定比例实行核定征收，普通标准住宅的核定征收率为5‰—1.5%；写字楼、营业用房、别墅、度假村、高级公寓等高档住宅的核定征收率为1%—2.5%；开发土地使用权转让的核定征收率为1.5%—3.5%。具体核定征收率由各州、市地方税务局参照当地房地产开发企业土地增值税的税负等情况，在不低于当地预征率的基础上确定并报省局备案。

27.6.2 申报期限。

税务机关核定的纳税期限，应在纳税人签订房地产转让合同之后、办理房地产权属转让（即过户及登记）手续之前。

27.6.3 办理材料。

1.土地增值税纳税申报表（五）（从事房地产开发的纳税人清算方式为核定征收适用）；

2.税务机关出具的核定文书。

27.7 旧房转让

27.7.1 政策指引。

27.7.1.1 新建房旧房的界定。

新建房是指建成后未使用的房产。凡是已使用一定时间或达到一定磨损程度的房产均属旧房。使用时间和磨损程度标准可由各省、自治区、直辖市财政厅(局)和地方税务局具体规定。

【提醒】从事房地产开发的纳税人将开发产品转为自用、出租等用途且已达到主管税务机关旧房界定标准后,又将该旧房对外出售的,应办理旧房转让土地增值税申报。

27.7.1.2 扣除项目的确定。

(1)按评估价格。

转让旧房的,应按房屋及建筑物的评估价格、取得土地使用权所支付的地价款和按国家统一规定缴纳的有关费用以及在转让环节缴纳的税金作为扣除项目金额计征土地增值税。对取得土地使用权时未支付地价款或不能提供已支付的地价款凭据的,不允许扣除取得土地使用权所支付的金额。

旧房及建筑物的评估价格,是指在转让已使用的房屋及建筑物时,由政府批准设立的房地产评估机构评定的重置成本价乘以成新度折扣率后的价值,并由当地税务机关参考评估机构的评估而确认的价格。

即:旧房及建筑物的评估价格=重置成本×成新度折扣率

重置成本,是指对旧房及建筑物按转让时的建材价格及人工费用计算,建造同样面积、同样层次、同样结构、同样建设标准的新房及建筑物所需花费的成本费用。成新度折扣率是根据房屋在评估时的实际新旧程度,按专业机构规定的房屋新旧等级标准进行对照,并参考房屋的使用时间、使用程度和保养情况,综合确定房屋的新旧度比例,一般用几成新来表示。

【提醒】房屋的成新度折扣率不同于会计核算中的折旧率。

纳税人转让旧房及建筑物时因计算纳税的需要而对房地产进行评估，其支付的评估费用允许在计算增值额时予以扣除。但纳税人隐瞒、虚报房地产成交价格等情形而按房地产评估价格计算征收土地增值税所发生的评估费用，不允许在计算土地增值税时予以扣除。

【提醒】以评估价格作为扣除项目的评估价不包括土地评估价格。对于购入房地产再转让且能提供评估价格的，购入时已缴纳的契税在计算土地增值税时不允许扣除。

按评估价格确定扣除项目的具体计算公式为：

扣除项目金额=取得土地使用权所支付的金额+旧房及建筑物的评估价格+与转让房地产有关的税金+纳税人支付的旧房及建筑物价格评估费用

【例】某县A房地产企业2019年8月以2100万元出售一幢2001年自建的办公楼，账面原值400万元，累计折旧180万元，A企业无法提供已支付的地价款凭据。A企业支付8万元评估费委托B资产评估公司进行评估，B公司评估土地价值为800万元，办公楼重新构建价格为700万元，成新度折扣率为50%，该评估价格已经税务机关认定。

按照评估价格计算应交土地增值税如下：

A公司办公楼转让收入=2100÷1.05=2000（万元）

办公楼评估价格（不含土地）=700×50%=350（万元）

取得土地使用权所支付的金额为0；

与转让房地产有关的税金=2100÷（1+5%）×5%×（5%+3%+2%）+2100×0.5‰=11.05（万元）

扣除项目合计=0+350+11.05+8=369.05（万元）

增值额=2000−369.05=1630.95（万元）

增值率=1630.95÷369.05=441.93%

应纳土地增值税税额=1630.95×60%−369.05×35%=849.40（万元）

（2）按购房发票。

纳税人转让旧房及建筑物，凡不能取得评估价格，但能提供购房发票的，经当地税务部门确认，《条例》第六条第（一）（三）项规定的扣除项目的金额(即取得土地使用权所支付的金额和旧房及建筑物的评估价格),可按发票所载金额并从购买年度起至转让年度止每年加计5%计算。对纳税人购房时缴纳的契税,凡能提供契税完税凭证的,准予作为"与转让房地产有关的税金"予以扣除,但不作为加计5%的基数。

【提醒】计算扣除项目时"每年"按购房发票所载日期起至售房发票开具之日止,每满12个月计一年;超过一年,未满12个月但超过6个月的,可以视同为一年。

"营改增"后,纳税人转让旧房及建筑物,凡不能取得评估价格,但能提供购房发票的,《中华人民共和国土地增值税暂行条例》第六条第一、三项规定的扣除项目的金额按照下列方法计算:

①提供的购房凭据为"营改增"前取得的营业税发票的,按照发票所载金额(不扣减营业税)并从购买年度起至转让年度止每年加计5%计算。

②提供的购房凭据为"营改增"后取得的增值税普通发票的,按照发票所载价税合计金额从购买年度起至转让年度止每年加计5%计算。

③提供的购房发票为"营改增"后取得的增值税专用发票的,按照发票所载不含增值税金额加上不允许抵扣的增值税进项税额之和,并从购买年度起至转让年度止每年加计5%计算。

按购房发票确定扣除项目的具体计算公式为:

扣除项目金额=营业税发票所载金额(或增值税普通发票所载金额或发票所载不含增值税金额+不允许抵扣的增值税进项税额)×(1+5%×持有年数)+转让房地产有关的税金(含购房时缴纳的契税)+其他合理费用

【提醒】其他合理费用以各省具体规定为准。如贵州、大连等地明确可扣除项目金额以取得房地产时有效发票所载的金额、按发票所载金额从购买年度起至转让年度止每年加计5%计算的金额、与转让房地产有关的税金、取得房地产时所缴纳的契税为标准确认。深圳则明确扣除项目具体包括:购买原价、加计扣除数额、按国家统一规定交纳的有关费用,以及在转让环节缴纳的税金。

【例】某房地产公司2019年11月以210万元转让其于2014年12月购入位

于县城的一套办公用房，不能提供评估价格，但有取得时的原始购房发票及对应的1.8万元契税完税凭证，发票所载金额为60万元。

按照购房发票计算应缴土地增值税如下：

转让应缴增值税=（210-60）/1.05×5%=7.62（万元）

转让收入=210-7.62=202.38（万元）

与转让房地产有关的税金=7.62×（5%+3%+2%）+210×0.05%+1.8=2.67（万元）

持有年数=59÷12=4年+11个月=5年

扣除项目合计=60×（1+5×5%）+2.67=77.67（万元）

增值额=202.38-77.67=124.71（万元）

增值率=124.71÷77.67=160.56%

应纳土地增值税税额=124.71×50%-77.67×15%=50.70（万元）

（3）既无评估价格又没购房发票。

对于转让旧房及建筑物，既没有评估价格，又不能提供购房发票的，地方税务机关可以根据《中华人民共和国税收征收管理法》第三十五条的规定，实行核定征收。

如《深圳市税务局关于发布〈土地增值税征管工作规程〉的公告》（深圳市税务局公告2019年第8号）规定，纳税人不能提供购房发票，在核定扣除项目时，税务机关可依据不动产证登记价格或在国土产权管理部门查询的原购买价格核定纳税人加计扣除的基数；属于自建房的（含适用旧房政策的房地产开发产品），主管税务机关可依据房产建造价格以及原地价款，核定加计扣除的基数。核定征收率仅适用于个人转让存量房土地增值税征收。

对于法院裁定（判决）或行政确权方式取得但无法提供发票的房产再转让问题，《海南省地方税务局关于明确转让旧房土地增值税计税依据有关问题的通知》（琼地税函〔2014〕818号）明确：再次转让时，可按法院裁定（判决）书或房地产项目转让税收专用证明确定的金额确认购置成本，比照财税〔2006〕21号文第二条第一款的规定计算土地增值税扣除项目金额。

27.7.1.3 需要按照房地产评估价格计算征收的几种情形。

（1）出售旧房及建筑物。

（2）隐瞒、虚报房地产成交价格。

隐瞒、虚报房地产成交价格，是指纳税人不报或有意低报转让土地使用权、地上建筑物及其附着物价款的行为，应由评估机构参照同类房地产的市场交易价格进行评估。税务机关根据评估价格确定转让房地产的收入。

（3）提供扣除项目金额不实。

提供扣除项目金额不实，是指纳税人在纳税申报时不据实提供扣除项目金额的行为，应由评估机构按照房屋重置成本价乘以成新度折扣率计算的房屋成本价和取得土地使用权时的基准地价进行评估。税务机关根据评估价格确定扣除项目金额。

（4）转让房地产的成交价格低于房地产评估价格，又无正当理由。

转让房地产的成交价格低于房地产评估价格又无正当理由，是指纳税人申报的转让房地产的实际成交价低于房地产评估机构评定的交易价，纳税人又不能提供凭据或无正当理由的行为，由税务机关参照房地产评估价格确定转让房地产的收入。

27.7.2 申报期限。

纳税人应在签订房地产转让合同后的七日内，向房地产所在地主管税务机关填报土地增值税纳税申报表（三）。

第28章 新收入准则

收入，是指企业在日常活动中形成的、会导致所有者权益增加的、与所有者投入资本无关的经济利益的总流入。

收入准则适用于所有与客户之间的合同，但下列各项除外：长期股权投资、金融工具确认和计量、金融资产转移、套期会计、合并财务报表、合营安排、租赁、保险合同。

28.1 新收入准则主要修订内容

28.1.1 现行收入和建造合同两项准则纳入统一的收入确认模型。

新收入准则采用统一的"五步法"收入确认模型来规范所有客户合同产生的收入，取消了建造合同准则，并统一相关会计科目，提高会计信息可比性。

对于建筑业务而言，新准则要求按照履约进度确认收入，具体仍采用产出法或投入法确定履约进度，按照"完工百分比法"确认收入成本的原则没有变化。

28.1.2 以控制权转移替代风险报酬转移作为收入确认时点的判断标准。

现行收入准则要求区分销售商品收入和提供劳务收入，并且强调在将商品所有权上的主要风险和报酬转移给购买方时确认销售商品收入，实务中有时难以判断。新收入准则以控制权转移替代风险报酬转移作为收入确认的标准，要求企业在履行合同约定的义务，客户取得相关商品（或服务）控制权时确认收入。

与公司业务相关的,主要是新增房地产业务按照时段确认收入的方式,允许将一次或分次(非按揭)付清房款的期房,按履约进度在一段时间内确认收入。

28.1.3 提出重大融资成分概念。

新准则要求企业在确定交易价格时,应当考虑合同中存在的重大融资成分因素。存在重大融资成分的,企业应当按照假定客户在取得商品控制权时即以现金支付的应付金额确定交易价格,差额在合同期间内采用实际利率法摊销。

28.2 应设置的相关会计科目和主要账务处理

收入的会计处理,一般需要设置下列会计科目。

28.2.1 主营业务收入。

28.2.1.1 本科目核算企业确认的销售商品、提供服务等主营业务的收入。

28.2.1.2 本科目可按主营业务的种类进行明细核算。

28.2.1.3 主营业务收入的主要账务处理。

(1)企业在履行了合同中的单项履约义务时,应按照已收或应收的合同价款,加上应收取的增值税额,借记"银行存款""应收账款""应收票据""合同资产"等科目,按应确认的收入金额,贷记本科目,按应收取的增值税额,贷记"应交税费——应交增值税(销项税额)""应交税费——待转销项税额"等科目。

(2)合同中存在企业为客户提供重大融资利益的,企业应按照应收合同价款,借记"长期应收款"等科目,按照假定客户在取得商品控制权时即以现金支付而须支付的金额(即现销价格)确定的交易价格,贷记本科目,按其差额,贷记"未实现融资收益"科目;合同中存在客户为企业提供重大融资利益的,企业应按照已收合同价款,借记"银行存款"等科目,按照假定客户在取得商品控制权时即以现金支付的应付金额(即现销价格)确定的交易价格，贷记"合同负债"等科目，按其差额，借记"未确认融资费用"科目。涉及增值税的，还应进行相应的处理。

（3）企业收到的对价为非现金资产时，应按该非现金资产在合同开始日的公允价值，借记"库存商品""固定资产""无形资产"等有关科目，贷记本科目。涉及增值税的，还应进行相应的处理。

28.2.1.4　期末，应将本科目的余额转入"本年利润"科目，结转后本科目应无余额。

28.2.2　其他业务收入。

（1）本科目核算企业确认的除主营业务活动以外的其他经营活动实现的收入，包括出租固定资产、出租无形资产、出租包装物和商品、销售材料、用材料进行非货币性交换（非货币性资产交换具有商业实质且公允价值能够可靠计量）等实现的收入。

（2）本科目可按其他业务的种类进行明细核算。

（3）其他业务收入的主要账务处理。企业确认其他业务收入的主要账务处理参见"主营业务收入"科目。

（4）期末，应将本科目的余额转入"本年利润"科目，结转后本科目应无余额。

28.2.3　主营业务成本。

（1）本科目核算企业确认销售商品、提供服务等主营业务收入时应结转的成本。

（2）本科目可按主营业务的种类进行明细核算。

（3）主营业务成本的主要账务处理。期末，企业应根据本期销售各种商品、提供各种服务等实际成本，计算应结转的主营业务成本，借记本科目，贷记"库存商品""合同履约成本"等科目。

（4）期末，应将本科目的余额转入"本年利润"科目，结转后本科目无余额。

28.2.4　其他业务成本。

（1）本科目核算企业确认的除主营业务活动以外的其他经营活动所发生

的支出，包括销售材料的成本、出租固定资产的折旧额、出租无形资产的摊销额、出租包装物的成本或摊销额等。采用成本模式计量投资性房地产的，其投资性房地产计提的折旧额或摊销额，也通过本科目核算。

（2）本科目可按其他业务成本的种类进行明细核算。

（3）其他业务成本的主要账务处理。企业发生的其他业务成本，借记本科目，贷记"原材料""周转材料"等科目。

（4）期末，应将本科目的余额转入"本年利润"科目，结转后本科目无余额。

28.2.5　合同履约成本。

（1）本科目核算企业为履行当前或预期取得的合同所发生的、不属于其他企业会计准则规范范围且按照本准则应当确认为一项资产的成本。

（2）本科目可按合同，分别以"服务成本""工程施工"等进行明细核算。

（3）合同履约成本的主要账务处理。企业发生上述合同履约成本时，借记本科目，贷记"银行存款""应付职工薪酬""原材料"等科目；对合同履约成本进行摊销时，借记"主营业务成本""其他业务成本"等科目，贷记本科目。涉及增值税的，还应进行相应的处理。

（4）本科目期末借方余额，反映企业尚未结转的合同履约成本。

（5）涉及的主要账务处理如下：

①企业发生上述合同履约成本时：

借：合同履约成本

　　贷：银行存款、应付职工薪酬、原材料等

②对合同履约成本进行结转（摊销）时：

借：主营业务成本或者其他业务成本

　　贷：合同履约成本

28.2.6　合同履约成本减值准备。

（1）本科目核算与合同履约成本有关的资产的减值准备。

（2）本科目可按合同进行明细核算。

（3）合同履约成本减值准备的主要账务处理。与合同履约成本有关的资产发生减值的，按应减记的金额，借记"资产减值损失"科目，贷记本科目；转回已计提的资产减值准备时，做相反的会计分录。

（4）本科目期末贷方余额，反映企业已计提但尚未转销的合同履约成本减值准备。

（5）涉及的主要账务处理如下：

与合同履约成本有关的资产发生减值的，按照减值的金额：

借：资产减值损失

　　贷：合同履约成本减值准备

转回已计提的资产减值准备时：

借：合同履约成本减值准备

　　贷：资产减值损失

28.2.7　合同取得成本。

（1）本科目核算企业取得合同发生的、预计能够收回的增量成本。

（2）本科目可按合同进行明细核算。

（3）合同取得成本的主要账务处理。

企业发生上述合同取得成本时，借记本科目，贷记"银行存款""其他应付款"等科目；对合同取得成本进行摊销时，按照其相关性借记"销售费用"等科目，贷记本科目。涉及增值税的，还应进行相应的处理。

（4）本科目期末借方余额，反映企业尚未结转的合同取得成本。

（5）涉及的主要账务处理如下：

当企业发生上述合同取得成本时：

借：合同取得成本

　　贷：银行存款、其他应付款等

　　　　应交税费——应交增值税——销项税额

对合同取得成本进行摊销时：

借：销售费用

　　贷：合同取得成本

需要注意的是：为简化实务操作，该资产摊销期限不超过一年的，可以在发生时计入当期损益。

28.2.8 合同取得成本减值准备。

（1）本科目核算与合同取得成本有关的资产的减值准备。

（2）本科目可按合同进行明细核算。

（3）合同取得成本减值准备的主要账务处理。与合同取得成本有关的资产发生减值的，按应减记的金额，借记"资产减值损失"科目，贷记本科目；转回已计提的资产减值准备时，做相反的会计分录。

（4）本科目期末贷方余额，反映企业已计提但尚未转销的合同取得成本减值准备。

（5）涉及的主要账务处理如下：

与合同取得成本有关的资产发生减值的，按照减值的金额：

借：资产减值损失

  贷：合同取得成本减值准备

转回已计提的资产减值准备时：

借：合同取得成本减值准备

  贷：资产减值损失

28.2.9 应收退货成本。

（1）本科目核算销售商品时预期将退回商品的账面价值，扣除收回该商品预计发生的成本（包括退回商品的价值减损）后的余额。

（2）本科目可按合同进行明细核算。

（3）应收退货成本的主要账务处理。企业发生附有销售退回条款的销售的，应在客户取得相关商品控制权时，按照已收或应收合同价款，借记"银行存款""应收账款""应收票据""合同资产"等科目，按照因向客户转让商品而预期有权收取的对价金额（即不包含预期因销售退回将退还的金额），贷记"主营业务收入""其他业务收入"等科目，按照预期因销售退回将退还的金额，贷记"预计负债——应付退货款"等科目；结转相关成本时，按照预期将退回商品转让时的账面价值，扣除收回该商品预计发生的成本（包括退回商品的价值减损）后的余额，借记本科目，按照已转让商品转让时的账面价值，贷记"库存商品"等科目，按其差额，借记"主营业务成本""其他业务成本"等科目。涉及增值税的，还应进行相应处理。

（4）本科目期末借方余额，反映企业预期将退回商品转让时的账面价值，扣除收回该商品预计发生的成本（包括退回商品的价值减损）后的余额，在资产负债表中按其流动性计入"其他流动资产"或"其他非流动资产"项目。

28.2.10 合同资产。

（1）本科目核算企业已向客户转让商品而有权收取对价的权利。仅取决于时间流逝因素的权利不在本科目核算。

（2）本科目应按合同进行明细核算。

（3）合同资产的主要账务处理。企业在客户实际支付合同对价或在该对价到期应付之前，已经向客户转让了商品的，应当按因已转让商品而有权收取的对价金额，借记本科目或"应收账款"科目，贷记"主营业务收入""其他业务收入"等科目；企业取得无条件收款权时，借记"应收账款"等科目，贷记本科目。涉及增值税的，还应进行相应的处理。

【补充】需要注意的是与应收账款的区别：

"应收账款"是企业无条件收取合同对价的权利，企业仅仅随着时间的流逝即可收款，企业仅承担信用风险。

"合同资产"并不是一项无条件收款权，该权利除了时间流逝之外，还取决于其他条件（例如，履行合同中的其他履约义务）才能收取相应的合同对价，企业除承担信用风险之外，还可能承担其他风险，如履约风险等。

两者的区别在于，应收款项代表的是无条件收取合同对价的权利，即企业仅仅随着时间的流逝即可收款，而合同资产并不是一项无条件收款权，该权利除了时间流逝之外，还取决于其他条件（例如，履行合同中的其他履约义务）才能收取相应的合同对价。因此，与合同资产和应收款项相关的风险是不同的，应收款项仅承担信用风险，而合同资产除信用风险之外，还可能承担其他风险，如履约风险等。合同资产的减值的计量、列报和披露应当按照相关金融工具准则的要求进行会计处理。

（4）涉及的主要账务处理

企业在客户实际支付合同对价之前或者改对价到期应付之前，已经向客户转让了商品，应当按因已转让商品而有权收取对价的金额。

借：合同资产
　　贷：主营业务收入（或者其他业务收入）
　　　　应交税费——应交增值税——销项税额（一般计税）
　　　　　　　　——简易计税（简易计税）

当企业取得无条件收款权时：
借：应收账款
　　贷：合同资产

【案例】2×20年12月1日，甲公司与客户签订合同，向其销售A、B两项商品，合同价款为500万元。A商品的单独售价为120万元，B商品的单独售价为480万元，单独售价合计600万元。合同约定，A商品于合同开始日交付，B商品在1个月之后交付，只有当两项商品全部交付之后，甲公司才有权收取500万元的合同对价。假定A商品和B商品分别构成单项履约义务，其控制权在交付时转移给客户。上述价格均不包含增值税，且假定不考虑相关税费影响。

甲公司的账务处理如下：

①交付A商品时：
借：合同资产　　　　　　　　　　　100
　　贷：主营业务收入　　　　100（500×120/（120+480））

②交付B商品时：
借：应收账款　　　　　　　　　　　500
　　贷：合同资产　　　　　　　　　100
　　　　主营业务收入　　　400（500×480/（120+480））

28.2.11　合同资产减值准备。

（1）本科目核算合同资产的减值准备。

（2）本科目应按合同进行明细核算。

（3）合同资产减值准备的主要账务处理。合同资产发生减值的，按应减记的金额，借记"信用减值损失"科目，贷记本科目；转回已计提的资产减值准备时，做相反的会计分录。

（4）本科目期末贷方余额，反映企业已计提但尚未转销的合同资产减值准备。

（5）涉及的主要账务处理

合同资产发生减值的，按照减值的金额：

借：资产减值损失

  贷：合同资产减值准备

转回已计提的资产减值准备时：

借：合同资产减值准备

  贷：资产减值损失

28.2.12 合同负债。

（1）本科目核算企业已收或应收客户对价而应向客户转让商品的义务。

（2）本科目应按合同进行明细核算。

（3）合同负债的主要账务处理。企业在向客户转让商品之前，客户已经支付了合同对价或企业已经取得了无条件收取合同对价权利的，企业应当在客户实际支付款项与到期应支付款项孰早时点，按照该已收或应收的金额，借记"银行存款""应收账款""应收票据"等科目，贷记本科目；企业向客户转让相关商品时，借记本科目，贷记"主营业务收入""其他业务收入"等科目。涉及增值税的，还应进行相应的处理。企业因转让商品收到的预收款适用本准则进行会计处理时，不再使用"预收账款"科目及"递延收益"科目。

（4）本科目期末贷方余额，反映企业在向客户转让商品之前，已经收到的合同对价或已经取得的无条件收取合同对价权利的金额。

（5）涉及的主要账务处理：

企业在向客户转让商品之前，客户支付了合同对价的，企业应该按收到的款项：

  借：银行存款

    贷：合同负债

      应交税费——应交增值税（销项税额）（如果开具发票的，做此分录）

企业向客户转让商品后：

  借：合同负债

    贷：主营业务收入（或者其他业务收入）

（6）需要注意的事项。

企业应转让商品收的预收款，适用新收入准则进行会计处理时，不再使用"预收账款"科目。

28.3　施工业务涉及主要调整

28.3.1　科目调整。

（1）增设"合同履约成本\工程施工"科目（按照工程项目核算），核算原"工程施工\合同成本"科目内容。

（2）账面不再体现"工程施工\合同毛利"。

（3）增设"合同资产""合同负债"科目。

合同结算科目余额为借方的项目，调整到"合同资产\工程款（已完工未结算）"科目；合同结算科目余额为贷方的项目，调整到"合同负债\已结算未完工"科目。

【补充】"合同结算"：本科目核算同一合同下属于在某一时段内履行履约义务涉及与客户结算对价的合同资产或合同负债，在此科目下设置"合同结算——价款结算"科目反映定期与客户进行结算的金额，设置"合同结算——收入结转"科目反映按履约进度结转的收入金额。

（4）"预收账款"科目核算内容调整到"合同负债"科目。

（5）质保金从"应收账款"科目中调整至"合同资产\质保金"科目，质保期满调整到"应收账款"科目。

28.3.2 基本核算流程。

（1）项目发生实际成本：

借：库存材料等

　　应交税费——应交增值税（进项税额）

　　　　　　——待认证进项税额（当月未认证的可抵扣增值税额）

　　　　　　——应交增值税（销项税额抵减）（简易计税差额）

　　贷：应付账款/银行存款

借：合同履约成本

　　应交税费——应交增值税（进项税额）

　　　　　　——待认证进项税额（发票收到时转入应交税费科目）

　　贷：应付账款/银行存款/原材料/应付职工薪酬等

（2）收到预收款：

①开不征税发票

借：银行存款

　　贷：合同负债

　　应交税费——预交增值税（一般计税）

　　　　　　——简易计税（简易计税）

②开有税率发票

借：银行存款

　　贷：应交税费——应交增值税（销项税额）（一般计税）

　　　　　　　　——简易计税（简易计税）

（3）主营业务成本确认：

借：主营业务成本

　　贷：合同履约成本

（4）主营业务收入确认（投入法，按照完工百分比推算收入确认金额）：

借：合同结算——收入结转

　　贷：主营业务收入

（5）业主确认工程量（含质保金）：

借：应收账款

　　合同资产——质保金

　　合同负债——工程款——预收工程款（本次冲减预收工程款金额）

　贷：合同结算——价款结算

　　　应交税费——待转销项税额（会计收入确认早已增值税纳税义务发生时点）

　　　　　　——应交增值税——销项税额（一般计税）

　　　　　　——简易计税（简易计税）

　　　应收账款——工程款——进度结算（本次冲减预收工程款金额）

（6）期末将合同结算余额转入合同资产或合同负债：

①合同结算科目余额为借方的项目。

借：合同资产——工程款

　贷：合同结算——工程款期末结转

②合同结算科目余额为贷方的项目。

借：合同结算——工程款期末结转

　贷：合同负债——工程款

（7）质保期满——合同资产转入应收账款，并开具发票：

借：应收账款

　贷：合同资产——质保金

　　　应交税费——应交增值税——销项税额（一般计税）

　　　　　　——简易计税（简易计税）

【案例】2019年1月1日，甲建筑公司和乙公司签订一份写字楼建造合同，该工程造价7800万元，合同期限1年半，约定每半年结算一次，预计总成本6000万元。假设该工程整体构成单项履约义务，并属于在某一时段履行的履约义务，甲公司采用成本法确定履约进度，不考虑其他相关因素。

【解析】

①2019年6月30日。

2019年6月30日，该工程累计发生成本1800万元，甲公司与乙公司合同结算金额2400万元，上述价款均不含增值税额。假设甲公司与乙公司结算时即发生增值税纳税义务。甲公司的账务处理为：

借：合同履约成本——工程施工　　　　　　　　1800
　　贷：原材料、应付职工薪酬等　　　　　　　　　　1800

合同履约进度=1800/6000=30%

合同收入=7800×30%=2340万元

借：合同结算——收入结转　　　　　　　　　　2340
　　贷：主营业务收入　　　　　　　　　　　　　　　2340

借：主营业务成本　　　　　　　　　　　　　　1800
　　贷：合同履约成本——工程施工　　　　　　　　　1800

借：应收账款　　　　　　　　　　　　　　　　2616
　　贷：合同结算——价款结算　　　　　　　　　　　2400
　　　　应交税费——应交增值税（销项税额）　　　　216

注意："合同结算"科目余额60万元（2400-2340）。该余额实质为合同负债，表明甲公司已经与乙公司结算但尚未履行履约义务的金额。甲公司预计该部分履约义务将在2019年内完成，因此，在2019年6月30日资产负债表中作为"合同负债"列示。

②2019年12月31日。

2019年12月31日，该工程累计发生成本4500万元，甲公司与乙公司结算价款3000万元，上述价款均不含增值税额。2019年7月1日至12月31日，实际发生工程成本为2700万元（4500-1800）。甲公司的账务处理为：

借：合同履约成本——工程施工　　　　　　　　2700
　　贷：原材料、应付职工薪酬等　　　　　　　　　　2700

履约进度=4500/6000=75%

合同收入=7800×75%-2340=3510万元

借：合同结算——收入结转　　　　　　　　　　3510
　　贷：主营业务收入　　　　　　　　　　　　　　　3510

借：主营业务成本　　　　　　　　　　　　　　2700

贷：合同履约成本——工程施工	2700
借：应收账款	3270
贷：合同结算——价款结算	3000
应交税费——应交增值税（销项税额）	270

注意："合同结算"科目余额为借方450万元（3510-3000-60），实质是合同资产，表明甲公司已经履行履约义务但尚未与乙公司结算的金额。由于该部分金额将在2019年内结算，因此，应在2019年12月31日资产负债表中作为"合同资产"列示。

③2020年6月30日

2020年6月30日，该工程累计实际发生成本6300万元，甲公司与乙公司结算合同竣工价款2400万元，上述价款均不含增值税额。2020年1月1日至6月30日，实际发生工程成本为1800万元（6300-4500）。

借：合同履约成本——工程施工	1800
贷：原材料、应付职工薪酬等	1800

2020年6月30日，工程竣工，履约进度100%。

合同收入=7800-2340-3510=1950（万元）

借：合同结算——收入结转	1950
贷：主营业务收入	1950
借：主营业务成本	1800
贷：合同履约成本——工程施工	1800
借：应收账款	2616
贷：合同结算——价款结算	2400
应交税费——应交增值税（销项税额）	216

注意：2020年6月30日，合同结算科目余额为零，没有合同资产和合同负债。

28.3.3　计算履约进度的特殊情况。

当企业已发生的成本与履约进度不成比例，企业在采用成本法确定履约进度时需要进行适当调整。对于施工中尚未安装、使用或耗用的设备或材料等，当企业在合同开始日就预期能够满足下列所有条件时，应在采用投入法确定履约进度时不包括这些成本：

（1）该设备或材料不可明确区分，即不构成单项履约义务；

（2）客户先取得该设备或材料的控制权，之后才接受与之相关的服务；

（3）该设备或材料的成本相对于预计总成本而言是重大的；

（4）对于包含该设备或材料的履约义务而言，企业是主要责任人。企业自第三方采购该设备或材料，且未深入参与其设计和制造。

若项目中包含重大设备/材料，符合以上条件，则：

履约进度＝（累计发生实际履约成本–重大设备/材料价值）/（项目预计总成本–重大设备/材料价值）×100%

当期项目收入＝（项目预计总收入–重大设备/材料价值）×履约进度＋重大设备/材料价值–以前会计期间累计已经确认项目收入

当期项目成本＝（项目预计总成本–重大设备/材料价值）×履约进度＋重大设备/材料价值–以前会计期间累计已经确认项目成本

重大设备/材料按成本零毛利计入收入。

28.3.4 重大融资成分确认。

企业应根据实务经验制定商业惯例范围，如质保金比例、工程结算过程付款比例、质保金及施工尾款支付时间与竣工日期的间隔等。对于超出商业惯例的合同，再进行单独计算分析，即相比商业惯例，超出部分的价值对单体报表的影响是否重大，并形成评估文档。

对于建筑安装业务，如果合同条款中关于收款期或者收款条件的约定为业主提供了重大融资利益（如合同约定工程前期由企业垫资，待达到某一工程节点后，客户才支付部分或者全部合同价款，且合同价款显著高于商业惯例付款条件下的价款），则应当确认重大融资成分，按照不含融资成分的预计总收入计算主营业务收入金额。但是，如果合同条款中明确约定因企业存在垫资行为而由业主方另行支付利息的，扣除利息后的工程款不再拆分融资成分。

认定为存在重大融资成分的，应将重大融资成分从预计总收入中分拆。当期确认收入时，收入金额按照扣除重大融资成分后的预计总收入乘以完工百分比计算。确认收入时，借记"合同结算\工程款"，贷记"主营业务收入"（不含融资成分额），贷记"未实现融资收益\重大融资成分确认"。资产负债表日，应将未实现融资收益进行摊销。摊销时，借记"未实现融资收益\重大融资成分确认"科目，贷记"财务费用\利息收入"科目。

28.4 房地产业务涉及主要调整

28.4.1 科目调整。

（1）增设"合同取得成本"科目，主要核算销售佣金等。

企业为取得合同发生的增量成本（主要为销售佣金等）预期能够收回的，应当确认为合同取得成本，借记"合同取得成本"科目，贷记"银行存款"等科目。但是，该资产受益期限不超过一年的，可以在发生时计入当期损益。合同取得成本应根据合同履约进度摊销。摊销时，按照成本费用的性质，借记"销售费用""主营业务成本"等科目，贷记"合同取得成本"科目。

（2）增设"合同负债"科目，核算原"预收账款"科目内容。

企业在收到预售房款或定金时，若已签合同，或尚未签订合同但是明确不可退的定金，应作为合同负债，待达到收入确认条件时转入营业收入。购房诚意金等计入其他应付款，不作为销售收入的实现。

28.4.2 收入确认条件及方法。

28.4.2.1 对于全款或分期付款的物业销售合同，若同时符合以下条件，则可在一段时间内确认收入：

（1）签署了正式的购销合同，开发商无权替换单位，转售或重复销售。

（2）购销合同在签订时即满足不可替代要求，并至交房时无实质性变更。

（3）购房者解约赔偿的金额能够补偿开发商已发生的建筑成本和合理利润。

（4）房地产销售合同除约定的特殊情况外，买受人不可以选择解除合同。

（5）即使买方提出解约，开发商有法定权力可要求对方付款及接收物业。

在一段时间内确认收入成本的，其收入成本计算公式如下：

完工进度=（累计已发生成本–累计已发生土地成本–累计已发生利息成本）/（预算总成本–总土地成本–总利息成本）；

收入=在一段时间内确认收入的房屋对应的总售价×完工进度；

成本=预算单方总成本×在一段时间内确认收入的房屋对应的总可售面积×完工进度。

28.4.2.2 不满足以上一段时间内确认收入的条件，若满足以下条件，则在满足条件的时点确认收入：

（1）企业开发产品竣工并经有关部门验收合格，房屋面积已经有关部门测定。

（2）企业已与客户签订正式房屋销售合同。

（3）企业已取得物业竣工备案证、已处于可交付状态且发出小业主通知书。

按时点确认收入的，开发成本应按面积比结转主营业务成本，具体方法如下：将项目预计总成本除以总可售面积得出单位成本，再用累计已确认收入面积乘以单位成本，扣除累计已结转成本，即为应结转当期的主营业务成本。

28.4.3 基本核算流程。

（1）开发成本确认：

借：开发成本

　　应交税费\增值税\待认证进项税

　　贷：应付账款

（2）预售收客户房款定金：

借：银行存款

　　贷：合同负债\售房款\定金

（3）合同签订后收取房款：

借：银行存款

　　贷：合同负债\售房款\分期款或按揭款

（4）确认销售佣金：

借：合同取得成本\销售佣金

　　贷：应付账款

（5）符合收入确认条件时，对已销售的房产确认收入：

借：合同负债

　　贷：主营业务收入

　　　　应交税费\增值税\销项税额

（6）主营业务成本确认：

①按照投入法在一段时间内确认收入，结转已售部分主营业务成本：

借：主营业务成本

　　贷：开发成本

②按照时点法确认成本：

借：开发产品

　　贷：开发成本

借：主营业务成本

　　贷：开发产品

28.4.4　重大融资成分确认。

重大融资成分判断：企业根据实务经验制定商业惯例范围，如预售价和现售价之间的差异比例、付款与物业转移时间间隔长度范围。对于超出商业惯例的合同，再进行单独计算分析，即相比商业惯例，超出部分的价值对单体报表的影响是否重大，并形成评估文档。如果在合同开始日，企业预计客户取得商品控制权与客户支付价款间隔不超过一年的，可以不考虑重大融资成分。

融资成分计算公式：融资成分=（合同金额–增值税）×（1–预收款监管比例）×[（1+新增合同当期集团长期借款的平均月利率）收款和交房时间的差异月数–1]。

认定为存在重大融资成分的，应调整合同负债及收入金额。收到房款时，应借记"未确认融资费用"科目，同时增加"合同负债"。资产负债表日，应采用实际利率法对未确认融资费用进行摊销。摊销时，借记"财务费用"科目，贷记"未实现融资收益"科目。确认收入时，按照合同负债金额（预售价加上未确认融资费用）确认营业收入。

28.5　勘察设计业务涉及主要调整

28.5.1　科目调整。

1."设计成本"科目调整为"合同履约成本\勘察设计成本"科目。

2.增设"合同负债\勘察设计费"科目，核算原"预收账款"科目内容。

28.5.2　基本核算流程。

（1）勘察设计成本确认：

借：合同履约成本\勘察设计成本

　　应交税费\增值税\待认证进项税

　　贷：应付账款/应付职工薪酬/银行存款等

（2）收取客户预收款：

借：银行存款

　　贷：合同负债\勘察设计费

（3）符合收入确认条件时，确认收入：

借：应收账款/合同负债

　　贷：主营业务收入

　　　　应交税费\增值税\销项税额

（4）结转主营业务成本：

借：主营业务成本

　　贷：合同履约成本

28.6　投资业务涉及主要调整

28.6.1　投资项目。

采用金融资产模式核算的投资项目，增设"合同资产\投资项目长期应收款"科目，核算原"长期应收款\业主未确认"及"长期应收款\应计利息"科目的核算内容，反映发生的工程建设款项以及应计利息。与业主结算时，借记"长期应收款\投资项目\业主已确认"，贷记"合同资产\投资项目长期应收款"科目。其他核算方法不变。

28.6.2 土地一级开发业务。

（1）增设"合同履约成本\土地一级开发"科目，核算土地一级开发项目发生的成本。

（2）增设"合同资产\投资项目长期应收款"科目，核算原"长期应收款\业主未确认"科目的核算内容，反映发生的工程建设款项（净额法核算时，需从"合同履约成本\土地一级开发"科目转入"合同资产\投资项目长期应收款"科目）。待政府确认后，从"合同资产\投资项目长期应收款"转入"长期应收款\投资项目"。

28.7 其他业务涉及调整

28.7.1 商品销售业务。

商品销售业务主要核算科目及核算方法不变。对于附有销售退回条款的销售，核算科目和方法有所差异。具体处理方式如下：

对于附有销售退回条款的销售，企业应当在客户取得相关商品控制权时，按照因向客户转让商品而预期有权收取的对价金额（不包含预期因销售退回将退还的金额，但应加上在客户要求退货时，企业有权向客户收取的退货费）确认收入，按照预期因销售退回将退还的金额确认为"预计负债\应付退货款"；同时，按照预期将退回商品转让时的账面价值，扣除收回该商品预计发生的成本（包括退回商品的价值减损）后的余额，确认为"应收退货成本"，按照所转让商品转让时的账面价值，扣除上述资产成本的净额结转成本。

每一资产负债表日，企业应当重新估计未来销售退回情况，如有变化，则补提或冲回"预计负债"及"应收退货成本"，同时调整主营业务收入及支出。

销售退回应针对不同情况分别进行处理：未确认收入的已发出商品的退回，按相关规定重新办理入库手续；已确认收入的销售退回，应冲减"预计负债\应付退货款"和"应收退货成本"，如按规定允许扣减当期销项税额的，应同时用红字冲减销项税额。

28.7.2　对外提供劳务业务。

对外提供劳务业务，增设"合同履约成本\劳务成本"科目，核算原"劳务成本"科目核算内容。其他科目及核算方法不变。

第29章 常见涉税处罚和风险

29.1 发票违法事项

29.1.1 刑事责任。

（1）虚开增值税专用发票或者虚开用于骗取出口退税、抵扣税款的其他发票的，处三年以下有期徒刑或者拘役，并处二万元以上二十万元以下罚金；虚开的税款数额较大或者有其他严重情节的，处三年以上十年以下有期徒刑，并处五万元以上五十万元以下罚金；虚开的税款数额巨大或者有其他特别严重情节的，处十年以上有期徒刑或者无期徒刑，并处五万元以上五十万元以下罚金或者没收财产。

单位犯本条规定之罪的，对单位判处罚金，并对其直接负责的主管人员和其他直接责任人员，处三年以下有期徒刑或者拘役；虚开的税款数额较大或者有其他严重情节的，处三年以上十年以下有期徒刑；虚开的税款数额巨大或者有其他特别严重情节的，处十年以上有期徒刑或者无期徒刑。

虚开增值税专用发票或者虚开用于骗取出口退税、抵扣税款的其他发票，是指有为他人虚开、为自己虚开、让他人为自己虚开、介绍他人虚开行为之一的行为。

虚开本法第二百零五条规定以外的其他发票，情节严重的，处二年以下有期徒刑、拘役或者管制，并处罚金；情节特别严重的，处二年以上七年以下有期徒刑，并处罚金。

单位犯前款罪的，对单位判处罚金，并对其直接负责的主管人员和其他直接责任人员，依照前款的规定处罚。（摘自《中华人民共和国刑法》第

二百零五条）

（2）在新的司法解释颁行前，对虚开增值税专用发票刑事案件定罪量刑的数额标准，可以参照《最高人民法院关于审理骗取出口退税刑事案件具体应用法律若干问题的解释》（法释〔2002〕30号）第三条的规定执行，即虚开的税款数额在五万元以上的，以虚开增值税专用发票罪处三年以下有期徒刑或者拘役，并处二万元以上二十万元以下罚金；虚开的税款数额在五十万元以上的，认定为刑法第二百零五条规定的"数额较大"；虚开的税款数额在二百五十万元以上的，认定为刑法第二百零五条规定的"数额巨大"。［摘自《最高人民法院关于虚开增值税专用发票定罪量刑标准有关问题的通知》（法〔2018〕226号）］

29.1.2 行政处罚。

（1）违反《中华人民共和国发票管理办法》的规定，有下列情形之一的，由税务机关责令改正，可以处1万元以下的罚款；有违法所得的予以没收：

（一）应当开具而未开具发票，或者未按照规定的时限、顺序、栏目，全部联次一次性开具发票，或者未加盖发票专用章的；

（二）使用税控装置开具发票，未按期向主管税务机关报送开具发票的数据的；

（三）扩大发票使用范围的；

（四）以其他凭证代替发票使用的；

（五）跨规定区域开具发票的；

（六）未按照规定缴销发票的；

（七）未按照规定存放和保管发票的。

（摘自《中华人民共和国发票管理办法》第三十五条）

（2）违反《中华人民共和国发票管理办法》第二十二条第二款的规定虚开发票的，由税务机关没收违法所得；虚开金额在1万元以下的，可以并处5万元以下的罚款；虚开金额超过1万元的，并处5万元以上50万元以下的罚款；构成犯罪的，依法追究刑事责任。

非法代开发票的，依照前款规定处罚。

（摘自《中华人民共和国发票管理办法》第三十七条）

（3）有下列情形之一的，由税务机关处1万元以上5万元以下的罚款；情节严重的，处5万元以上50万元以下的罚款；有违法所得的予以没收：

（一）转借、转让、介绍他人转让发票、发票监制章和发票防伪专用品的；

（二）知道或者应当知道是私自印制、伪造、变造、非法取得或者废止的发票而受让、开具、存放、携带、邮寄、运输的。

（摘自《中华人民共和国发票管理办法》第三十九条）

（4）对违反发票管理规定2次以上或者情节严重的单位和个人，税务机关可以向社会公告。

（摘自《中华人民共和国发票管理办法》第四十条）

（5）从事生产、经营的纳税人、扣缴义务人有税收征管法规定的税收违法行为，拒不接受税务机关处理的，税务机关可以收缴其发票或者停止向其发售发票。

（摘自《中华人民共和国税收征收管理法》第七十二条）

（6）有下列情形之一者，应按销售额依照增值税税率计算应纳税额，不得抵扣进项税额，也不得使用增值税专用发票：

（一）一般纳税人会计核算不健全，或者不能够提供准确税务资料的；

会计核算健全，是指能够按照国家统一的会计制度规定设置账簿，根据合法、有效凭证核算。

（二）除本细则第二十九条规定外，纳税人销售额超过小规模纳税人标准，未申请办理一般纳税人认定手续的。

（摘自《中华人民共和国增值税暂行条例实施细则》第三十二、三十四条）

（7）一般纳税人有下列情形之一的，不得领购开具增值税专用发票：

（一）会计核算不健全，不能向税务机关准确提供增值税销项税额、进项税额、应纳税额数据及其他有关增值税税务资料的。上列其他有关增值税税务资料的内容，由省、自治区、直辖市和计划单列市国家税务局确定。

（二）有《中华人民共和国税收征收管理法》规定的税收违法行为，拒不接受税务机关处理的。

（三）有下列行为之一，经税务机关责令限期改正而仍未改正的：

①虚开增值税专用发票；

②私自印制增值税专用发票；

③向税务机关以外的单位和个人买取增值税专用发票；

④借用他人增值税专用发票；

⑤未按《增值税专用发票使用规定》第十一条开具增值税专用发票；

⑥未按规定保管增值税专用发票和专用设备；

⑦未按规定申请办理防伪税控系统变更发行；

⑧未按规定接受税务机关检查。

有上列情形的，如已领取增值税专用发票，主管税务机关应暂扣其结存的增值税专用发票和IC卡。

（摘自《增值税专用发票使用规定》第八条）

29.1.3 失信处罚。

《重大税收违法失信案件信息公布办法（试行）》（税务总局公告2018年第54号）、《关于对重大税收违法案件当事人实施联合惩戒措施的合作备忘录（2016年版）》（发改财金〔2016〕2798号）规定：

开具发票有下列情形之一的，属于重大税收违法失信案件：

（一）虚开增值税专用发票或者虚开用于骗取出口退税、抵扣税款的其他发票的；

（二）虚开普通发票100份或者金额40万元以上的；

（三）具有虚开发票等行为，经税务机关检查确认走逃（失联）的；

（四）其他违法情节严重、有较大社会影响的。

对重大税收违法失信案件，税务机关依规向社会公布案件信息，并将信息通报相关部门，共同对当事人实施严格监管和联合惩戒。联合惩戒措施包括：强化税务管理、阻止出境、限制担任相关职务、金融机构融资授信参考、禁止部分高消费行为、向社会公示、限制取得政府供应土地、强化检验检疫监督管理、依法禁止参加政府采购活动、禁止适用海关认证企业管理及限制证券期货市场部分经营行为。

当事人为自然人的,惩戒的对象为当事人本人;当事人为企业的,惩戒的对象为企业及其法定代表人、负有直接责任的财务负责人;当事人为其他经济组织的,惩戒的对象为其他经济组织及其负责人、负有直接责任的财务负责人;当事人为负有直接责任的中介机构及从业人员的,惩戒的对象为中介机构及其法定代表人或负责人,以及相关从业人员。

29.2 纳税信用级别

纳税信用管理是指税务机关对纳税人的纳税信用信息开展的采集、评价、确定、发布和应用等活动。

纳税信用划分为A、B、M、C、D五个级别,实施分类管理。A级为年度评价指标得分90分以上,B级70分以上不满90分,M级为新设立企业和评价年度内无生产经营业务收入且年度评价指标得分70分以上的企业,C级40分以上不满70分的,D级不满40分或者直接判D的。评价年度内有纳税评估、大企业税务审计、反避税调查或税务稽查的从100分起评,没有的从90分起评(见表29-1)。

表29-1 纳税信用等级评价表

纳税信用级别	年度评价指标得分
A	90分以上
B	70分以上不满90分
M	新设立企业,评价年度内无生产经营业务收入且年度评价指标得分70分以上的企业
C	40分以不满70分
D	不满40分或严重失信行为

29.2.1 信用评价。

(1)信用评价采取年度评价指标得分和直接判级方式。

(2)年度评价指标得分采取扣分方式,扣分下不封底。

近三个评价年度内存在非经常性指标信息的,从100分起评;近三个评价年度内没有非经常性指标信息的,从90分起评。

①经常性指标是纳税人在评价年度内经常产生的指标信息,包括:涉税申报信息、税(费)款缴纳信息、发票与税控器具信息、登记与账簿信息。

②非经常性指标缺失是指:在评价年度内,税务管理系统中没有纳税评估、大企业税务审计、反避税调查或税务稽查出具的决定(结论)文书的记录。

(3)直接判D级适用于有严重失信行为的纳税人(见表29-2)。

①存在逃避缴纳税款、逃避追缴欠税、骗取出口退税、虚开增值税专用发票等行为,经判决构成涉税犯罪的;

②存在前项所列行为,未构成犯罪,但偷税(逃避缴纳税款)金额10万元以上且占各税种应纳税总额10%以上,或者存在逃避追缴欠税、骗取出口退税、虚开增值税专用发票等税收违法行为,已缴纳税款、滞纳金、罚款的;

③在规定期限内未按税务机关处理结论缴纳或者足额缴纳税款、滞纳金和罚款的;

④以暴力、威胁方法拒不缴纳税款或者拒绝、阻挠税务机关依法实施税务稽查执法行为的;

⑤存在违反增值税发票管理规定或者违反其他发票管理规定的行为,导致其他单位或者个人未缴、少缴或者骗取税款的;

⑥提供虚假申报材料享受税收优惠政策的;

⑦骗取国家出口退税款,被停止出口退(免)税资格未到期的;

⑧有非正常户记录或者由非正常户直接责任人员注册登记或者负责经营的;

⑨由D级纳税人的直接责任人员注册登记或者负责经营的;

⑩存在税务机关依法认定的其他严重失信情形的。

表29-2 直接判D级指标代码明细表

序号	指标代码	指标名称	指标计分方法
1	010400	优惠申报材料虚假	直接判D
2	030110	虚开增值税专用发票或非善意接收虚开增值税专用发票的	直接判D
3	030111	非法代开发票的	直接判D
4	030112	私自印制、伪造、变造发票，非法制造发票防伪专用品，伪造发票监制章的	直接判D
5	030113	转借、转让、介绍他人转让发票、发票监制章和发票防伪专用品的	直接判D
6	030114	知道或者应当知道是私自印制、伪造、变造、非法取得或者废止的发票而受让、开具、存放、携带、邮寄、运输的	直接判D
7	030115	违反增值税专用发票管理规定或者违反发票管理规定，导致其他单位或者个人未缴、少缴或者骗取税款的	直接判D
8	040103	有非正常户记录的纳税人	直接判D
9	040104	非正常户直接责任人员注册登记或负责经营的其他纳税户	直接判D
10	040105	D级纳税人的直接责任人员注册登记或负责经营的其他纳税户	直接判D
11	050107	在规定期限内未补交或足额补缴税款、滞纳金和罚款	直接判D
12	060101	存在逃避缴纳税款、逃避追缴欠税、骗取出口退税、虚开增值税专用发票等行为，构成犯罪的	直接判D
13	060102	骗取国家出口退税款，被停止出口退（免）税资格未到期的	直接判D
14	060103	以暴力、威胁方法拒不缴纳税款或者拒绝、阻挠税务机关依法实施税务稽查执法行为的	直接判D
15	060201	存在偷税行为，未构成犯罪，但偷税（逃避缴纳税款）金额10万元以上且占当年各税种应纳税总额10%以上，已缴纳税款、滞纳金和罚款的	直接判D
16	060202	存在逃避追缴欠税、骗取出口退税、虚开增值税专用发票等税收违法行为，未构成犯罪，已缴纳税款、滞纳金和罚款的	直接判D
17	100104	在规定期限内未按税务机关处理结论缴纳或者足额缴纳税款、滞纳金和罚款的（稽查）	直接判D
18	100201	被列入"黑名单"	直接判D

税务机关按照守信激励，失信惩戒的原则，对不同信用级别的纳税人实施分类服务和管理。其中，对D级纳税人，税务机关应采取的措施中包括D级评价保留2年，第三年不得评价为A级。为更好保护和激发市场主体活力，《国家税务总局关于纳税信用管理有关事项的公告》（国家税务总局公告2020年第15号）公告适当放宽D级评价保留2年的信用管理措施：对于因年度指标得分不满40分被评为D级的纳税人，次年由直接保留D级评价调整为评价时加扣11分；对于直接判级的D级纳税人，维持D级评价保留两年、第三年不得评为A级。直接判级是指发生《纳税信用管理办法（试行）》（国家税务总局公告2014年第40号发布）第二十条所列严重失信行为被直接判为D级。

（4）税务机关对D级纳税人惩戒措施。

①增值税专用发票领用按辅导期一般纳税人政策办理，普通发票的领用实行交（验）旧供新、严格限量供应；

②出口企业管理类别评定为四类，加强出口退税审核；

③加强纳税评估，严格审核其报送的各种资料；

④列入重点监控对象，提高监督检查频次，发现税收违法违规行为的，不得适用规定处罚幅度内的最低标准；

⑤由D级纳税人的直接责任人员在评价为D级之后注册登记或者负责经营的企业，在纳入纳税信用管理的当年即纳入评价范围，且直接判为D级；

⑥D级评价保留2年，第三年纳税信用不得评价为A级。

此外，税务部门还与外部门联合推出了一些惩戒措施，包括：

①将纳税信用评价结果通报相关部门，建议在经营、投融资、取得政府供应土地、进出口、出入境、注册新公司、工程招投标、政府采购、获得荣誉、安全许可、生产许可、从业任职资格、资质审核等方面予以限制或禁止；

②21部门联合对重大税收违法案件当事人实施惩戒。

29.2.2 高频纳税信用风险事项。

29.2.2.1 会计账簿方面。

（1）如您不能按照国家统一的会计制度规定设置账簿，并根据合法、有效凭证核算向税务机关提供准确税务资料,将不予评A。

(2)如您未按规定时限报送财务会计制度或财务处理办法将扣3分。

(3)如您未按规定期限填报财务报表将按次扣3分。

29.2.2.2　申报缴税方面。

(1)如您评价年度内非正常原因增值税或营业税连续3个月或累计6个月零申报、负申报,将不予评A。

(2)如您评价年度内无主营业务收入将直接判为M级。

(3)如您未按规定期限纳税申报将按次扣5分。

(4)如您未按规定期限代扣代缴将按次扣5分。

(5)如您已代扣代收税款,未按规定解缴将按次扣11分。

(6)如您未按规定期限缴纳已申报或批准延期申报的应纳税(费)款将按次扣5分。

(7)如您至评定期末,已办理纳税申报后纳税人未在税款缴纳期限内缴纳税款或经批准延期缴纳的税款期限已满,未在税款缴纳期限内缴纳税款5万元以下的将扣3分,5万元以上的将扣11分。

(8)在规定期限内未按税务机关处理结论缴纳或者足额缴纳税款、滞纳金和罚款的(稽查)将直接判为D级。

(9)提供虚假涉税资料,不如实反映或拒绝提供涉税资料的将直接判为D级。

29.2.2.3　非正常和关联扣分方面。

(1)如您有非正常户记录将直接判为D级。

(2)如您是非正常户直接责任人员注册登记或负责经营的其他纳税户将直接判为D级。

(3)如您是D级评价将保留两年。

(4)如您是D级纳税人的直接责任人员注册登记或负责经营的其他纳税户将直接判为D级。

29.2.2.4　发票开具管理方面。

(1)如您未按规定保管纸质发票并造成发票损毁、遗失将按张扣3分。

（2）如您使用电子器具开具发票，未按照规定保存、报送开具发票数据将按次扣5分。

（3）如您应当开具而未开具发票将按次扣5分。

（4）如您未按规定开具发票将按次扣3分。

（5）未按规定保管纸质发票并造成发票损毁、遗失的（按次计算）扣5分/次。

29.2.2.5 银行账号报告方面。

（1）银行账户设置数大于纳税人向税务机关提供数或如您未向税务机关提供银行账户将扣11分。

（2）如您未在规定时限内向主管税务机关报告开立（变更）账号将按次扣5分。

29.2.3 纳税信用修复。

29.2.3.1 纳税信用修复概念。

（1）失信市场主体在规定期限内纠正失信行为、消除不良影响的，可通过作出信用承诺、完成信用整改等方式开展信用修复。

（2）纳税信用修复适用于纳税人发生了失信行为并且主动纠正、消除不良影响后向税务机关申请恢复其纳税信用的情形。

（3）纳税信用复评适用于纳税人对纳税信用评价结果有异议，认为部分纳税信用指标扣分或直接判级有误或属于非自身原因导致，而采取的一种维护自身权益的行为。

（4）纳税信用修复的前提是纳税人对税务机关作出的年度评价结果无异议，如有异议，应先进行纳税信用复评后再申请纳税信用修复。

29.2.3.2 纳税信用修复的前提。

（1）对税务机关作出的年度评价结果无异议，即先进行纳税信用复评后再申请纳税信用修复；

（2）纠正失信行为、消除不良影响，通俗地说，错误已经改进，在30日内、本年内、次年内纠正的，分别能挽回80%、40%、20%的扣分损失；如果错误没有改进，就挽回不了扣分损失。

29.2.3.3 纳税信用修复的条件。

纳入纳税信用管理的企业纳税人，符合下列条件之一的，可在规定期限内向主管税务机关申请纳税信用修复。

（1）纳税人发生未按法定期限办理纳税申报、税款缴纳、资料备案等事项且已补办的。

（2）未按税务机关处理结论缴纳或者足额缴纳税款、滞纳金和罚款，未构成犯罪，纳税信用级别被直接判为D级的纳税人，在税务机关处理结论明确的期限期满后60日内足额缴纳、补缴的。

（3）纳税人履行相应法律义务并由税务机关依法解除非正常户状态的。

发生未按法定期限办理纳税申报、税款缴纳、资料备案等事项且已补办的纳税人，失信行为已纳入纳税信用评价的，可在失信行为被税务机关列入失信记录的次年年底前向主管税务机关提出信用修复申请。

29.2.3.4 可申请纳税信用修复的情形。

明确了19种情节轻微或未造成严重社会影响的纳税信用失信行为，及相应的修复条件，共包括15项未按规定期限办理纳税申报、税款缴纳、资料备案等事项和4项直接判D级情形。自2020年1月1日起，符合条件的纳税人可向税务机关申请纳税信用修复（见表29-3）。

表29-3　　　　　　　　可申请纳税信用修复情形

序号	指标名称	指标代码	失信扣分分值	修复加分分值和修复标准		
				30日内纠正	30日后本年纠正	30日后次年纠正
1	未按规定期限纳税申报	010101	5分	涉及税款1000元以下的加5分，其他的加4分	2分	1分
2	未按规定期限代扣代缴	010102	5分	涉及税款1000元以下的加5分，其他的加4分	2分	1分
3	未按规定期限填报财务报表	010103	3分	2.4分	1.2分	0.6分

续表

序号	指标名称	指标代码	失信扣分分值	修复加分分值和修复标准		
				30日内纠正	30日后本年纠正	30日后次年纠正
4	从事进料加工业务的生产企业,未按规定期限办理进料加工登记、申报、核销手续的	010304	3分	2.4分	1.2分	0.6分
5	未按规定时限报送财务会计制度或财务处理办法	010501	3分	2.4分	1.2分	0.6分
6	使用计算机记账,未在使用前将会计电算化系统的会计核算软件、使用说明书及有关资料报送主管税务机关备案的	010502	3分	2.4分	1.2分	0.6分
7	纳税人与其关联企业之间的业务往来应向税务机关提供有关价格、费用标准信息而未提供的	010503	3分	2.4分	1.2分	0.6分
8	未按规定(期限)提供其他涉税资料的	010504	3分	2.4分	1.2分	0.6分
9	未在规定时限内向主管税务机关报告开立(变更)账号的	010505	5分	4分	2分	1分
10	未按规定期限缴纳已申报或批准延期申报的应纳税(费)款	020101	5分	涉及税款1000元以下的加5分,其他的加4分	2分	1分
11	至评定期末,已办理纳税申报后纳税人未在税款缴纳期限内缴纳税款或经批准延期缴纳的税款期限已满,纳税人未在税款缴纳期限内缴纳的税款在5万元以上(含5万元)的	020201	11分	8.8分	4.4分	2.2分
12	至评定期末,已办理纳税申报后纳税人未在税款缴纳期限内缴纳税款或经批准延期缴纳的税款期限已满,纳税人未在税款缴纳期限内缴纳的税款在5万元以下的	020202	3分	涉及税款1000元以下的加3分,其他的加2.4分	1.2分	0.6分
13	已代扣代收税款,未按规定解缴的	020301	11分	涉及税款1000元以下的加11分,其他的加8.8分	4.4分	2.2分

续表

序号	指标名称	指标代码	失信扣分分值	修复加分分值和修复标准		
				30日内纠正	30日后本年纠正	30日后次年纠正
14	未履行扣缴义务，应扣未扣，应收不收税款	020302	3分	涉及税款1000元以下的加3分，其他的加2.4分	1.2分	0.6分
15	银行账户设置数大于纳税人向税务机关提供数	—	11分	8.8分	4.4分	2.2分
16	有非正常户记录的纳税人	040103	直接判D	履行相应法律义务并由税务机关依法解除非正常户状态的，税务机关依据纳税人申请重新评价纳税信用级别，但不得评价为A级		
17	在规定期限内未补交或足额补缴税款、滞纳金和罚款	050107	直接判D	在税务机关处理结论明确的期限期满后60日内足额补缴的（构成犯罪的除外），税务机关依据纳税人申请重新评价纳税信用级别，但不得评价为A级		
18	非正常户直接责任人员注册登记或负责经营的其他纳税户	040104	直接判D	非正常户纳税人纳税信用修复后纳税信用级别不为D级的，税务机关依据纳税人申请重新评价纳税信用级别		
19	D级纳税人的直接责任人员注册登记或负责经营的其他纳税户	040105	直接判D	D级纳税人纳税信用修复后纳税信用级别不为D级的，税务机关依据纳税人申请重新评价纳税信用级别		

备注：1. 30日内纠正，即在失信行为被税务机关列入失信记录后30日内（含30日）纠正失信行为。

2. 30日后本年纠正，即在失信行为被税务机关列入失信记录后超过30日且在当年年底前纠正失信行为。

3. 30日后次年纠正，即在失信行为被税务机关列入失信记录后超过30日且在次年年底前纠正失信行为。

29.2.3.5 纳税信用修复的程序。

纳税信用修复遵循"申请—受理—反馈—修复"四个程序。须向主管税务机关提出纳税信用修复申请的纳税人应填报"纳税信用修复申请表"，并对纠正失信行为的真实性作出承诺；主管税务机关自受理纳税信用修复申请之日起15个工作日内完成审核，并向纳税人反馈信用修复结果；纳税信用修复完成后,纳税人按照修复后的纳税信用级别适用相应的税收政策和管理服务措施,之前已适用的税收政策和管理服务措施不作追溯调整。

29.2.3.6 其他事项。

(1)发生未按法定期限办理纳税申报、税款缴纳、资料备案等事项且已补办的纳税人,失信行为尚未纳入纳税信用评价的,纳税人无须提出申请,税务机关将调整纳税人该项纳税信用评价指标分值并进行纳税信用评价。

(2)未按税务机关处理结论缴纳或者足额缴纳税款、滞纳金和罚款,未构成犯罪,纳税信用级别被直接判为D级,在税务机关处理结论明确的期限期满后60日内足额缴纳、补缴的纳税人和履行相应法律义务并由税务机关依法解除非正常户状态的纳税人,可在纳税信用被直接判为D级的次年年底前向主管税务机关提出申请,税务机关将根据纳税人失信行为纠正情况调整该项纳税信用评价指标的状态,重新评价纳税人的纳税信用级别,但不得评价为A级。

(3)非正常户失信行为纳税信用修复一个纳税年度内只能申请一次。纳税年度自公历1月1日起至12月31日止。

(4)纳税信用修复后纳税信用级别不再为D级的纳税人,其直接责任人注册登记或者负责经营的其他纳税人之前被关联为D级的,可向主管税务机关申请解除纳税信用D级关联。

(5)纳税信用修复完成后,纳税人按照修复后的纳税信用级别适用相应的税收政策和管理服务措施,之前已适用的税收政策和管理服务措施不做追溯调整。